检察机关党的建设理论研讨文集
（2015）

中共最高人民检察院机关委员会　编

中国检察出版社

厘清了思路，丰富了措施，加深了对检察机关党建工作规律性的认识和把握，为在新的历史起点上实现检察机关党建工作新的发展，积累了宝贵经验、奠定了坚实基础。大家表示，将倍加珍惜和充分发挥党建理论和实践经验的支撑引领作用，更好地担负起从严治党的职责使命，为推动检察机关党建工作发展进步作出更大贡献。

当前，全国检察机关和全体检察人员正在深入学习贯彻党的十八届五中全会精神。全会通过的《中共中央关于制定国民经济和社会发展第十三个五年规划的建议》，明确提出"十三五"规划的指导思想、目标任务和重大举措，描绘了未来5年国家发展的宏伟蓝图，是全面建成小康社会决胜阶段的纲领性文件，也是检察机关服务大局、推动工作的行动指南。检察机关各级党组织要把学习贯彻十八届五中全会精神作为当前和今后一个时期重要的政治任务，作为"三严三实"专题教育学习研讨的重要内容，作为专题民主生活会和组织生活会对照检查的思想指导，作为整改落实和立规执纪的基本遵循，集中时间、集中精力，强化措施，组织全体党员干部深入学习研讨，全面准确领会，结合检察工作实际认真抓好落实。

下面，我就深入学习贯彻党的十八届五中全会精神和习近平总书记系列重要讲话精神，落实高检院党组和曹建明检察长的重要指示要求，进一步深化检察机关"三严三实"专题教育，推进新时期检察机关党的建设，讲几点意见。

一、坚持标准，狠抓落实，检察机关专题教育扎实推进

自2015年5月"三严三实"专题教育启动开展以来，全国检察机关认真贯彻中央要求和高检院部署，坚持把"三严三实"专题教育作为推进党的思想政治建设和作风建设的重要举措，作为严肃党内政治生活、严明党的政治纪律和政治规矩的重要抓手，准确把握"三严三实"科学内涵和实践要求，结合工作实际，紧紧抓

住"关键动作"，着力落实"规定动作"，创新丰富"自选动作"，从严从实组织实施，推动专题教育扎实有序地展开，呈现出良好态势。

一是强化主体责任，领导率先垂范。各级检察院党组认真履行专题教育主体责任，党组书记作为第一责任人敢抓敢管，加强督导，率先垂范，带头推动，特别是全面落实习近平总书记"三个讲清楚"的要求，以高质量的特色党课引领示范，确保了专题教育起好步、开好局。高检院党组书记、检察长曹建明在深入调研、认真思考、精心备课的基础上，带头给高检院机关全体党员干部讲党课，影响和带动班子成员走上讲台，运用身边生动鲜活的事例，结合自身经历，针对实际问题，为分管部门全体党员干部讲党课、作辅导，受到普遍欢迎。各级检察院主要负责同志及时梯次跟进，充分利用到联系点调研指导、到基层院检查工作、参加"三会一课"党组织活动等契机，为分管条线、基层检察人员讲党课，面对面交流思想，共同提高认识，弘扬了党的优良传统，提振了党员干部的精神状态。

二是突出理论学习，夯实思想根基。坚持把抓好理论学习作为固本培元之举放在基础性、先导性位置，将专题教育融入党员干部经常性学习活动，普遍采取集中学习、研讨交流、个人自学等方式，静下心来读原著、学原文、悟原理，认真组织学习中央确定的重点内容和必读书目，重点学习习近平总书记系列重要讲话精神和对"三严三实"专题教育的重要指示，持续强化思想理论武装。高检院编印《省级检察院党组书记专题党课讲稿汇编》和《践行"三严三实"忠诚干净担当征文集》，组织全国检察机关模范践行"三严三实"先进事迹报告团开展巡回宣讲，通报全国检察机关违纪违法典型案例，深入推进学习教育。各级检察机关积极创新载体，广泛开展"双先"表彰、主题征文、演讲比赛、特色党日、红色教育、知识竞赛等丰富多彩的主题活动，引导党员干部深刻理解、自觉践行"三严三实"要求，打牢思想基础。

三是注重专题研讨，深刻剖析反思。坚持把深入研讨、剖析反思、交流碰撞作为推进专题教育的重要载体，普遍按照两月一专题、一月一研讨的进度开展专题研讨，完成了"严以修身""严以律己"两个专题的集中研讨，目前已全部进入"严以用权"专题。在研讨中，注重突出反面警示，以周永康、薄熙来、令计划、徐才厚等严重违纪违法案件及中政委、高检院通报的典型案例为反面教材，从理想信念、纪律规矩、党性原则等方面，剖析根源、吸取教训。注重眼睛向内、反躬自省，引导党员干部从严查找政治上不守规矩、廉洁上不干净、工作上不作为、不担当、作风不实等方面存在的突出问题，在从严查摆中提高认识、受到教育、提升境界。注重紧扣工作实际，特别是聚焦司法改革，重点研讨跳出条条框框限制，走出思维定势禁锢，深入推进检察工作和司法改革的思路、办法和举措，引导党员干部凝聚共识、形成合力、把准方向、攻坚克难，推动检察事业和检察改革健康顺利发展。

四是坚持问题导向，确保立行立改。坚持突出实践特色、树立问题意识，把找准问题、切实整改作为切入点和着力点，扎实推进专题教育。专题教育一开始，各地就注意聚焦不严不实问题，结合落实群众路线教育实践活动整改方案、落实中央八项规定持续反"四风"、开展检务督察和巡查等工作，采取多种形式，认真找、仔细找、深入找、全面找，梳理形成问题清单、责任清单、整改清单，不等不拖，立行立改，即知即改。坚持把规范司法行为作为落实"三严三实"要求的重要措施，把开展专项整治工作作为推进专题教育的重要载体，紧紧围绕司法作风简单粗暴、对待群众态度生硬等八个方面的突出问题，强化措施，持续用力，严格做到"见事、见人、见案件"，对查找出的问题分类定性、分类处理，从严从实动真碰硬整改解决。许多地方还结合实际确定重点、明确责任，从查办和预防职务犯罪专项工作、畅通和规范群众诉求表达渠道、推进检务公开、延伸法律监督触角、转变工作作风等方面，深入办案一线和基层群众，查实找准检察工作中存在的"不严不实"问题，有的放矢整改纠正，以严的精神、实的效果赢得社会各界的充分肯定。

五是加强制度建设，完善长效机制。坚持标本兼治，立破并举，在建章立制上下功夫，扎紧制度的"笼子"，防止"雨过地皮湿"，着力解决好"一阵风"问题。普遍坚持上级要求与群众期盼、实际需要与新鲜经验相结合，针对业务工作、学习教育、日常管理等方面存在的问题，通过建立健全完备、稳定、科学、实用的制度体系，实现用制度管人、管事、管办案、管财物。突出规范司法权运行这一核心，建立起权责明晰、权责统一、管理有序、监督留痕的司法权力运行管理制度，进一步规范司法行为、规范文书制作、规范错案责任追究等。抓住队伍管理这一关键，按照正规化专业化职业化的要求，严格考核考评，健全纪律执行、检查追责机制，完善请示报告制度等，建立起符合检察规律的队伍管理机制。围绕实现科学化行政管理这一重点，不断完善机关管理、案件统计、文书档案、后勤保障等各项制度，提升了各项检察工作的科学化规范化水平。

总的来看，这次专题教育把搞好学习教育、提高思想素质摆在突出位置，紧紧抓住一把手这个关键，围绕查找、解决突出问题开展研讨，注重从严从实督促指导，保证了专题教育各项任务和要求的贯彻落实。大家普遍反映，这次专题教育针对性强，是思想、作风、党性上的又一次集中"补钙""加油""充电"，很受教益。这些既是前一阶段工作成效总结，也为下一步继续推进专题教育积累了实践经验，奠定了坚实基础。

二、标高尺度，保持力度，确保专题教育取得实效

中央反复强调，这次专题教育与以往集中教育活动不同，不明确划分阶段、设定环节、成立机构，而是融入经常性教育进行。但绝不意味着专题教育就可以应付，就可以松懈。我们一定要从讲政

治讲全局的战略高度，坚决纠正专题教育中存在的认识不清、要求不严、措施不硬、标准不高、抓得不紧等问题，坚持不懈地以从严从实的精神持续深入推进专题教育。下一步，要根据中央和高检院的总体安排，严格标准，实化措施，组织好第三专题的学习研讨，开好"三严三实"专题民主生活会和组织生活会，切实搞好整改落实、立规执纪，确保专题教育不虚、不空、不偏、不走过场。

一要扎扎实实深化学习研讨。要始终把理论学习贯穿专题教育的全过程，在总结前一阶段学习成果和经验的基础上，不断丰富学习内容，创新学习载体，在深化学习效果上铆足劲、持续抓、深入学，切实加强自我修养，实现自我提高。要深入学习贯彻党的十八届三中、四中、五中全会精神和习近平总书记系列重要讲话精神，重点深刻学习领会习近平总书记关于党员领导干部践行"三严三实"的新思想新观点新要求，学习《党章》《中国共产党廉洁自律准则》和《中国共产党纪律处分条例》等规章制度，牢固树立"三严三实"的检验标尺，准确把握"三严三实"的基本要求，坚持用纪律铁规划清红线、筑牢底线，真正把"三严三实"转化为行为规范。当前，要认真抓好"严以用权"专题研讨，结合正反典型特别是身边的反面典型，深入研讨如何按规则、按制度、按法律行使法律监督权，牢固树立"三严三实"价值准则。各级领导干部要对参加专题党课、专题学习研讨情况进行回顾梳理，不断查缺补漏、巩固成果。

二要保证高质量开好专题民主生活会和组织生活会。召开"三严三实"专题民主生活会，是这次专题教育的重要内容，也是开展专题教育以来的第一次民主生活会，可以说，既是对专题教育成果的一次集中展示和检验，也是对我们严肃党内政治生活的一次集中展示和检验。中央对开好这次专题民主生活会高度重视，目前，专门发出通知，对民主生活会的主题、查找的突出问题、开展批评和自我批评、扎实整改及组织领导等作出具体安排部署，提出明确要求。我们要严格按照通知精神，切实抓好各环节工作，努力取得干部信服、群众认可的效果。要在深化学习研讨成果，广泛征求意见建议，深入开展谈心谈话，认真撰写发言提纲的基础上，严肃开展批评和自我批评。自我批评要襟怀坦白、见人见事，敢于解剖自己，不能遮遮掩掩、泛泛而谈。相互批评要有的放矢，开门见山，击中要害，用事例说话，防止不痛不痒、蜻蜓点水，不搞无原则纷争。基层党组织要参照专题民主生活会要求，召开一次专题组织生活会，促进全体党员践行"三严三实"要求，发挥先锋模范作用。要通过高质量的专题民主生活会和组织生活会，真正使党员干部政治上受到洗礼、灵魂上受到触动、思想上得到升华，保证党内组织生活的政治性原则性战斗性。

三要认认真真整改落实和立纪执规。从严从实查找问题、从严从实整改纠正，是开展专题教育的重要原则，也是检验专题教育成效的关键环节。我们要强化问题意识、坚持问题导向，对专项教育查摆出的问题进行再梳理，将群众路线教育实践活动尚未整改到位的"四风"问题一并纳入整改方案，形成整改清单。要坚持落细落小，以知难而上的担当精神和脚踏实地的务实态度，从一个个具体问题改起，从一件件具体事情做起，不断推动现实问题和历史遗留问题一起解决，共性问题和个性问题一起解决，作风问题和党性问题一起解决，业务问题和管理问题一起解决。要聚焦问题、细化措施，做到整改进程和整改效果可检查、可监督。对党员群众反映强烈的不严不实突出问题，要集中力量，开展专项整治，整合资源，合力解决。要强化立规执纪，结合实际，及时巩固整改成果，从党内生活、权力运行、纪律要求、日常管理、道德修养等方面立规明矩，推动践行"三严三实"制度化、常态化、长效化。要强化制度执行，加强对遵纪守规情况的日常监督和定期检查，对违反制度踩"红线""闯雷区"的要坚决查处，严防"破窗效应"，切实维护制度的严肃性和权威性。

四要深入进行督促指导。领导责任是否落实，督促指导是否到位，直接关系到专题教育的顺利开展和质量效果。各级检察院党组要强化主体责任，对重大任务、关键动作、重要节点要加强领导，严格把关，务求实效。党组书记要切实履行好第一责任，自始自终把责任扛在肩上，坚持定期听取汇报、加强检查指导，以身作则、当好标杆，以上率下、示范推动。建立机关党务部门责任制，履行好牵头责任，加强与政工、纪检等部门的沟通联动，确保专题教育扎实有效地开展。上级检察院要加强对下级检察院的工作指导，通过专题调研、专项检查、派干部列席民主生活会、随机走访抽查等方式，加强督促指导，坚持一级抓一级、层层传导压力，推动各项任务要求落实到位。要把抓好专题教育作为党建工作述职评议考核的重要内容，促进各级党组织把专题教育作为必须抓好的硬任务，保持专题教育的连续性和递进性。

五要坚持专题教育与检察工作两手抓。开展专题教育不是坐而论道，不是开清谈馆，而是要与推动各项工作密切联系起来，坚持把出发点和落脚点定位在提升队伍素质、促进检察工作上。目前，已进入岁末年初，各项检察工作和司改任务十分繁重。我们要坚持统筹兼顾、科学安排、一体规划、整体推进的有效方法，坚持"抓教育"与"促工作"并重，把开展专题教育与推进各项检察工作有机结合起来，做到同步部署、同步推进、同步检查、同步考核，实现两手抓、两不误、两促进。当前，要按照"三严三实"要求，及时把专题教育的成果转化为推进检察工作的动力，努力营造积极向上、干事创业、风清气正的良好工作环境和政治生态，激励全体检察人员积极应对工作中存在的突出矛盾和问题，既着眼长远发展，主动谋划"十三五"时期检察工作思路举措，又立足当前眼下，勇于攻克司法办案和队伍建设中的瓶颈和障碍，圆满完成好全年工作任务，用检察工作和检察改革的发展成果检验专题教育成效，推动检察事业在新的起点上实现新的飞跃。

三、紧扣中心，严实并举，推进检察机关党建工作开创新局面

"三严三实"是推动新时期检察事业发展进步的思想指导和行动指南，也是加强我们检察机关党的建设的基本遵循。我们要牢牢把握"三严三实"的科学内涵和践行要求，把"三严三实"贯穿检察机关党的建设全过程，推动新时期检察机关党建工作不断取得新进展、实现新突破。具体来讲，重点是在抓党的思想、组织、作风、纪律等方面充分体现严和实的要求。

一是要在思想教育上严起来实起来。习近平总书记强调，思想教育要突出重点，加强党性教育，引导党员干部坚定理想信念，坚守共产党人的精神追求。人无志向不立、党无信仰不兴。检察机关党的建设践行"三严三实"要求，首先就是把思想教育严起来实起来。要牢牢把握一个目标，始终把坚定理想信念放在首位，严明党的政治纪律和政治规矩，引领党员干部始终在思想上政治上行动上与党中央保持高度一致。要着力抓好两个关键。进一步推进党组中心组学习和学习型党组织建设，充分发挥党组中心组学习的"龙头"示范作用，辐射带动基层学习型党组织建设，形成上下联动、互相促进的学习格局。要持续开展党的理论、党性和检察职业道德三项基础教育，引导党员干部强固精神支柱、加强党性修养、弘扬检察职业精神。要牢牢把握思想政治工作、意识形态工作、党员教育培训、学习载体建设四项重点工作，及时掌握党员干部思想动态，加强意识形态引导管理，不断创新党校培训、集中轮训和主题教育内容模式，积极打造富有时代特色的学习品牌，全方位提高党员干部的思想政治素质。

二是要在组织建设上严起来实起来。习近平总书记提出，"基础不牢、地动山摇"。曹建明检察长强调，党的基层组织是整个党组织的神经末梢，承担保证党的路线方针政策落地生根的重要责

任。落实全面从严治党要求，必须扎实做好抓基层、打基础的工作，努力打造"三严三实"的坚强战斗堡垒。要坚持以改进支部设置模式为重点完善党组织设置。及时跟进司法责任制、检察人员分类管理、检察官员额制、内设机构等改革，从业务工作特点和实际出发，合理调整完善基层党组织设置，该建立党委的建立党委、改建立党总支的建立党总支，该重新划分支部的重新划分，符合党组织建立条件的都要及时建立，保证党的组织全面、有效覆盖。要坚持以严格党内政治生活为重点改进支部组织活动。坚持重在平时、落细落小，把民主生活会、"三会一课"、党员活动日、党性分析、民主评议、党内监督等组织生活基本制度落实好，严格执行组织原则、组织纪律，使党内政治生活真正起到教育改造提高党员干部的作用。要坚持以创建服务型党组织为重点整体推动基层组织建设。围绕发挥机关党建"服务中心、建设队伍"作用，积极探索党组织服务大局、服务改革、服务干警、服务群众的有效形式，健全党内激励关怀帮扶机制，让服务成为基层党组织建设的鲜明主题。

三是要在改进作风上严起来实起来。"三严三实"深刻阐明了新形势下党风建设新标准，体现了内在自觉与外在约束的辩证统一，是全党加强作风建设的再整装、再启程。我们要认真贯彻"三严三实"要求，保持常抓的韧劲和抓长的耐心，锲而不舍、驰而不息地推进作风建设。要及时发现解决作风领域出现的新情况新问题。锲而不舍地抓好中央八项规定和高检院实施办法的贯彻落实，及时发现反弹回潮和"基因变异"的不正之风，坚决杜绝侥幸心理和"钻空子"心态，坚决防止打"擦边球"、搞变通，进一步提高警惕性，增强敏锐性，及时掌握新情况，及时跟进施策，一抓到底，让"四风"和司法突出问题无处遁形。要持续健全完善作风建设制度体系。按照中央关于改进作风既要着力治标又要注重治本的要求，把中央要求、群众期盼、实际需要、新鲜经验结合起来，聚焦改作风、转作风的难点问题，推进制度"立改废"，扎紧扎密制度的"笼子"，走出作风问题抓一抓就好转、松一松就反弹的怪圈。要强化制度执行力。严格执行作风建设制度规定，坚决严肃处理、公开曝光顶风违纪案件，以最高的标准，最严的举措，真正把制度禁令落到实处，使高压态势成为工作常态。

四是要在纪律建设上严起来实起来。习近平总书记强调指出，"党要管党、从严治党，靠什么管、凭什么治？就是要靠严明纪律"，"纪律不严，从严治党就无从谈起"。检察机关在加强纪律建设方面，必须要有更高的标准、更严的要求。要加强纪律意识教育。重点抓好新修订的《中国共产党廉洁自律准则》和《中国共产党纪律处分条例》学习宣传教育，学思践悟、融会贯通，深刻把握主要内容和精神实质，把党规和党纪深深刻印在党员干部心上。要加强和改进监督执纪方式方法。坚持把纪律和规矩挺在前面，正确把握王岐山书记强调的监督执纪"四种形态"，自觉把"四种形态"要求体现到监督执纪的各方面和全过程，正确处理好抓早抓小与惩治问责的关系，盯住关键部门、关键岗位、关键节点，把监督的关口前移，建立更前沿、更严密的纪律防御阵地。要严肃惩处违纪违法行为，突出执纪的严肃性、全面性和治本性，把纪律和规矩真正立起来、严起来，切实管住"大多数"。要深入落实"两个责任"，通过建立责任分解、检查监督、倒查追究、结果运用的完整链条，把责任真正落实下去。

四、严实为尺，率先垂范，推动检察机关党务干部队伍建设迈上新台阶

干部队伍是做好各项事业的根本保障和基本前提。推进新时期检察机关党建工作，关键是要建立一支过硬的检察党务干部队伍。要按照"严于修身、严于律己、严于用权、谋事要实、创业要实、做人要实"的要求，进一步加强党务干部队伍建设，努力打造对党忠诚、敢于担当、业务精通、廉洁干净的一流队伍。

　　一要把对党忠诚作为践行"三严三实"的首要原则来坚守。检察机关党建工作的政治性、政策性、原则性，决定了机关党务部门必须是党性最强的部门，党务干部必须是党性最强的干部。我们如果自己党性不强，就没有办法要求别人讲党性，讲了也没人服气。讲党性，核心是对党忠诚，这是做好党务工作的首要政治原则、党建部门的首要政治本色，党务干部的首要政治品质。只有对党忠诚，才能够始终爱党忧党、言党为党、兴党护党。坚持对党忠诚，必须把牢政治方向，严守政治纪律和政治规矩，保持政治定力，始终在思想上政治上行动上全方位向党中央看齐。坚持对党忠诚，必须坚定理想信念，全面提高马克思主义理论素养，更好地补精神之"钙"、固思想之元、守为检之本，坚定"三个自信"。坚持对党忠诚，必须对党高度信赖，坚定不移地贯彻党的理论和路线方针政策，不折不扣地执行中央的决策部署，以对党的事业无比忠诚之心全力维护中央权威。

　　二要把敢于担当作为践行"三严三实"的核心要求来践行。习近平总书记指出，"从严治党，必须增强管党治党意识、落实管党治党责任。"检察机关党务干部是抓党建的直接责任人，肩负着管党治党的重要职责，有责任就要担当。我们要按照习近平总书记要求，坚持从巩固党的执政地位的大局看问题，把从严治党的主体责任承担好、落实好。要树立把抓好党建作为最大政绩的主动意识，主动研究党建工作面临的新课题，积极谋划推动党建工作的新思路，切实把党建工作放在心上、抓在手上、落实到行动上，不能推一下、动一下。要树立聚精会神抓党建的主业意识，用心地谋划、统筹、推进党建工作，求真务实、狠抓落实，靠实干作出实绩、弃虚功、求实效，一件一件认真抓，一步一个脚印把从严治党各项任务落实好。要树立种好责任田的主责意识，经常反躬自省习近平总书记提出的治党"三问"，切实担负起管党治党的政治责任，坚定、全面、具体、认真地把从严治党要求贯彻落实到党建工作中去。

12

三要把业务精通作为践行"三严三实"的重要追求来落实。检察机关党建工作的艰巨性复杂性专业性，对党务干部的素质能力提出新的更高要求。近年来，检察机关党务干部队伍整体素质不断提高，但党务工作专业化程度距离全面从严治党要求还有不小差距。习近平总书记曾经专门就机关党务干部专业化作出了深刻阐述，强调要使机关党务工作干部成为机关党务工作的明白人、业务工作的内行人和干部群众的贴心人。我们每一名党务干部都要自觉朝着这个方向努力。做机关党务工作的明白人，关键是要坚持解放思想、实事求是、与时俱进的思想路线，深入研究从严管党、从严治党规律，强化党务知识的学习领会和巩固提高，全面提升做好思想政治工作、组织工作、纪检工作和群团工作的能力水平。做业务工作的内行人，关键是要在学习钻研法学理论、检察理论、检察业务知识和司法改革规律上下功夫，开阔眼界，提高站位，把党建工作放到检察工作全局中思考和谋划，找准党建工作的定位，做到党建工作与业务工作的紧密融合、相互促进。做干部群众的贴心人，关键是要善于倾听干警呼声、反映干警意愿、维护干警权益，多为干警办好事、解难事，让干警在热忱服务中感受到党组织的温暖和关怀。

四要把廉洁干净作为践行"三严三实"的基本底线来守护。曹建明检察长强调，作为管党治党的队伍，打铁还需自身硬。检察机关党务工作者作为管党治党的责任者、党规党纪的维护者，只有自身正、自身净、自身硬，才能够引领好、管理好检察机关党员干部队伍。要筑牢思想防线。经常对照"三严三实"要求检视自己，对照正反典型之镜反思自己，锤炼党性、磨炼心性，随时发现和清除思想上的灰尘和污渍。要树立道德高线。加强主观世界改造，牢固树立正确的世界观、人生观、价值观，保持高尚的道德追求，培养健康的生活情趣。要坚守纪律底线。虽然大多数党务干部并不直接掌握权力和财物，但作为一名检察人员，在社会上仍具有一定的影响力，容易成为一些别有用心人的"围猎"对象。每一名党务干部都要牢记人情里面有原则、交往之中有纪律，严格执行廉洁从检各项规定，清清白白做人，干干净净做事。

同志们，落实从严治党要求，全面加强检察机关党的建设，是检察队伍建设的灵魂工程，也是检察事业发展进步的根本保证。我们要进一步认清形势、乘势而上，牢记责任、勇于担当，求真务实、锐意进取，努力开创检察机关党建工作新局面，为推动检察队伍建设和检察工作科学发展、实现中华民族伟大复兴的中国梦作出新的更大的贡献！

目　　录

1

目　录

新形势下加强检察干警理想信念教育的基本路径

最高人民检察院检察技术信息中心　时　磊

习近平总书记强调，"坚定的理想信念是政法队伍的政治灵魂"，"必须把理想信念教育摆在政法队伍建设的第一位，不断打牢高举旗帜、听党指挥、忠诚使命的思想基础"。因此，要按照习总书记的要求，着眼复杂的国内外环境以及党和人民的新要求、新期待，强化组织领导，坚持改革创新，注重实践引领，严格行为监督，不断强化检察干警的理想信念教育，筑牢忠诚履行使命的思想基础。

一、加强组织领导，切实增强理想信念教育的战斗力

习近平总书记指出，"意识形态工作是党的一项极端重要的工作"。因此，各级检察院党组和领导要按照习近平总书记的要求，强化领导责任，切实加强对理想信念教育的统筹谋划、组织实施。

一是强化阵地意识，坚持把"补钙"责任落到实处。习近平总书记强调，"宣传思想阵地，我们不去占领，人家就要去占领"。各级院党组和领导要切实负起政治责任和领导责任，坚持把检察干警的理想信念教育作为党组工作重大而紧迫的课题去落实，认真研究党的理论宣传教育政策，注重从巩固党的执政地位，夯实党的执政根基的高度，把握影响检察干警理想信念的各种因素和重大现实问题。在实际工作中，既要有对理想信念教育的长远规划，又要有

加强理想信念教育的详细措施，坚持从具体问题入手，抢占舆论阵地，切实把检察干警的精神之"钙"补足补强。

二是强化领导带头，坚持以身示教。各级领导要真学、真信、真心实践党的创新理论，既要成为模范的引领者，又要成为理想信念教育的行家里手。在任何情况下，都要谨言慎行，要求干警做的，自己首先做到；要求干警学习的，自己首先理解掌握，用具体行动释放崇高理想信念的强大感召力。特别是在大是大非、政治原则问题上，领导干部一定要态度明确，立场坚定，带头与党中央保持高度一致；对错误的观点和言论，要带头研究，并有理有据地进行批驳，旗帜鲜明地予以反对，切实承担起守土之责、引领之责。

三是加强对新情况、新问题的研究，切实掌握理想信念教育的主动权。当前，利益格局的调整与冲突，理论与现实的强烈反差，西方诸多错误思潮的渗透，无时不对检察干警的理想信念产生负面影响。面对极为复杂的教育形势，探索出一条与本单位检察干警思想实际相符合的理想信念教育的思路与办法，需要各级检察机关党组和领导，特别是主管部门认真研究理想信念教育的特点规律，准确把握检察干警的思想动态、理论需求和现实需要，切实找到阻断错误思潮对干警理想信念产生影响的思路和办法，善于组织调度各个部门共同做好理想信念教育，努力形成强大的教育合力。

四是加强学习型机关建设，着力夯实思想根基。加强学习型机关建设是强化检察干警理想信念教育的重要载体和平台。要认真制定学习计划，精选学习内容，明确学习目标，加强日常考核，建立长效机制，努力使检察干警树立终身学习、全员学习、全程学习的理念，持之以恒地把理论学习、业务学习和理想信念教育有机结合在一起，努力把学习成果转化成坚定理想信念、促进检察工作科学发展的强大动力。

二、坚持改革创新，切实增强理想信念教育的说服力

面对思想多元化和信息传播技术高度发达的时代对理想信念教育带来的冲击，要按照习总书记的要求，坚持观念创新，内容创新、方法创新和体制创新，找到与时代脉搏、与检察干警思想同频共振的方式方法，切实增强理想信念教育的针对性和实效性。

一是坚持创新求变，把大道理讲实入心。在当前各种错误言论盛行的情况下，我们要理直气壮地讲好大道理，关键是要组建一支自身形象好，真学、真信党的创新理论，来自于在职领导干部、专家学者和一线检察干警的理论教育队伍。善于把理想信念教育与党的发展史、三十多年来改革开放取得的伟大历史成就、中国特色社会主义理论和社会主义核心价值观有机结合在一起，注重在宏大的历史主题与百姓的日常生活中找准切入点，从广大检察干警生活实践中寻找鲜活的素材，用干警熟悉的生活事例和朴实的语言来讲述，做到言之有物，紧贴心灵，入脑入心。

二是循循善诱，把小道理管住引好。在当前一些单位，小道理大行其道，受到许多人的欢迎和吹捧。对于这些小道理，我们要辩证看待，绝不能一棍子打死、全盘否定。要善于以大道理为指导，把革命的理想信念、党的路线方针政策和党的宗旨、崇高的思想道德作为基础，勇于承认小道理中的合理因素，注重将大道理渗透到小道理之中，针对一人、一事中的小道理，既要进行集中专题教育，又要坚持经常性的说服和引导，善于通过谈心说理、案例引导等形式努力把小道理中的合理因素升华为大家都能接受的大道理。

三是运用科技，增强教育的吸引力。在高科技时代，快速、便捷、灵活的信息传播技术无时无刻不在影响着干警的工作、生活、学习、交往和交流，因此要紧紧抓住科技带来的新机遇，善于运用新手段，积极创建理想信念教育主题网站，设立网上党校、网上团校、网上教育论坛、网上热点讨论平台等，增强教育的渗透力；建

立和运用检察干警 BBS 网络交流平台，拓展国内外新闻时事、焦点事件、热点关注的交流空间；善于运用短信、微信、微博、微电影等进行正面宣传，传递正能量，增强理想信念点滴渗透，时时渗透，经常渗透的实效。

四是因材施教，增强教育的针对性。新形势下，思想认识日趋多元化，必须采取因材施教的办法，提升理想信念教育的针对性。既要善于发扬优良传统，又要勇于创新。注重把过去好的做法运用好、发挥好，坚持对"一把钥匙开一把锁"、"一帮一一对红"等好的教育形式赋予新的时代内涵，切实增强教育的实效性。要着眼干警的思想需要，坚持运用就事论理、践行岗位承诺、开展擂台赛等形式，切实把教育搞活搞扎实。

三、坚持问题导向，切实增强理想信念教育的实践性

习总书记指出，"中国共产党人干革命、搞建设、抓改革从来都是为了解决中国的现实问题"。因此，我们要坚持问题导向，从生动的实践中寻找解决理想信念教育问题的思路和办法。

一是坚持把检察干警放到最艰苦的地方去磨砺，不断校正人生方向。建立健全培养锻炼机制，定期将检察干警放到最艰苦的环境、矛盾最集中的地方、困难最突出的单位去磨炼，在艰苦的实践中倾听群众的呼声，锤炼过硬的作风，增强突破难题的本领，不断通过实践教育解决检察干警理想信念方面存在的偏差和问题。

二是开展警示实地教育，保持警钟长鸣。要经常用检察干警身边的反面典型开展警示教育，特别是要组织干警深入到监管场所接受强烈的心灵洗礼和震撼教育，让昔日的同事，曾经的上级讲述他们的犯罪动机、原因、心态，犯罪对自己和家庭造成的危害以及他们对自由和亲情的渴望，用一个个生动的案例使检察干警时刻认识到理想信念崩塌所带来的严重危害。

三是坚持典型引路，强化行为认同。在理想信念教育中，针对

干警思想和行为存在的问题，要善于树立来自干警身边、有血有肉、可敬可学的先进典型，大力宣扬他们的先进事迹，使干警在学习中不断强化坚守事业的信念、锻造公道正派的品格、弘扬甘于奉献的精神，使自己的理想信念得到校正和升华。

四是抓好八小时之外的管控，做好防微杜渐。探究那些违法违纪干警的行为根源，分析他们如何经不住诱惑，日常行为发生了偏差，在一些小事的侵袭中，逐步抛弃了理想信念，走上了违法犯罪的道路。因此，要加强检察干警日常行为的管控，特别是八小时之外行为的教育和引导，经常开展一些寓教于乐，丰富多彩，引人向上的文化体育活动，使检察干警业余时间能够有所学、有所乐、有所获，防止由于业余时间空虚而造成行为的失范。

四、强化职业操守，切实增强理想信念教育的生命力

理想信念不是空洞的、遥远的，而是具体的、现实的，具体体现在对本职工作的把握上，体现在精湛的检察技能和扎实的办案本领上。因此检察干警要认真学习业务技能，秉公用权、公正办案，不断让理想信念释放出旺盛的生命力。

一是坚持正确的权力观。习总书记指出，"马克思主义权力观概括起来就是：权为民所赋，权为民所用"。检察干警无论在什么岗位，只有为人民服务的义务，时刻要把人民群众的利益放在行使权力的最高位置，把人民群众满意作为行使权力的最高标准，做到公正用权，公正办案，时刻用"权力从哪里来，权力即为谁所用"来校正自己的思想，约束自己的行为。

二是加强专业知识的培训学习。检察干警既要全面准确地掌握与本业务相关的法律条文、立法背景、适用要求，又要学习掌握与执法办案相关的金融、财经、科技、管理等方面的知识，努力把自己锻造成专业精深、素质过硬的优秀检察官。同时，要根据执法办案的需要和检察干警的知识结构，着力完善体现时代特征，具有检

察特色，符合办案要求的培训体系，努力把检察干警培养成专家型、复合型人才。

三是坚持办好每起案件。严格执法办案，坚持只服从事实、服从法律，铁面无私、秉公执法，确保每起案件都经得起历史和公众的评判成为"铁案"；要坚持从服务社会、保障民生的角度执法办案，确保每起案件都能赢得社会各界的认可成为"精品案"；要竭尽全力保障当事人的合法权益，坚持把法讲明、把理析透，确保每起案件都能让当事人口服心服、息诉罢访成为"和谐案"。

四是自觉接受监督。一方面，每位检察干警都要积极参加组织生活，定期向组织汇报自己的思想和工作，实事求是地开展批评和自我批评，自觉接受党组织的内部监督；另一方面，要积极推进阳光检务，主动地接受人大、政协和社会各界，特别是新闻媒体和网络的舆论监督，充分利用内外部力量不断强化抵御各种诱惑的能力。特别重要的是，检察干警要常修为"检"之道，常除非分之念，常省自身之过，自觉做到不该去的地方不去，不该做的事情不做，不该拿的坚决不拿，做一个诚实守信的人，富有正义感的人，脱离低级趣味的人，不断筑牢理想信念的思想防线。

适应新形势　聚焦新问题
从严从实抓好机关党的建设

北京市朝阳区人民检察院　王向明

自觉践行"三严三实"要求，聚焦"忠诚、干净、担当"队伍建设标准，深入扎实抓好机关党的建设，是新形势下圆满完成各项检察工作的重要保证。近年来，朝阳区检察院结合专题教育和实践活动，组织党员干部深入学习习近平总书记系列重要讲话精神，全面贯彻从严治党要求，找准问题、对症下药，立行立改、务求实效，固化了抓党建带队建促发展的工作思路，取得了显著成效，较好地保证了检察改革试点和各项检察工作的顺利进行。2014 年以来，先后荣获全国、北京市等各项集体荣誉 24 项，个人荣誉 50项。今年，又被评为"北京市第十二届思想政治工作优秀单位"。

一、加强思想政治建设，始终做到心中有党、心中有民、心中有责、心中有戒

思想政治建设是机关党的建设基础性工程，是塑造党员干部政治坚定的有效途径。具体工作中，我们注重克服和解决政治理论学习重视不够、流于形式、方法简单的顽症痼疾，坚持灌输与疏导相结合，着力在提升学习教育效果上下功夫。一是针对问题重点学。把上级安排部署的学习教育与党员干部的思想状况相结合，加强思想工作情况调研，增强学习教育的针对性和实效性。在专题教育和实践活动中，紧扣关键环节，围绕重点问题，落实责任，明确要

求，着力在学深学实学透上下功夫，以重点问题的解决带动思想理论水平的提高。二是领导带动示范学。安排党员干部学习教育的内容，党组成员、支部书记必须首先学懂弄通，努力营造"一级带一级、层层作示范"的氛围。在"三严三实"专题教育中，党组成员、支部书记人人讲党课，较好地促进了党员干部对"三严三实"的深化理解。三是对照典型现身学。注重用好"两面镜子"，以现身说法，强化党员干部思想教育。既组织学习焦裕禄、谷文昌等先进事迹，开展学习身边好榜样活动，以典型为镜，深学细照笃行；又运用周永康、薄熙来等违纪违法案件，以反面典型为戒，自警自省自律。四是融入平时经常学。定期组织讲座和观看专题教育片，结合重大活动和纪念日，开展主题党日和参观学习，把党性修养和爱国情怀教育培育纳入日常的教育活动之中。

二、加强基层党组织建设，充分发挥战斗堡垒作用

党的基层组织是全部战斗力的基础。实践证明，只有党支部工作扎实到位，机关党的建设才会根基牢固。一是加强指导力度。从实际出发，制定实施了《党建工作目标评价体系》，把机关党建与检察业务有机结合，落实了党组、党组成员、党支部书记三级主体责任，形成了党建工作会商机制，创设"具体化、目标化、责任化"的机关党建工作模式。二是创新组织设置。着眼人人在组织中、活动中、教育中的要求，在检察联络室、专案点设立临时党支部，依托主任检察官办案组设立党小组，切实将党建工作延伸到办案一线，充分释放组织活力。三是健全工作机制。坚持"摸实情、听实话、问实招、用实功、求实效"的思想工作思路，建立了干警思想动态调研分析机制，强化谈心谈话和信息反馈工作落实，有针对性进行教育引导，活血化淤、凝聚共识。

三、加强正规化专业化职业化队伍建设，
着力打造"五个过硬"的检察队伍

围绕中心、建设队伍是机关党的建设工作核心，特别是检察改革形势下，建设一支过硬检察队伍，是保证检察改革顺利实施的根本保证。一是严格选拔任用。以改革试点工作为契机，坚持德才兼备、以德为先的标准选任主任检察官，制定实施了《主任检察官任职管理办法》和《主任检察官选任工作方案》等制度，确保一线办案人员的思想水平和能力素质。二是落实人才工程。制定实施了"一准四驱"优能计划，自主研发主任检察官履职能力标准，实行菜单式选学，完善了院、处、主任检察官组三级人才培养体系，积极构建科学的人才培养格局。三是培育领军人才。制定了《激励高层次人才成长的意见》，努力建设专家型人才队伍。目前全院有 18 名同志成为北京市检察机关业务专家、提名奖和业务骨干。在全市检察机关业务技能比武中，有 18 名同志获得十佳称号，取得获奖总数、项目数、单项第一均位居全市第一的骄人战绩。四是注重典型引领。在办公楼大厅设立荣誉展板，在内网首页开设"光荣榜"栏目，运用新媒体推送的《五朵检察金花，托起灿烂朝阳》《神奇五侠"反贪之战"》等 H5 作品，被高检院、检察日报等官方微信转发，累计点击率超过 5 万次。

四、加强作风和廉政建设，树立
守纪律讲规矩的检察形象

加强作风和廉政建设是贯彻落实全面从严治党的根本要求，也是树立良好形象的重要抓手。结合检察改革试点，重点在促进严格规范公正执法上下功夫。一是狠抓专项整治。在规范司法行为专项整治工作中，集中查摆了部门问题 149 项、个人问题 285 项，收集

外部单位的建议 9 项，及时进行通报，立行立改。制定《关于引入律师监督规范检察行为的实施办法》，发出《规范检察行为监督卡》600 余份。二是突出工作重点。党组成员进行落实"两个责任"知识测试，组织拟晋级干警廉政知识法规考试，制定《主任检察官党风廉政建设责任制实施办法》等制度，建立岗位廉政风险防控体系，党组成员、部门负责人全部签订党风廉政建设责任书，促使党员干部明底线、知敬畏、强约束。三是深化检务公开。充分运用"两微一端"、检察开放日、代表委员座谈会等形式通报检察工作情况，主动接受各界监督，仅今年 1 至 8 月，就公开案件信息 5556 件，公开法律文书 1153 份，确保检察权在阳光下运行。建立《检察工作白皮书制度（试行）》，发布了《职务犯罪侦防白皮书》，受到社会广泛赞誉。四是践行根本宗旨。建立了《联系街乡工作制度》，党组成员分工联系全区 43 个街乡，定期走访，问计于民，主动把检察工作融入到全区工作大局；组织党员干警深入所在社区开展"双报到、双服务、双评议"等活动，提供法律服务。

五、加强检察文化建设，积极营造凝心聚力的工作氛围

切实发挥机关党建工作教育人、引导人、凝聚人的作用，努力塑造积极向上、奋发有为的思想品格，寓教于乐，增强团队的凝聚力和战斗力。一是弘扬法治文化。以主动发声、立体传播为导向，建立了全媒体宣传平台，2014 年以来在主流媒体发稿近 400 篇，被评为全国检察宣传工作先进单位。结合查办案件，编排涉农惠民领域舞台剧在辖区内演出，取得良好效果。精心策划官方微博、微信运营，科学设置网络新闻选题，粉丝数量高达 20 余万人。二是树立共同愿景。结合检察工作实际和自身队伍中存在的问题，确立"勇争一流"的工作目标，通过多层次多角度的选树典型，激发干警攻坚克难的精气神，使创先争优成为全院共同的价值追求。三是

营造读书氛围。与首都图书馆合作，建立流动图书馆，组织开展"新常态·新生态·新愿景"读书荐书交流，积极参加"检察官'阅百种名刊、读百家文献'阅读征文活动"，使读书成为干警的一种习惯。四是活跃机关队伍。针对青年干警多的特点，坚持抓党建带团建，进一步健全了团的组织和活动载体，设立9个文化社团，开展"青春朝检，绿色出行"等团的活动，通过丰富多彩的文化生活，愉悦心情、凝聚力量，促进青年干警成长成才。

自觉践行"三严三实"要求
正心修身规范履职　实现人生价值

北京市石景山区人民检察院　王春风　孙　华　刘学勇

习近平总书记提出严以修身、严以用权、严以律己、谋事要实、创业要实、做人要实的"三严三实"要求以来，在全党、全社会引起高度共鸣。学习践行"三严三实"，关键是要深化思想认识，找准自身差距，用"三严三实"的标准要求指导实践，推动检察工作不断向前发展。

一、深化思想认识，充分认清"三严三实"的深刻内涵和现实指导意义

"三严三实"虽然只有短短 6 句话 24 个字，却内涵丰富、精辟深刻，是我们做人做事、为官用权的警世箴言。聚焦了"忠诚、干净、担当"的价值理念，凝练了中华民族几千年传统文化崇严尚实的优秀传统，体现了世界观和方法论的统一、内在自律和外在约束的统一，具有很强的思想性、指导性和时代性。

习总书记指出，严以修身，就是要加强党性修养，坚定理想信念，提升道德境界，追求高尚情操，自觉远离低级趣味，自觉抵制歪风邪气。严以用权，就是要坚持用权为民，按规则、按制度行使权力，把权力关进制度的笼子里，任何时候都不搞特权、不以权谋私。严以律己，就是要心存敬畏、手握戒尺，慎独慎微、勤于自省，遵守党纪国法，做到为政清廉。谋事要实，就是要从实际出发

谋划事业和工作，使点子、政策、方案符合实际情况、符合客观规律、符合科学精神，不好高骛远，不脱离实际。创业要实，就是要脚踏实地、真抓实干，敢于担当责任，勇于直面矛盾，善于解决问题，努力创造经得起实践、人民、历史检验的实绩。做人要实，就是要对党、对组织、对人民、对同志忠诚老实，做老实人、说老实话、干老实事，襟怀坦白，公道正派。学习领会"三严三实"，要着重从四个方面认识和把握：一是从思想脉络看，"三严三实"发扬光大了马克思主义最可贵的理论品质和鲜明特色，为坚持和发展中国特色社会主义理论体系开辟了崭新境界；二是从党的建设看，"三严三实"贯穿了马克思主义政党建设的基本原则和内在要求，为全面从严治党提供了重要遵循；三是从发展实践看，"三严三实"蕴含了治国理政的卓越追求和高超智慧，为新形势下推进"四个全面"战略布局注入了强劲动力；四是从党员个体看，"三严三实"体现了共产党人的价值追求和政治品格，为党员干部修身律己、为官用权、干事创业树立了行动标杆。

这次中央在全党开展"三严三实"专题教育，是群众路线教育实践活动的延展和深化，是共产党人抓自身建设的又一次重要实践，有利于从根本上解决"四风"问题、推进作风建设常态化、长效化，有利于提高干部履职能力，改善党群干群关系，增强党的创造力凝聚力战斗力，有利于我们党健康肌体、巩固政权、继续前进，为协调推进"四个全面"战略布局、实现中华民族伟大复兴中国梦提供坚强保障。目前，高检院开展的规范司法行为专项整治工作，检察机关面临的深化检察改革，也都离不开"三严三实"作保障。一定要深刻认识"三严三实"的丰富内涵和重要意义，切实把思想和行动统一到党中央和习总书记决策指示上来，自觉践行"三严三实"要求，做到内化于心、外化于行，真正使自己的思想作风严起来、实起来，人人争做忠诚、干净、担当的优秀检察官。

二、找准自身差距，认真查摆当前检察队伍中存在的"不严不实"问题

毋庸置疑，当前党员队伍总体形势是好的，广大党员干部立足本职、勤奋敬业、扎实工作，在各自岗位上默默奉献，为社会主义现代化建设作出了应有贡献，这是主流。但也要看到，"不严不实"的问题在检察机关还有所体现，甚至在个别党员身上还比较严重。主要表现在：

一是理想信念动摇，价值追求发生了改变。检察官的理想信念，就是我们的职业尊重和职业信仰，就是对检察工作的热爱。虽然这属于个人职业规划，无可厚非，但反映出目前许多干警调出检察机关，个别单位甚至出现了"辞职潮"。这些同志的检察理想动摇了、奉献精神弱化了、价值追求改变了。许多人把物质上的富足、金钱上的占有，当作人生成功与否的衡量标准，不再视公、检、法为第一职业选择，而是选择了功利性强的职业。信仰迷茫、精神迷失、党性修养缺失、不讲组织原则等问题，在个别干警身上有所体现。随着依法治国方略的提出，检察机关将面临一次重大考验，人员分类管理、责任落实、职业保障，关系到每一位检察人员的切身利益，必将对检察干警的职业生涯产生深远影响。是坚守职业理想，还是选择放弃？是主动适应改革还是被动消极等待？值得每位检察干警深思。

二是履职用权不严，执法行为不规范。虽然市院连续两年开展执法规范化建设，今年高检院部署开展规范司法行为专项整治工作，但接待语言不文明、检察着装不正规、提讯办案不规范等问题依然存在。有的部门法律文书不规范或缺失、检委会决定执行不及时、不按照法律规定程序办案、提讯工作走过场、案件听取律师意见不及时。有的承办人对办案中出现的问题一而再、再而三地提醒仍然不改。有的干警宗旨意识淡薄，忽视群众利益，漠视群众疾

苦，滥用权力，设租寻租，搞利益输送；有的甚至出现选择性司法、随意性司法、弄虚作假违规办案等问题。这些必须引起高度重视。

三是自律意识淡薄，习惯自行其是。个别干警疏于对自身的严格要求，经常在位不尽心，在岗不尽责，纪律松懈、意志颓废、贪图享乐。有的不拘小节，类似迟到早退、着装不整、铺张浪费等问题时有发生。这些问题看似很小，却是一个人律己严与不严的体现。古语说："不能胜寸心，安能胜苍穹？"外人的监督只能管一时，而干部个人的慎独慎微才是终身致胜的法宝。习惯是在一点一滴生活小事中养成的。养成认真习惯的人不会应付差事，养成早来晚走习惯的人不用监督。相反，我行我素惯了，遵守规矩就会难受。《礼记》中有一句典故："莫见乎隐，莫见乎微，故君子慎其独也"。意思是说：人的弱点最容易在隐匿之处表现出来，也莫不是在细微之处最为彰显，因此君子在独处的时候更要特别谨慎。由此告诫我们，即使独处的时候，也要克制欲望，自觉依照规章制度、道德准则办事。

四是工作作风不实，经常好高骛远。一些人看问题、办事情不是一切从实际出发，而是一切从本本出发、从上级需要出发、从领导喜好出发，投机钻营、摆花架子，甚至弄虚作假、胡乱作为。有的案件承办人眼高手低，卷宗整理和归档动不动交由书记员办理，自己甚至不闻不问，负责档案管理的同志多次发现问题，这样的工作作风怎么经得起历史的检验？有的领导在检察改革面前，不是从"谋事要实"的角度审视自己负责的工作落实到位了没有，不是教育和疏导所属干警正确对待工作调整、正确对待名利，而是过于考虑个人得失，这种工作干劲和精神状态又怎么配得上党员领导干部的身份？要知道，党员领导干部的威信在于实干，政绩在于实干，一个实际行动胜过一打纲领。只有一切从检察实际出发，自觉站在检察工作大局上思考和谋划工作，并狠抓贯彻落实，我们的工作才能取得实实在在的效果。检察官不同于一般当事人，不是单纯去追求胜诉，而是要探寻事实真相，弘扬法律的公平正义，因此要树立辩证思维和求真务实的工作作风，努力在检察实践中提升司法能力。

五是遇事推诿扯皮，缺乏责任担当。有些同志，工作中怕苦怕累，不敢担当、不愿负责，遇事能推就推、能躲就躲。时代在进步，只想享受不讲奉献、只想获取不想付出已经没有了市场。过去办案，有主管领导、检察长、检委会层层把关，改革以后承办人要独立办案、独立承担责任，并且是终身责任追究，这样承办人肩上的担子就会更加繁重。因此，每名同志都要认真思考如何面对检察改革问题，是勇于承担责任，还是谋取更多利益？检察改革不会是"普惠制"，而是"精英制"。如果现在仍不把心思和精力放到工作上，只图清闲自在，最后淘汰的可能就是自己。一个人的付出、奉献和责任担当有多大，收获的待遇评价就会有多大，这是成正比的。

六是为人虚伪善变，做事表里不一。一个人在生活中能否立住脚，关键是看为人诚不诚；一个党员干部在单位里有没有感召力，重要的是看你对人实不实。有的人善说口是心非之话，爱干贪功求荣之事，乐做投机钻营之官，这样的干部即使一时占到便宜，但最终是被人不齿的，甚至是遭人唾弃的。德国诗人海涅有一句名言："生命不可能从谎言中开出灿烂的鲜花"。我们每名党员干部都要牢记，做人是一辈子的事，必须诚实守信、表里如一。特别是在大是大非面前要站稳立场，在矛盾问题面前要迎难而上，面对歪风邪气要坚决斗争。要以实立身、以实为守、以实行事，对组织忠诚老实，对同志诚恳实在，对工作扎实负责，对人民真情实意，真正做一个高尚的人、纯粹的人、有道德的人、脱离了低级趣味的人、有益于人民的人。

三、坚持立言立行，在检察改革和工作实践中自觉践行"三严三实"要求

践行"三严三实"要求，关键是要化为修身做人用权律己的实际行动，认真解决"不严不实"方面的突出问题，争做一名忠诚、干净、担当的好党员好干部好检察官。要在以下六个方面下功夫：

一是坚持在正心修身上下功夫，始终坚定理想追求高尚情操。要教育引导干警加强党性修养，坚定理想信念，提升道德境界，追求高尚情操，自觉远离低级趣味，自觉抵制歪风邪气。持续深化中国特色社会主义理论体系和习近平总书记系列重要讲话的学习，增强政治敏锐性和政治鉴别力，在重大原则问题上站稳政治立场、保持清醒头脑。

二是坚持在用权为民上下功夫，始终按规章制度行使权力。把权力关进制度的笼子里，教育引导干警始终把促进社会公平正义作为核心价值追求，把保障人民安居乐业作为根本目标，坚持严格执法公正司法，维护社会公平正义。不断深化检务公开，推行"阳光检察"，坚决杜绝跑风漏气、违纪违规办案行为，努力把每一起案件都办成经得起法律和历史检验的"铁案"。

三是坚持在慎独慎微上下功夫，始终勤于自省、遵守法纪。面对大千世界的诱惑，要始终严于律己，严守法纪红线，防止精神沦陷。要能够稳得住心神，管得住心中的"老虎"。对党纪国法始终心存敬畏，言有所禁、行有所止，真正做到守得住清贫、耐得住寂寞，自重而慎微，自省而慎思，自警而慎权，自励而慎行。要树立"善禁者，先禁其身而后人"的观念，从自身做起，从家属、子女和身边人严起，切实树起严于律己的榜样。

四是坚持在科学筹谋上下功夫，始终从实际出发谋事。要使检察工作的思路、方法和举措符合检察工作和检察队伍实际，符合司

17

法工作规律，符合时代发展要求，符合人民群众利益，符合科学创新精神，在深化检察改革的大潮中，从实际出发谋划事业、开展工作，树立科学的政绩观，坚决摒弃和纠正不切实际、好大喜功的"面子"工程。要敢于批评、敢于较真，鼓励干警讲真话、干实事、重实效，把心思用在干事业上，把精力投入到抓落实中，切实服务好经济社会改革发展稳定大局。

五是坚持在真抓实干上下功夫，始终脚踏实地、务实奋进。要直面矛盾、敢于担当、扎实创业，认真做好所负责的检察工作。在协调推进"四个全面"的新形势下，以勇于担当、敢于亮剑的精神和锐气，全面正确履行法律监督职能，强化对诉讼活动的监督，加大对职务犯罪的查办力度，全力维护社会公平正义，努力创造经得起实践、历史和群众检验的检察业绩，让群众在每一个司法案件中都感受到公平正义。

六是坚持在领导带头上下功夫，始终以上率下、诚实待人。各级领导要发挥表率作用，坚持对党、对组织、对人民、对同志忠诚老实，做老实人、说老实话、干老实事，始终襟怀坦白、公道正派，对组织不隐瞒、不欺骗，不搞当面一套、背后一套，不做"两面人"。要把群众放在心中最高位置，带着朴素感情为群众司法办案，及时解决群众反映强烈的突出问题，不断满足人民群众的司法需求，真正使司法过程成为保障和改善民生、增强群众幸福感的过程。要积极主动投入"三严三实"专题教育，带头学习讨论，带头对照检查，带头整改落实，既当好组织领导者，又当好积极参与者，通过学习教育，不断正心修身，真诚做人、踏实做事，努力提高履职能力，更好适应检察工作，更好适应司法改革，切实为党和人民服好务。

认真贯彻《组织工作条例》
解决党建工作中"六个缺乏"的问题

天津市人民检察院机关党委

《中国共产党党和国家机关基层组织工作条例》（以下简称《组织工作条例》）的修订，凸显了党和国家机关基层党组织建设的引领性和示范性，全面贯彻了中央对机关党建工作的新要求，体现了党的理论创新、实践创新、制度创新的新成果。在贯彻执行《组织工作条例》过程中，天津市院结合机关党建工作实际，着力解决党建工作中存在的"六个缺乏"问题，不断提升机关党建工作水平。

一、整合资源，破解教育培训方法缺乏的问题

对党员的教育培训工作是党组织的经常性工作，也是提高党员素质的必要手段。我们针对党员教育培训工作中存在的教育人员、教育方式、教育场所比较单一的问题，选择一些可以反复进行、生动感人的新的模式，以期达到教育的效果。

1. 精选教育培训人员。在选择教育者时，除专家教授或领导干部外，我们还有意识地选择那些现实生活业绩突出的行业标兵、品质高尚的道德模范和贴近群众的基层干部。让实践者作为教育者，用基层最接地气经验充实教育内容，拓展了理论的实践空间。

2. 改进教育培训方法。一是针对不同专业、不同岗位、不同职级党员的具体情况，选择适当的教育内容，有效解决了吃不饱，

吃不了、吃不对的问题。二是联系国际国内的形势、党的组织发展现状及党员思想实际，增强教育培训内容的现实感和亲切感，进而达到理论指导实践的目的。三是充分利用各支部在党组织建设中的成功案例，在实践层面进行推广复制，增加理论的生动性和感召力。

3. 拓展教育培训阵地。树立"建家"理念，在本单位开辟了600多平方米的教育基地，同时还利用外单位现有的教育实验场所，或采取实地考察学习的方式，积极开拓党员教育培训阵地，加强对党员干部的经常性教育。

二、强基固本，破解党务干部积极性缺乏的问题

建设一支政治坚定、结构合理、精干高效、充满活力的专兼职党务干部队伍，是提升党建工作水平的重要前提。针对个别党务干部对从事党务工作认识上有偏差、履行职责的条件上有欠缺及个人工作水平有差距等问题，采取三种措施，提高党务干部的履职能力。

1. 理想信念激励。崇高的理想信念，是做好党务工作的精神动力。院领导高度重视，主动过问、经常研究机关党建工作，并明确指出党建工作不是务虚的"软任务"，要求从事党务工作的同志具备远大的共产主义理想，坚定的中国特色社会主义信念和做好党务工作的使命感、责任感和荣誉感。

2. 成长成才激励。关注党务干部的健康成长和全面发展，是做好党务工作的动力源泉。院党组积极搭建平台，为党务干部提供学习深造、开阔视野的机会，帮助他们掌握党务工作的程序、原则和方法，提高党建工作业务素质。机关党委配合干部人事部门做好党务干部的选拔和培养工作。近年来，曾任机关党委委员的有7人提拔为副局级，兼职党务干部的职级全部得到晋升。近年来，我院获得劳动模范、"五一"劳动奖章、天津市"三八"红旗手、政法

系统人民满意的政法干警等殊荣的全部是兼职党务干部。

三、人文关怀，破解党组织内部人员沟通缺乏的问题

在 2014 年我院机关党委对党员思想状况的调研中发现，有32%的党员表示在遇到问题和困难时会找同事、家人和朋友，而不是党组织或行政领导；有 24.9%的党员对落实谈话制度情况没做选择。对此，机关党委进行专题研究，提出解决问题的办法。

1. 落实党内谈心谈话等制度。按照《天津市人民检察院直属机关党委党组织与党员谈话制度》的要求，党员领导干部定期听取干警意见，并随时深入所在支部了解情况，解决党员工作、学习中的问题。今年，共为 48 名党员提供困难补助和义务服务。通过努力，让"有困难找党组织"变成党内组织生活的常态。

2. 加快党员网络管理和电子党务建设。当前，随着微博、微信、QQ 等新媒体迅速崛起，舆论的开放和信息的多元对检察干警的理想信念带来很大的冲击，为此，我们建立了党支部活动信息平台，成立了党建工作信息员队伍，采用文字、图像和视频等多种媒体表现手段宣传支部活动情况，对党员情况做到底数清、情况明、帮助实。

四、加强监督，破解组织管理制约缺乏的问题

加强党内监督是保持党的先进性和纯洁性，增强党组织创造力、凝聚力和战斗力的重要前提。去年，我院一名党员因违法被处理。在查找案件发生的原因时，发现在党员组织管理方面存在着对党员的书面要求多，动态监督少的问题。对此，党委态度非常明确，要求"严"字当头，真抓真改。

1. 落实从严治党责任。认真贯彻落实习近平总书记管党治党的新思想、新要求，对机关党委六项工作制度做了修改和完善，强

化党委抓基层党建的主体责任，在制定党建责任目标时，我们特别加重了党内监督工作的比例，要求各级领导干部要认真履行"一岗双责"，把党建工作责任扛在肩上。

2. 加强制度约束。从严治党，既要靠教育，也要靠制度。我们对现行的纪律和规矩进行完善、细化和创新，制定新的制度，完善已有的制度，废止不适用的制度，坚持制度面前人人平等、执行制度没有例外，使制度真正成为党员干警的硬约束。

3. 提高制度执行力。拿出踏石留印，抓铁有痕的劲头，加大对干警执行纪律情况的督查。一年之内，已经就执行各项制度情况进行了 9 次督查，对督查出的问题及时通报，党员队伍中缺乏组织纪律性的苗头得到了有效的遏制。

五、知行合一，破解党员干部修养缺乏的问题

涵养品德，自律操守，是党员干部修养的永恒课题。在当今社会思潮纷杂、价值取向多元的情况下，个别党员忽视个人修养，日常生活、工作以及为人处事时，自私自利，我行我素，诸事当前，只考虑个人得失，不顾及集体利益，致使一些不文明、不道德的现象在机关屡有发生。

1. 召开警示大会。对党员干警队伍中存在的问题进行深刻剖析，要求党员干警在各种纷繁复杂的事物面前保持清醒的头脑，自觉提升在复杂环境下对事物明晰的判断能力，要求党员学会控制自我情绪，强化心理健康训练，保持情绪的基本稳定。

2. 营造讲道德、比贡献的氛围。先后开展了争创"文明处室"，争做"十好"党员、"践行天津检察精神"演讲赛等活动，让党员干警在活动中接受熏陶，经受锻炼，自觉汲取中国传统文化中公正无私、为政清廉、造福人民、言行谨慎、重义轻利的道德精华，在机关形成"比学赶帮超"的良好工作局面。

3. 表彰先进典型。通过开展践行社会主义核心价值观和"守

纪律讲规矩、公正廉洁执法"专题教育活动，引导党员积极参加社会实践，提升执法公信力。今年，有 3 名党员分别获得劳动模范、"五一"劳动奖章和政法系统人民满意的政法干警荣誉称号，6 个党支部获得先进、8 名党务工作者和 44 名党员被评为优秀。

六、搭建平台，破解组织活动缺乏展示的问题

在调研中，我们发现，有 32% 党员对市院机关党组织落实制度情况不是很清楚。为此，我们积极搭建各种平台，全方位展示机关党组织的活动，力求达到人人知晓、人人参与、人人发挥作用的目的。

1. 及时公布党建工作进展情况。利用局域网机关党委网页，公布机关党委的各项工作进展情况，交流各支部的工作经验，同时设立专栏，上传中央和地方党委对党建工作的安排部署和活动要求，随时解答党支部和党员关于党建工作方面的咨询。

2. 积极创新活动载体。通过最佳党日活动评选、为离退休干部提供志愿服务、帮扶服刑人员子女、走访远征军老战士、检民共建、社区"双报到"和举办绘画书法摄影主题比赛等多种形式，吸引党员参加组织活动，并在活动中接受教育。

当前检察机关党组落实主体责任
存在的问题及强化路径

天津市河东区人民检察院　齐冠军

党的十八届三中全会通过的《中共中央关于全面深化改革若干重大问题的决定》中强调：落实党风廉政建设责任制，党委负主体责任，纪委负监督责任；各级党委是党风廉政建设的领导者、执行者、推动者。建立健全惩治和预防腐败体系是国家战略和顶层设计，检察机关党组是否能落实好主体责任，直接关系到党风廉政建设的效果，直接影响到反腐败斗争的成败，必须将其作为一项重大的政治任务一以贯之地落实到各项检察工作中。

一、当前检察机关党组落实主体责任存在的问题和不足

近年来，在最高人民检察院的领导下，各级检察机关党组高度重视党风廉政建设，严格执行"一岗双责"，狠抓"四风"整治，自身反腐倡廉建设力度不断加大，为检察工作提供了强有力的保障。但我们也应当清醒地看到，目前个别检察机关党组在落实主体责任方面还存在一定问题和不足，主要体现在以下五个方面：一是混淆了主体责任和监督责任。有的检察院党组和领导干部没有把党风廉政建设当做分内之事，在思想认识上、工作部署上和监督落实上，或多或少地将党风廉政建设的具体任务和责任交给本院的纪检监察部门去完成和承担。二是割裂了党风廉政建设工作和检察业务工作的有机联系。有的检察院党组没有真正把党风廉政建设作为一

项全局性、整体性的工作来考量和把握，没有将其与检察业务工作、检察队伍建设和检务保障建设有机融合起来，甚至是只重检察业务不抓党风廉政建设、只看业务指标不抓惩治腐败。三是主体责任落实不到位。这其中一方面是指有的检察机关党组和领导干部对主体责任的认识尚有差距，没有当好党风廉政建设工作的领导者、执行者、推动者。另一方面是指目前关于责任标准、责任内容、履职要求等党组主体责任的制度规定尚不完善，尤其是追究责任的量化标准不够明确。四是对于查处的检察人员违法违纪案件的通报、公开力度不够。对于本院个别检察人员违法违纪案件，还存在一定的捂着藏着的作法。对于查实案件的内部剖析通报制度还不够健全，对外公开力度也有待加大，运用典型案例加强警示教育、堵塞漏洞方面的工作需要进一步增强。五是个别党员领导干部思想认识上存在偏差。例如，在一定程度上存在好人主义思想，无原则的追求一团和气的氛围，没有担当好党风廉政建设责任人的职责。

二、强化检察机关党组主体责任落实的主要路径

党组的主体责任是党中央根据反腐败斗争形势提出的重大政治任务，这项任务长期而艰巨。笔者认为，真正解决当前检察机关党组落实主体责任存在不足的关键，就是要将党风廉政建设与检察业务工作有机融合并联系统一起来，作为全局性、整体性的工作来考量和把握，不断推进党组主体责任明确化、具体化、制度化，实现与检察业务工作同步部署、同步落实、同步检查。

（一）党组主体责任与检察业务工作同步部署

检察院党组应树立"不抓党风廉政建设就是严重失职"的意识，切实承担起主体责任。一是主体责任明确化。坚持廉洁治检方针，明确规定党组在统一领导党风廉政建设中的主体定位，明确党组书记、检察长第一责任人的责任，明确其他院、科（室）领导"一岗双责"的责任，从思想上解决党员领导干部在落实党风廉政

建设责任制过程中责任不清、流于形式及失责难究等问题。二是专题部署制度化。在对党风廉政建设工作进行谋划安排时，党组应着力抓好统筹部署、明确责任分工、细化任务分解。例如，每年应召开年度党风廉政建设和反腐败工作会议，结合本院实际情况对党风廉政建设作出专题部署，将其与检察业务工作置于同一高度，并贯穿于检察工作始终。三是廉政签状全员化。所谓廉政签状，是以检察机关集体或以检察人员个人名义作出的格式化或个性化的落实党风廉政建设责任制的承诺或方案，包括明确时间节点、提出目标措施、承诺履行义务、违约承担责任等内容。以天津市河东区检察院的"院、科、普通检察人员"三级廉政网络为例，每年初，由该院党组书记、检察长向市院签订《年度党风廉政建设责任书》，院党组成员、中层部门领导向院党组签订《"一岗双责"责任书》，全院检察人员向所在科室签订《遵章守纪保证书》。通过三级廉政签状，明确细化了责任标准、责任内容和追责后果，建立起了一整套的责任传导机制，形成了有责必担当、失职必追究的工作格局。

（二）党组主体责任与检察业务工作同步落实

检察机关党组在履行主体责任过程中，不仅要加强对党风廉政建设工作的组织领导，而且要亲自参与和推动。通过党组严格执行党风廉政规定的实际行动，引领和监督全院检察人员自觉遵章守纪，使党风廉政建设工作得到有效的落实。一是强化中层岗位作用。党组要紧紧抓住中层干部这个"中枢"，建立一整套规范严格、奖惩分明的管理机制，促使全体中层干部认识到，其岗位职责是管理和指挥而非"传声筒"，是责任和担当而非坐享其成。中层干部应严格自律、有所作为，以自己的模范行动和人格魅力影响和带动本部门的检察人员。二是强化廉政机制作用。履行好主体责任，重点是要抓好制度落实。依靠和运用廉政制度机制来管理业务、激励队伍，是落实党风廉政建设责任制的关键所在。只有将主体责任落实到每个党组班子成员的具体工作职责中，才能实现分解任务、责任到人，从而有效防止主体责任虚化、空转。三是强化民主集中制作用。检察机关党组在检察工作和党风廉政工作中，应严格实行集体领导和个人分工负责相结合，尤其是涉及人事、财务、党风廉政、重大案件等方面的问题，必须要由党组成员或检委会成员集体决定，按照规定要求在一定范围内公开。坚持公开透明、民主决策，有问题及时沟通、有矛盾及时化解。有了党组班子的表率作用，有了严格规范的制度约束，整个单位才会呈现风清气正的工作氛围。

（三）党组主体责任与检察业务工作同步检查

监督检查是检验落实主体责任成效的关键和有效抓手，只有坚持开展多种方式的监督检查，才能使党风廉政建设工作落到实处，取得成效。一是检务督察动态化。检察机关党组应坚决纠正和防止好人主义现象，支持纪检监察部门（检务督察部门）履行监督责任，全力开展监督、执纪、问责工作。二是报告点评常态化。每半年向上级党委报告一次全面党风廉政建设责任制落实情况，积极收集整理意见建议反馈。遇有重要事项、突发事件、紧急情况随时报告。此外，每年度还可以邀请上级院或辖区纪委对本院党风廉政工作进行点评，邀请人大代表、政协委员、社区代表进行无记名投票测评，主动接受外部监督。建立"上点下评"制度，"上点"即由党组书记、检察长对班子成员逐一点评，院领导对分管部门负责人逐一点评；"下评"即由全院检察人员对院、科两级党员领导干部进行无记名投票测评，主动接受内部监督。三是责任追究严格化。严格责任追究是权力监控的最后一道防线，其虽然是事后行为，但其不仅能够严格准确的追究责任人员，而且其产生的震慑力量能够起到较大的预防作用。例如，建立纪检监察案件谈话、初审、立案、移交、移送等制度，做到"分级负责、归口办理、快查快结"，保证每一个线索都有着落，所有案件都有结果。严格责任倒查，对发生重大腐败案件、不正之风和办案安全事故的部门和个人，启动"一案双查"，既要追查当事人的责任，又要倒查分管领导的责任，依纪依法予以严格追究。建立对典型案件通报制度，坚持从个案中挖掘警示教育素材，减少和杜绝管理上的漏洞和薄弱环节，收到查办一案教育一片的效果。

"五个坚持"激发中心组学习内生动力 不断提高思想建党的质效和水平

河北省人民检察院机关党委

党组中心组理论学习是各级领导班子和领导干部理论学习的重要形式,是加强领导班子思想政治建设的重要措施。河北省院党组围绕贯彻中央"四个全面"的战略布局,落实全面从严治党的政治责任,坚持把思想建党作为首要任务,着力抓好党组中心组理论学习对习近平总书记系列重要讲话精神的学习贯彻,努力做到"五个坚持",不断提高思想建党的质效和水平。

一、坚持强化学习的领导责任,始终 保持领导的领导力、组织力

我院党组对中心组学习高度重视,党组书记、检察长、中心组组长童建明多次作出批示,要求认真落实中央、省委和高检院关于加强和改进党组中心组学习的有关要求,进一步加强和改进中心组学习。坚持亲自审定学习计划,确定学习主题和研讨专题,提出学习要求,主持集体学习研讨并作总结讲话,指导和检查中心组成员的学习。2014 年 11 月,院党组以学习贯彻党的十八届四中全会精神为主题组织中心组专题(扩大)学习,在各位中心组成员进行学习交流后,召开了全院干警学习大会,童建明检察长结合检察工作实际,就学习贯彻四中全会精神作了一次高质量的专题辅导报告,有力地深化了中心组学习的效果。党组副书记、副检察长童建

明作为分管领导，认真配合抓好学习的组织工作，及时对贯彻上级部署提出意见，抓好中心组各项学习计划的落实。

二、坚持强化理论学习的计划性，
始终保持刚性学习时间

2013 年 10 月，结合我院工作实际，院党组对《河北省人民检察院中心组学习制度》进行了修订完善，建立健全年度学习计划、阶段性安排、每月专题和集中学习、学习考勤、学习档案、学习通报等长效机制，并将中心组的学习秘书由政治部宣传处调整到机关党委安排专人负责。中心组紧紧围绕学习领会习近平总书记系列重要讲话精神，根据高检院、省委的重大决策部署，结合全省检察工作实际，认真制定年度学习计划、阶段性学习安排、每月专题学习和集中学习方案，并坚持学习预告制度，每次集中学习讨论前，中心组组长按照学习计划，拟定学习主题和研讨题目，由学习秘书提早印发通知和学习资料，使中心组成员有充分时间进行自学和调查研究，准备发言提纲，从而使中心组学习始终处于一种紧凑不间断、紧张有节奏的学习状态。2013 年以来，院中心组先后制定了学习党的十八大、十八届三中全会、四中全会等阶段性学习安排，认真落实省委宣传部和省直工委布置的每月学习专题，并结合检察工作实际开展了 12 次集中学习。

三、坚持强化学习的基础过程控制，始终保持
集中学习的学习体验和价值感受

我院党组坚持组织好集中学习，围绕全面系统学习习近平总书记系列重要讲话精神，掌握贯穿其中的马克思主义立场、观点和方法，在强化学习的基础过程控制上下功夫，着力抓好三个关键环节。一是出"好题目"。学习主题和研讨专题，决定着每次集中学

习的方向和重点，可以引发学习者的兴趣点。每次集中学习，党组书记童建明同志都要把出"好题目"作为重中之重，将上级要求和检察工作实际紧密结合起来，认真思考研究，亲自把关出题。2013年以来，以学习习近平总书记系列重要讲话精神为主要内容，中心组先后把"学习贯彻党的十八大精神，推进法治中国建设，为实现中国梦提供法治保障"、"以学习贯彻习近平总书记系列重要讲话精神，解放思想，提高运用法治思维和法治方式更好服务'四大攻坚战'的能力"、"学习贯彻党的十八届三中全会精神，以改革的精神推动检察工作创新发展"、"学习贯彻习近平总书记在中央政治局第十六次集体学习时重要讲话精神，强化在党忧党的责任意识，真正担负起管党治党的政治责任"等作为学习主题，并围绕每个主题确定了相应的研讨专题。二是选"好内容"。习近平总书记系列重要讲话精神思想深刻、内涵丰富，能否选好集中学习的文件和书目，对领会精神实质、提高学习效能具有重要作用。在学习内容的选取上，既按照高检院、省委和省直工委的部署，突出重点内容，以保持中心组学习内容与上级要求的一致性、整体性，又结合形势发展和检察工作需要，及时选择、调整和充实学习内容，避免"多、重、杂、空"的弊端，注重增强学习的针对性、系统性。三是请"好导师"。为配合中心组学习，在积极参加高检院和省委、省委政法委及省直工委组织的各种培训的同时，根据形势发展和学习任务的需要，加大学习辅导力度，开办了"河北检察讲堂"，邀请国内知名专家学者进行专题辅导。从2013年下半年开始到目前，共举办12期，先后邀请了北京大学、中国人民大学、中国政法大学等高校专家教授及高检院的领导授课。

四、坚持强化理论学习与专题调研相结合，　始终保持"调研之树常青"

专题调研是将理论与实践具体对接，在理论指导下深入实际了解情况、在实际中深化学习的重要方法。我院中心组坚持把理论学习与专题调研结合起来，以习近平总书记系列重要讲话精神为指导，围绕全省检察机关需要解决的突出问题，大兴调研之风，扎实开展调查研究。针对中心组学习中反映出的对基层情况了解不够的问题，进一步完善了《省院领导干部联系基层院制度》，明确省院领导每年深入基层蹲点调研的次数、时长、主要内容以及具体要求。近两年来，先后围绕当前检察工作中的重点难点问题、队伍建设现状和修改后刑诉法、民诉法在实施过程中遇到的各类问题等开展专题调研，共撰写心得体会 70 余篇、调研文章 50 余篇。为使调研成果尽快转化为工作成果，我们将中心组成员的调研报告汇编成集，供全省各级检察机关和广大检察人员学习借鉴。

五、坚持强化学以致用，始终保持学而用、学而行、真抓真改的学风和工作作风

我院中心组充分发挥理论联系实际的优良作风，坚持学以致用，把武装头脑、指导实践、推动工作作为根本着力点和落脚点。2015 年 4 月，我们以"学习习近平总书记在省部级主要领导干部学习贯彻党的十八届四中全会精神，全面推进依法治国专题研讨班上的讲话精神，推进全省检察机关严格规范司法"为主题，集体学习了习近平总书记在省部级主要领导干部专题研讨班上的讲话、中央"两办"《关于进一步规范刑事诉讼涉案财物处置工作的意见》和高检院关于深化检察改革的意见、关于依法保障律师执业权利的规定等重要文件，四位院领导分别就如何运用法治思维和法治方式推进检察工作、深化检察改革、依法保障律师执业权利、规范刑事诉讼涉案财物处置等作了重点发言，童建明检察长作了题为《让规范司法成为检察官的行为习惯》的总结讲话，强调要抓住重点领域和环节推进规范化建设，促进检察人员规范司法的职业养成，努力让规范司法成为检察官的行为习惯。这次中心组学习，不

仅在理论上澄清和深化了认识，更是对全省检察机关推进规范司法行为专项整治工作进行的一次再动员再部署。

　　中心组学习是一种有组织的集体学习，"五个坚持"不仅确保了中心组学习的制度化、常态化、规范化，更重要的是激发了中心组成员学习的内生动力，切实做到在"真学、真懂、真信、真用"上下功夫，提升了理论素养和党性修养水平，提高了运用理论指导实践和推动工作的能力，有力地促进了全省各项检察工作健康深入发展。

坚持举办道德讲堂　全面加强职业道德

山西省太原市人民检察院机关党委

　　"道德讲堂"是我院在深入贯彻党的十八大精神、大力培育和践行社会主义核心价值观的实践中，积极响应高检院、省市文明委号召，为强化检察人员职业道德建设，探索推行的一种"适合机关特点、具有检察特色、便于长期坚持、群众喜闻乐见"的新型教育载体。2013 年以来，我们紧紧围绕强化检察人员的"社会公德、职业道德、家庭美德、个人品德"，精心筹划、严密组织、持续推进。目前，"道德讲堂"已连续举办 23 期，均取得了良好的效果，一期期不同主题的"道德讲堂"不仅使全体检察人员在思想道德上受到了深刻洗礼，而且有效带动了队伍风气的进一步好转，促进了各项检察工作任务的完成，为全市检察工作创新发展提供了强大的思想保障和精神动力。市文明委先后两次在我院召开全市"培育社会主义核心价值观、加强职业道德建设"现场推进会、观摩会，我院被市文明委授予全市唯一的"职业道德建设标兵单位"。太原市电视台对我院以"道德讲堂"为主体，全面加强职业道德建设的做法，连续七天在新闻栏目进行了专题报道。2015 年全国"两会"期间，检察日报以"一堂道德课"为题进行了全面报道；7 月，新华社内参、新华每日电讯等 10 多个国家级媒体再次进行深度报道。

一、统一思想，提高认识，把道德讲堂
作为强化检察职业道德的主要载体

党的十八大把大力培育和践行社会主义核心价值观作为国家的发展战略，十八届四中全会又明确提出，实现国家治理现代化要坚持以法治国和以德治国相结合，坚持德主刑辅的战略思想。随着党中央以德治国思想的逐步确立，我们也深刻认识到，作为肩负法律监督职能的检察机关，如果没有良好的职业道德，就难以担当起维护公平正义的历史使命，难以树立起检察机关在人民群众中的良好形象。近年来，在加强职业道德建设的实践中，我们感到"道德讲堂"就是一个既有强烈仪式感又有视觉冲击力，既注重以情感人、以文化人、用身边事教育身边人，又注重传播传统美德、弘扬新风正气的群众性教育平台。因此，院党组坚定决心、加强领导、统一部署、合力推动"道德讲堂"在全市检察机关深入开展。为了开展好"道德讲堂"，市院党组研究出台了"2013～2015"道德讲堂实施意见和总体方案，召开两级院干警大会进行动员部署，按照"六有"、"五统一"的要求，投资近20万元更换配齐了音响保障器材，完善了"道德讲堂"的场地、环境、设施和制度建设，营造了接受道德教育的庄严氛围，让大家一走进"道德讲堂"就有一种净化心灵的仪式感、肃穆感。

二、加强指导，群策群力，把"道德讲堂"
办成群众性自我教育的大课堂

"群众课堂群众办，身边好事身边人来讲"，是我们举办"道德讲堂"始终如一的指导原则。院党组将"道德讲堂"交给机关党委主抓，安排由市院各支部和各基层院主办。运行过程中，坚持"制度建堂、群众办堂、特色兴堂"，形成了自身办堂的特色亮点。

所谓"制度建堂"，就是从 2013 年开始每月举办一期"道德讲堂"，每期"道德讲堂"突出一个主题，每个主题确定一个支部或基层院承办，每办一期"道德讲堂"搞一次点评评议，并把"道德讲堂"纳入对支部和基层院的年度考核，用制度保障"道德讲堂"深入持久开展。

所谓"群众办堂"，就是让基层组织和群众"唱主角"，支持他们自选主题、自组团队、自主策划、自行设计、自找素材、自编自导、自演自讲，最大限度地挖掘基层潜力，汇集集体智慧。每期"道德讲堂"宣讲前由机关党委和分管领导审查把关，尔后再呈现全院。

所谓"特色兴堂"，就是在严格按照"六个环节（唱歌曲、学模范、诵经典、作反省、发善心、送吉祥）、七个一流程（唱一首歌曲、看一部短片、听一个故事、诵一段经典、作一次反省、谈一番感悟、送一份吉祥）"规定动作的基础上，引导各支部在丰富完善各个环节及流程上动脑筋、搞创新，选择干警喜闻乐见、易于接受的表达方式和展示手段，提升讲堂的品质，打造出具有检察特色的"道德讲堂"。

在大家的不懈努力下，三年来，23 期"道德讲堂"主题鲜明、形式多样、各具特色，支部之间形成了比、学、赶、超的良好氛围，基层组织和干警的主观能动性得到了充分发挥，真正把"道德讲堂"办成了基层组织和群众交流工作的平台；展示才华的舞台；培养锻炼人才的平台；宣传身边好人好事的平台；传播正能量、弘扬传统美德的平台。三年来，全市检察机关通过"道德讲堂"推出了 39 名先进典型，锻炼培养了 36 名主持人、宣讲员和一批影视合成、PPT 制作人才，其中推出的 39 名先进典型中，9 名同志被省市表彰为"榜样山西""太原好人"先进人物，讲堂推出的"三严三实"先进典型李洪达，荣获全国第五届道德模范提名奖，这一个个鲜活的典型都是基层组织和广大干警自己发现、自己挖掘、自己总结出来的身边好人，感染力和说服力更强。

三、精心谋划，严格把关，把"道德讲堂"办成弘扬主旋律、汇聚正能量、激发原动力的平台

坚持用道德理念武装人，用道德故事陶冶人，用道德精神感化人，用道德力量引领人，是我们始终坚持的办堂宗旨，也是我院"道德讲堂"越办越火的力量源泉。三年来，我们紧紧围绕"四德"建设，结合队伍实际和办案需要，认真研究谋划每期"道德讲堂"，最大限度地发挥"道德讲堂"的服务保障效益，提出了"四个结合、五个用好、六个不讲"的办堂思路。

"四个结合"：结合"主线"确定宣讲"主题"，结合"活动"选择宣讲时机，结合检察职能任务确定宣讲内容，结合阶段性工作任务确定宣讲形式。例如，我们结合全市开展的"树立公仆意识，强化从政道德"活动，举办"反对特权思想，提高职业素养"主题讲堂，结合中秋、国庆长假举办"孝老爱亲、传承文明"主题讲堂，结合贯彻落实"八项规定，反四风"举办"提倡节俭，反对浪费"主题讲堂，结合全市检察机关开展的"三比一创"活动，举办"忠于职守，敬业奉献"主题讲堂，结合"三严三实"专题教育举办"坚守信仰、勇于担当"、"传承好家风，形成好院风"主题讲堂等，使讲堂与思想政治教育活动融为一体，与各级重大活动和节日巧妙对接，增强了讲堂的针对性、时效性，避免了道德教育与其他教育实践活动各行其是、矛盾冲突，确保了"讲堂"的落实和效果，起到了相互促进、相得益彰的作用，受到全院领导和干警的一致好评。

"五个用好"：用好有社会影响力的先进典型；用好身边人、平凡事；用好网络媒体中极具影响力和冲击力的相关热点视频、音频和文字史料；用好反面教材；用好两级"道德讲堂"教育资源。不断丰富和发展"道德讲堂"的内涵，提升"道德讲堂"的品质，增强"道德讲堂"的吸引力和感染力。实现了台上讲得生动，台

下听得感动，出了讲堂见行动的良好效果。比如，我们在组织"孝老爱亲"主题讲堂时，在"六个环节、七个流程"中恰当插入"父亲、母亲、让世界充满爱、常回家看看"等主题歌曲，并把干警手机抓拍的"孝老爱亲"、"爱岗敬业"等方面的小视频、小场景剪辑合成，做成影视片和PPT播放展示，非常生动。许多干警在互动环节讲道："这样的'道德讲堂'让我们从身边榜样的点点滴滴中看到了差距，从内心深处受到了强烈的震撼，比单纯的听讲座、看电影更有效"。

"六个不讲"：严把"道德讲堂"的审查关，每期"道德讲堂"都要经过支部班子成员、分管领导、机关党委层层审查把关，反复修改完善，做到了"反映主题不充分不讲、事迹总结不生动不讲、典型选用不恰当不讲、素材不贴近干警生活不讲、对大家触动不大不讲、准备工作不充分不讲"，确保了"道德讲堂"的质量，大家普遍反映，我们办的23期"道德讲堂"一期比一期效果更好。在这一思想主导下，"道德讲堂"越办越红火、越办反响越强烈，全院上下形成了自我反省、自我完善、自我提升的良好氛围。

四、拓展阵地，内外联动，把道德讲堂办成对社会有良好影响的宣传平台

2014年开始，我们积极整合两年来市院和各基层院两级"道德讲堂"的教育资源，在市院设道德讲堂"总堂"，各县区院设"分堂"，实行上下互动、分享交流的宣讲模式，努力扩大"道德讲堂"的教育效益。我们还把"道德讲堂"与开展预防职务犯罪相结合，做到了"内部上下联动，外部广泛传播"。

内部上下联动。按照"统一计划、上下联动、巡回交流、互促互进"的方式扎实推动"道德讲堂"走出去，三年来，市院"道德讲堂"先后深入县区院、县区政法系统成功宣讲26次，县

区院精选"道德讲堂"来市院"总堂"宣讲交流 18 期。市县两级院"道德讲堂"先后应邀到省检察院汇报宣讲，为全省检察机关开展道德讲堂作出了示范，趟出了路子。

外部广泛传播。随着"道德讲堂"的影响力逐步扩大，我们带领"道德讲堂"在全市各行业、全省各地，开展巡回宣讲交流。去年以来，我院"道德讲堂"先后应邀赴全省 11 个地市检察机关巡回宣讲交流，我们还 23 次带领"道德讲堂"进企业、进校园、进农村、进社区，积极承担宣传教育群众的社会责任，同时也带动和促进了全市"道德讲堂"的深入开展。通过走出去宣讲，我们不仅学到了其他单位加强道德建设的成功做法，也将自己好的"办堂"经验传播到了各个地区和单位，对预防职务犯罪起到了积极效果。

"道德讲堂"的成功举办，为全市检察队伍建设注入了新的生机和活力，提供了强大的精神动力，不仅提升了干警的道德素养，而且有效地促进了职务犯罪预防工作的顺利开展，检察机关的社会形象得到进一步提升，各项检察工作得到全面进步。

守纪律　讲规矩
全面推进从严治检

山西省朔州市人民检察院　原维宁

当前，全面从严治党已成为党的建设新常态。检察机关作为国家法律监督机关，检察干警手握法律监督职权，时刻经受着各种诱惑和考验，如果守不住纪律防线和规矩防线，就会在"疾风"、"烈火"面前败下阵来。"打铁还须自身硬"，检察官要履行好法律监督职责，就必须成为守纪律、讲规矩的典范，把严守纪律、严明规矩落实到各项检察工作中去，全面推进从严治检。

欲知平直，则必准绳；欲知方圆，则必规矩。什么是规矩？习近平总书记指出，党章、党纪、国法，还有党的优良传统和工作惯例，都是全党必须遵守的规矩。作为检察干警，要严守哪些纪律和规矩呢？

一、严守政治纪律和规矩

政治纪律和政治规矩是我们立党兴党之要，也是维护检察工作的政治原则和政治方向的根本保证。党的政治纪律是各级党组织和全体党员在政治方向、政治立场、政治言论和政治行为方面必须遵守的规矩，是维护党的团结统一的根本保证，是最重要、最根本、最关键的纪律。党的政治规矩是我们党在长期实践中形成的政治规则、组织约束、优良传统和工作习惯。严守党的政治纪律和规矩，就是要按照习近平总书记提出的"五个必须"和"五个决不允许"

的要求，坚持党的领导，坚定理想信仰，始终在思想上行动上同党中央保持高度一致，始终将检察工作置于党委的领导和人大的监督之下；就是要在大是大非面前旗帜鲜明、立场坚定，坚决同一切违反政治纪律和规矩的行为作斗争；就是要牢固树立党章意识和宪法意识，自觉用党章规范言行，依法行使检察权，做到政治信仰不变、政治立场不移、政治方向不偏。

二、严守检察纪律和规矩

检察纪律和规矩包含了办案纪律和规矩、工作纪律和规矩两个方面。检察纪律就是检察干警必须遵守的各类行为规则。检察规矩就是检察机关的办案规则、流程等各类规定。检察纪律和规矩凝结了检察工作的成功经验，体现了检察工作的客观规律，规定了每名干警必须遵循的办事原则、办事程序和办事纪律。严守检察纪律和规矩，就是要严格履行党风廉政建设"两个责任"，充分发挥检察职能，将思想统一到十八大作出的"坚定不移地反对腐败"这个决策部署上来；就是要自觉把公正司法作为永恒的工作主题和价值追求，加强对自身司法活动的监督，确保检察权依法正确行使，做到敢于监督、善于监督、规范监督；就是要把坚决贯彻执行修改后的刑事诉讼法、民事诉讼法和行政诉讼法作为重点，严格依照法律规定的权限、程序履行职责、行使权力，使每个司法程序、每个案件处理结果，都符合法律的规范要求，真正做到明边界、知趋避、守底线。

三、严守生活纪律和规矩

懂规矩是一种修养，是一种美德，讲规矩是品行和素质的外在表现。检察机关承担着法律监督和反腐败的重要职责，社会公众对检察干警的职业道德有高于一般人的要求，对检察干警的个人品德也有更高的期待。八小时之外的生活领域，是组织监督最容易疏漏的薄弱环节，也是个人最容易失守的地方。严守生活纪律和规矩就是要求检察干警从维护检察形象出发，在日常生活中自觉加强思想道德修养，模范遵守社会公德、职业道德、家庭美德，讲操守，重品行，警钟长鸣，防微杜渐，坚决抵制腐朽落后思想观念和生活方式的侵蚀。常修为检之德、常怀律己之心，牢记"两个务必"，发扬不畏艰难、奋力拼搏、克己奉公、甘于奉献的精神，做到一身正气、一尘不染，始终保持检察干警的浩然正气。

检察干警如何严守纪律、严明规矩？笔者认为要把"严"、"实"、"育"有机结合起来，才能保证纪律、规矩的生命力，才能保证纪律、规矩始终在检察事业与检察人员的思想实践中占据主导地位。

1. 纪律规矩要在"严"中求。全面从严治党，意味着党的建设要在"严"字上铆足力气、下足功夫。要按照习近平总书记"严以修身、严以用权、严以律己"的要求，做到严格遵守、严格约束、严格追究、严格落实，决不允许出现"下不为例""情有可原"。

一是严格检察管理制度。不把权力关进制度的"笼子"里，干部就很容易违反党纪国法。要进一步完善检察管理制度，对各项检察纪律、规定进行认真梳理和修订，该修改的及时修改，该补充的及时补充，已过时的及时废止，该制定的及时制定，使之逐步完善，充分发挥制度的约束、规范和引导作用，真正实现从"人盯人"、"人管人"向用制度管人管事管权的转变。

二是严格规范司法行为。以开展规范司法行为专项整治工作为契机，全力推进司法规范化建设。要严格规范案件受理和立案工作，健全举报线索受理、分流、查办和信息反馈机制，细化职务犯罪线索审查、初查、立案侦查的批准程序和时限，防止有案不办、压案不查。严格规范职务犯罪初查、取证、扣押冻结财物等侦查活动，坚决纠正违法侦查、违法取证、违法扣押个人合法财产和案外人财物、违规使用扣押财物等问题。严格规范侦查监督和公诉工作，认真总结发生冤错案件的教训，正确把握捕诉标准、加大监督力度，健全非法证据排除机制，努力做到不枉不纵、不错不漏。严格规范民事行政检察监督和刑事执行活动监督，切实维护法律尊严和司法权威。

三是严格追究办案责任。积极推行检察官办案质量终身负责和执法过错责任追究制度，建立检察官权力清单，制定完善检察干警办案质量评查、违法办案通报、办案责任追究以及惩戒的相关制度，对检察官在司法办案活动中违反法律和有关规定或工作严重不负责任，导致案件实体错误、程序违法以及其他严重后果或者恶劣影响的，依法追究责任，确保谁办案谁负责、谁违法谁担责。

2. 纪律规矩要在"实"中求。实干兴邦，空谈误国。落实从严治党、从严治检最终要摆在落实的高度。在检察工作实践中守纪律、讲规矩，其出发点是推进落实，其检验标准是规矩落实的成效。

一是建好班子。"其身正，不令而行；其身不正，虽令不从。"坚持从严治检，必须充分发挥领导干部的带头作用，通过"关键少数"的示范效应，层层传导，下沉到底。要严格执行党内政治生活制度，自觉坚持党的民主集中制，进一步健全党组会、检委会、检察长办公会的议事规则和决策程序；认真落实党内民主生活会制度，深入开展批评和自我批评；认真执行干部选拔任用制度，营造风清气正的良好氛围。

二是夯实基础。基层检察干警是检察机关形象的最直接代表，直接决定联系服务群众"最后一公里"是否畅通。要切实加强基层检察机关党组织建设，充分发挥基层党支部的战斗堡垒作用、基层党员干警的先锋模范作用，以夯实守纪律、讲规矩的组织基础。

三是贯彻落实。"明制度于前，重威刑于后。"如果纪律规定不能执行，再好的规定也发挥不了作用。要加大制度执行力度，以"抓铁有痕、踏石留印"的精神将制度执行到人到事，使制度面前人人平等、执行制度没有例外，真正让纪律成为"带电的高压线"，让规矩成为"高悬的铁戒尺"，形成震慑力，提高战斗力。

3. 纪律规矩要在"育"中求。知之深切，才能行之自觉。我们党历来重视纪律建设，尤其是十八大以来，党中央和省委、市委相继出台了一系列制度规定，进一步明确了党员干部的行为规范。高检院也密集出台了八小时外行为禁令、"15 条禁令"、全面推进检务公开、保障律师执业权利及规范检察干警和律师接触、交往行为等一系列制度规定。这些纪律规矩对规范检察权的正确行使、促进公正廉洁执法提出了许多新的要求。作为法律监督者，检察机关必须切实发挥教育引导作用，加强党性教育、理想信念教育、社会主义核心价值观教育，运用正反典型教育，提高检察干警守纪律、讲规矩的自觉性，实实在在地维护纪律和规矩的生命力。

加强检察机关基层党组织建设之浅见

山西省朔州市朔城区人民检察院　武日强

党的十八大、十八届三中、四中全会对进一步加强党的建设提出了具体要求，习近平总书记多次在中央政治局常委会议和中纪委全会上明确要求要严格党的政治纪律和政治规矩，最高人民检察院专门出台《关于进一步加强地方各级人民检察院党组建设的指导意见》，在当前全面建设小康社会、全面依法治国、全面深化改革、全面从严治党的大背景下，加强检察机关党组织建设对推动检察事业科学发展具有极其重要的现实意义和历史意义。笔者结合自身学习和工作实践提出一些粗浅的见解，和广大检察同仁共勉。

一、加强检察机关基层党组织建设
必须把强化政治意识摆在首位

我国检察制度是我国政治制度的重要组成部分，具有鲜明的政治属性，检察工作必须毫不动摇地接受党的领导，贯彻党的方针政策，在政治上、思想上、行动上与党中央保持高度一致，牢固树立为大局服务意识，自觉把检察工作融入社会的大格局之中，保证人民安居乐业，服务经济社会发展。基层检察院政治工作要重点做好三个方面的工作。

（一）要确保检察工作正确的政治方向

政治方向正确与否，关系检察工作的成败。基层人民检察院党组织作为推动地方检察事业发展的领导核心，是确保地方检察工作

45

正确政治方向的掌舵人，在抓检察政治工作上容不得半点马虎。一要始终高举中国特色社会主义伟大旗帜，深刻把握中国特色社会主义的实践特色、理论特色、民族特色、时代特色，把对中国特色社会主义道路、中国特色社会主义理论体系、中国特色社会主义制度的认识提高到新的水平，更加坚定全体检察人员的道路自信、理论自信和制度自信，坚定不移地走中国特色社会主义政治发展和法治建设道路，坚定不移地做中国特色社会主义事业的建设者和捍卫者。二要深刻把握社会主义民主政治建设的根本要求，始终坚持党的领导、人民当家作主、依法治国的有机统一，以保证人民当家作主为根本，坚持人民代表大会制度，坚持中国特色社会主义法律体系，努力实现检察工作政治性、人民性和法律性的有机统一。三要更加明确全面推进依法治国的目标要求，坚持依法独立公正行使检察权，始终坚持用社会主义法治理念指引检察工作，始终坚持中国特色社会主义法治建设发展方向。

（二）要严守党的政治纪律和政治规矩

党的纪律和党内规矩是党的各级组织和全体党员必须遵守的行为规范和规则，是党的生命线。严守党的纪律和规矩，是从严治党的中心环节。没有规矩不能成方圆，松了纪律乱了规矩，必然会给党的事业、人民利益造成无法估量的损害，周永康案、令计划案、"山西塌方式腐败"等都是惨痛的教训。严守政治纪律和党的规矩要做到"五个必须"，一是必须维护党中央权威，决不允许背离党中央要求另搞一套，必须在思想上政治上行动上同党中央保持高度一致，听从党中央指挥，不得阳奉阴违、自行其是，不得对党中央的大政方针说三道四，不得公开发表同中央精神相违背的言论。二是必须维护党的团结，决不允许在党内培植私人势力，要坚持五湖四海，团结一切忠实于党的同志，团结大多数，不得以人划线，不得搞任何形式的派别活动。三是必须遵循组织程序，决不允许擅作主张、我行我素，重大问题该请示的请示，该汇报的汇报，不允许超越权限办事，不能先斩后奏。四是必须服从组织决定，决不允许搞非组织活动，不得跟组织讨价还价，不得违背组织决定，遇到问题要找组织、依靠组织，不得欺骗组织、对抗组织。五是必须管好亲属和身边工作人员，决不允许他们擅权干政、谋取私利，不得纵容他们影响政策制定和人事安排、干预日常工作运行，不得默许他们利用特殊身份谋取非法利益。

（三）要筑牢思想基础坚定理想信念

理想信念是我们改造世界的力量源泉。新民主主义革命以来，无数共产党人为了民族解放和建设新中国不惜抛头颅洒热血，他们靠的就是坚定的理想信念。改革开放后，全国经济社会快速发展的同时，一些资本主义的价值观，甚至一些自由的、散漫的、混乱的、无政府主义的思想也随之在我国蔓延开来，一些检察干警的世界观、人生观、价值观不免受到了冲击，对人生价值的认识发生了偏差，听党指挥、忠诚使命的思想基础发生了动摇，建设中国特色社会主义的理想信念不再坚定。对这些问题听之任之必然动摇我党的执政基础，必须要组织检察干警深入学习马克思列宁主义、毛泽东思想、邓小平理论、"三个代表"重要思想、科学发展观和习近平总书记系列讲话精神，深刻把握贯穿其中的马克思主义立场观点方法，增强战略思维、辩证思维、系统思维、底线思维、法治思维能力，时刻以"三严三实"的标尺校正自己，在政治上、思想上、行动上始终与党中央保持高度一致，严格落实党风廉政建设"两个责任"，带头践行社会主义核心价值观，自觉做中国特色社会主义的坚定信仰者、忠诚实践者和社会公平正义的守护者。

二、加强基层检察院党组织建设必须
严格贯彻执行民主集中制原则

按照《党组议事规则》规定，基层检察院"三重一大"事项必须通过党组会议集体讨论民主决策。但在实际工作中党组议事依然存在操作形式化、分析研究不深入、顺从领导意见等情况，甚至导致发生决策失误的问题，背离了"三重一大"事项民主决策制度建立的初衷，基层检察院党组议事应从以下三个方面不断健全与完善。

（一）要明确"三重一大"事项的决策范围

根据基层检察工作实践，笔者认为"贯彻落实党的路线、方针、政策及上级组织重大决策的措施"、"贯彻重要法律法规的意见和措施"、"研究阶段工作规划、年度工作计划、重要教育活动和重要工作部署"、"研究加强本院党的思想、组织、制度、作风建设和反腐倡廉建设的重要规划、制度和措施"、"研究职责范围内涉及全院干警切身利益的重大问题"5 项内容应为"重大问题决策"内容。"中层领导职务的任免"、"非领导职务的晋升"、"检察官的任免"、"后备干部人选的选拔"4 项人事工作应为"重要人事任免"内容。院内改建、扩建工程、大型装备、设备采购项目应为"重大项目安排"内容，"大额资金使用"的资金额度应根据所在辖区经济发展状况及本院自身实际确定。

（二）要规范"三重一大"事项的决策程序

决策"三重一大"事项前，首先要在广泛深入的调查研究、充分听取各方面意见的基础上适当进行酝酿。其次要严格按照程序提议，由有关部门提出议案或意见，经分管领导同意后，报请领导班子主要负责人确定提请党组会议决策。除遇重大突发事件和紧急情况外，不得临时动议。再次要做好相关的会议准备。对于提请党组会决策的"三重一大"事项的议案，要提前 2 天发放到党组成员手中，给他们宽裕的分析研究时间，确保他们在会上能够充分发表意见。最后要严格执行决策，如经党组会议决策的"三重一大"事项，应由班子成员按职责分工组织实施，个人对决策有不同意见的可以保留，也可以按组织纪律向上级主管部门反映，但在未作出新的决策前，应无条件执行。

（三）要加强"三重一大"事项的运行监管

必须加强对"三重一大"事项的运行监督，要建立本院纪检部门列席党组会议制度和重大决策向纪检部门征求意见制度，实行党务公开，让"三重一大"事项在纪检部门的监督下决策，让权力在阳光下运行。对不经党组讨论而个人决策、拒不执行或擅自改变党组集体决定、在执行党组决定中发现决策失误而不积极采取措施避免损失等情形，给国家、本院造成重大经济损失和严重政治影响的，要分清责任，严格追责。要充分发挥本院纪检部门对于"三重一大"决策制度的监督职能，重点查找制度机制、岗位职责、思想道德、业务流程、职务晋升、重大投资等方面的风险点，并制定相关的防控措施与规范化的管理制度，为构建惩治和预防腐败体系建设发挥应有作用。

三、加强基层检察院党组织建设必须
始终把主体责任紧紧抓在手上

习近平总书记在党的十八届中纪委三次全会上发表重要讲话，明确要求"人大、政府、政协和法院、检察院的党组织都要按照中央要求，履行党风廉政建设主体责任。各级党委（党组）特别是主要领导必须树立不抓党风廉政建设就是严重失职的意识，主要领导是第一责任人，领导班子成员对职责范围内的党风廉政建设负领导责任"，严格落实主体责任是基层检察院党组织建设工作的重中之重。

（一）要强化责任担当意识

党组班子必须深刻认识党要管党、从严治党的极端重要性，牢固树立党组不抓党风廉政建设就是失职的理念，把抓好自身分管科室的党风廉政建设作为一项政治责任，牢牢地抓在手上，扛在肩上，不仅做好党风廉政建设的领导者，也做好执行者、推动者。党组书记作为本院党风廉政建设第一责任人，要做到重要工作亲自部署、重大问题亲自过问、重要环节亲自协调、重要信件亲自阅批、重要案件亲自督办。班子成员要坚持按照"一岗双责"的要求，认真履行好职责范围内的党风廉政建设责任，与分管部门的负责人一起研究防范部门廉政风险的具体措施，向分管部门的全体干警提出廉政要求，对分管部门的相关干警进行廉政谈话，督促部门负责人"管好自家人，看好自家门"。

（二）要建立完善的责任传导机制

要全面落实最高检党组《关于落实党风廉政建设主体责任的实施意见》，建立清晰的党组主体责任明细表，细化具体职责范围，按照党组成员的职责分工明确每一位党组成员在全院党风廉政建设工作中肩负的职责，制定党风廉政建设责任书，层层签字背书、层层分解任务，形成"横向到边、纵向到底"的层级责任体系。在具体管理事务中，要按照"谁主管谁负责"的原则，以逐级传导、评议传导、会议传导、约谈传导、督察传导等方式，建立全方位有机互动的责任传导机制，使履行主体责任成为党组管理检察队伍的"刀把子"，使党纪检纪成为人人看得见、摸得着的"制度笼子"。

（三）要管好班子带好队伍

要强化纪律约束，凡是要求普通干警做到的，党组成员必须首先做到；要求普通干警不做的，党组成员必须坚决不做，自觉做廉洁从检的带头人。要坚持正确用人导向，坚决贯彻执行《党政领导干部选拔任用工作条例》，坚决防止和纠正干部选拔任用工作中跑官要官、买官卖官、拉票贿选等不正之风，使信念坚定、为民执法、勤政务实、敢于担当、清正廉洁的干部得到重用。要严肃整治违纪行为，持之以恒深化纪律作风建设，严格执行中央八项规定精神，认真落实最高检廉洁从检各项规定，对违反政治纪律、组织纪律、财经纪律、工作纪律和生活纪律的行为"零容忍"，及时启动问责机制，让全院干警真正警醒起来，做到心有戒尺，敬畏法纪，自觉把纪律作为不可触碰的"高压线"。

四、加强基层检察院党组织建设必须
把坚守法治精神放在重要位置

《中国共产党党章》总纲明确指出"党必须在宪法和法律的范围内活动"，这既是党对各级党组织和党员的要求，也是党向人民作出的庄严承诺，同时也是从严治党、依法治党的宣言。检察机关是国家法律监督机关，是全面实现依法治国的推进者和护航者，依法治党是推进基层检察院党组织建设的必然要求。

（一）要强化法治意识

"党的事业至上、人民利益至上、宪法法律至上"是我国社会主义法治的根本原则，是社会主义法治理念的本质属性，而政治性、人民性、法律性也正是人民检察院的三大基本属性。检察机关作为国家法律监督机关，更要讲法治，基层检察院党组织要以正确的司法理念为引领，善于运用法治思维谋划工作，善于运用法治方式处理问题，全面提升检察工作水平。院领导要带头严格遵守法律，带头依法秉公用权，做到法定职责必须为、法无授权不可为。同时教育引导检察干警深刻到认识执法司法中万分之一的失误对当事人就是百分之百的伤害，努力强化法治意识，坚守法治精神，站稳脚跟，挺直脊梁，坚决排除各种干扰，坚持以事实为依据，以法律为准绳，严格按照法定权限和程序行使权力，不偏不倚，不枉不纵，铁面无私，秉公执法，做知法、懂法、守法、护法的执法者和监督者，这样才能充分发挥"强化法律监督，维护公平正义"的职能，让人民群众在每一个司法案件中都感受到公平正义。

（二）要坚守法律底线

在执法司法中如果法律底线被突破，不但不能实现司法公正，而且还严重损害司法权威、削弱司法公信。必须教育引导全体检察干警牢固树立法律红线不能触碰、法律底线不能逾越的观念，自觉信仰法治、严格遵守法律，不能行使依法不该由自己行使的权力，不能违反法定程序干预其他办案人员或司法机关执法办案，更不能以言代法、以权压法、徇私枉法。要不断深化司法规范化建设，切实整治执法司法中存在的突出问题，努力做到严格规范公正文明司法，不断提升检察机关的司法公信力。

（三）要建设法治文化

党的十八届四中全会《全面推进依法治国若干重大问题的决定》强调指出："必须弘扬社会主义法治精神，建设社会主义法治文化，增强全社会厉行法治的积极性和主动性，形成守法光荣、违法可耻的社会氛围，使全体人民都成为社会主义法治的忠实崇尚者、自觉遵守者、坚定捍卫者。"基层检察院党组织要加强党员干警队伍建设，增强检察干部法治观念和法治为民意识，提高依法办案能力，发挥先锋模范作用。要结合执法办案深入开展法治宣传教育，引导人们依法维护权益、自觉履行义务，强化法律在维护人民群众权益、化解社会纠纷中的权威地位，改变信访不信法的观念和行为，促使人民群众依法表达诉求、化解纠纷、维护权益。要不断健全和完善立足检察工作、服务基层群众的法治工作长效机制，积极稳妥地推进法治文化建设。

认真落实"两个责任"
深入推进检察机关党风廉政建设

——山西省临汾市蒲县人民检察院
落实"两个责任"综述

山西省临汾市蒲县人民检察院

党委负主体责任,纪委负监督责任,这是党的十八届三中全会创新反腐败体制机制所作出的重大战略部署。检察机关作为国家法律监督机关,必须同党中央保持高度一致,自觉地落实这一重大部署,推动"两个责任"不断落向实处,努力营造良好的政治生态和从政环境,开创党风廉政建设和反腐败斗争的新局面。检察队伍的纯洁性,直接关系到打击刑事犯罪、查办职务犯罪、强化诉讼监督的工作力度,直接关系到检察机关在社会上的形象和声誉,直接关系到检察机关服务大局的成效。因此,要认真落实"两个责任",深入推进党风廉政建设,把检察队伍培养成"五个过硬"的高素质队伍,为开创检察工作新局面奠定坚实的基础。

一、深刻认识落实"两个责任"的
重大意义,确保思想上明责

"两个责任"的提出,抓住了党要管党、从严治党的关键,党委和纪委的角色定位和职责分工,对于推进反腐败体制机制改革、巩固党的执政地位具有重大而深远的意义。必须从全局和战略的高度去认识"两个责任"的重大意义，时刻保持头脑清醒，始终做到心中有责。

我们组织全体检察人员认真学习"两个责任"的内涵，认识到落实党风廉政建设党组的主体责任和纪检组的监督责任，其要求是履行好"一岗双责"，其目的是推进党风廉政建设和反腐败斗争。党风廉政建设"两个责任"落实不好，"一岗双责"履行不力，反腐败铁拳攥得不紧，必然会导致自身腐败案件频发。通过层层明责抓具体，使大家时刻感受到头悬利剑，把工作做到平时，把责任落到实处，为坚决惩治腐败、实现弊革风清而持续发力。党风廉政建设"两个责任"，主体责任不到位，监督责任不到位，都要问责。要求大家把思想、行动统一到县委的要求上来，把"两个责任"真正理解透彻，使大家认识到落实"两个责任"是推进反腐倡廉，非但与发展不对立，而且能为检察工作发展提供坚强的纪律保障、风清气正的环境保障，有利于坚定反腐与发展"两手抓"和"两不误"的信心。

二、准确把握落实"两个责任"的内涵要求，确保工作上知责

落实好"两个责任"，首先要掌握"两个责任"的内涵，才能有的放矢地采取措施、有条不紊地推进工作。一方面我们明确任务分工。要求履行好党组领导班子的集体责任。把党风廉政建设和反腐败工作纳入本单位工作的总体规划来部署、实施、考核，做到抓党风廉政建设"不松手"。真正做到班子主要负责人抓党风廉政建设"不甩手"。同时要求履行好班子其他成员的"一岗双责"责任。通过落实"一岗双责"要求，解决"不会抓、不愿抓、不敢抓"等问题，把党风廉政建设要求融入分管业务工作中去同步推进，同步落实，做到班子成员抓党风廉政建设"不缩手"。另一方面是坚持问题导向。针对"责任意识不强"、"职责内容不明"、

"党组是领导主体而不是工作主体"、"重行政职务轻党内身份"和"责任落实不力"等问题,逐一加以澄清和解决,以有则改之、无则加勉的态度,从思想上彻底铲除。

三、切实找准落实"两个责任"的 具体措施,确保行为上尽责

落实"两个责任",贵在行动自觉,我们突出抓好"四个落实"。一是落实在改进作风上。群众路线教育实践活动虽然已经结束,但是践行"三严三实"、改进作风、践行群众路线永远在路上。继续以落实"两个责任"为推动,不断改进作风,努力营造风清气正的工作环境,让广大群众切身感受到作风建设实实在在的成效。二是落实在选好用好干部上。选好用好干部是落实"两个责任"的重要体现,坚持实绩为重的选人用人导向,做到"不坏风气、不误干部"。三是落实到权力运行监督上。建立健全规范权力运行的各种制度,以制度堵塞漏洞,规范权力运行流程,形成不敢腐的惩戒机制、不能腐的防范机制、不想腐的保障机制。加强廉政教育,创新方式,提高实效,全面增强党员干部的廉洁从政意识。四是落实到以上率下树形象上。从大局出发,增强"向模范看齐"意识,坚守"为民务实清廉"的从政信念,自觉地将"三严三实"作为安身立命、从政为官的基本准则,以"两个责任"的带头执行,以自身的模范行为凝聚正能量,树立好形象,带动形成干部清正、政治清明、社会清新的良好风气。

四、认真监督落实"两个责任"的 成效考核,确保工作中担责

落实"两个责任",核心在敢于担当。敢于担当是一种觉悟,一种素质,一种责任,一种能力。每个时代有每个时代的历史担

当，每个层级有每个层级的使命担当，每个人有每个人的责任担当。在落实"两个责任"上，自觉强化落实"两个责任"的保障措施，扎实做好组织实施、宣传引导、监督检查的各项工作，推动形成反腐倡廉的强大合力。一是强化领导明责任。把落实"两个责任"作为一项重大政治任务，强组织，强领导，强保障，一层一级落实下去，既要明确责任，更要传导压力，把责任细化到具体工作、具体人员，形成齐抓共管的工作局面。纪检监察部门主动与有关部门沟通协调，及时解决落实"两个责任"中遇到的困难和问题，做到协调到位，监督到位。二是创新方法促推进。所有科室都分级分类建立台账，清晰地展现出各自的工作措施、工作进度、工作成效。实行通报制度，对照职责任务，查漏补缺；及时总结好经验做法，固化为富有针对性和操作性的制度机制，实现落实"两个责任"的程序化、制度化。三是宣传引导强监督。充分利用"两微一端"等新媒体，加强落实"两个责任"的宣传报道，广泛宣传落实"两个责任"的工作进展、经验做法和先进典型，营造浓厚的社会氛围。同时，自觉接受社会各界和群众的监督，让社会监督、舆论监督真正成为党风廉政建设的另一只"看得见的手"，将监督"两个责任"真正落到实处。四要倒逼责任抓落实。对"两个责任"的落实情况加强监督检查，看到在推进"两个责任"落实上走过场、搞形式的行为，对负责人进行约谈。强化责任考核，将"两个责任"落实情况纳入年终党风廉政建设责任制考核范围，加强考核结果的运用。同时，严格责任追究，将软任务变成硬指标，做到失责必问责。

我们坚信，只要认真落实"两个责任"，深入推进党风廉政建设，就能确保检察队伍的纯洁性，确保检察队伍的战斗力，为更好地履行法律监督职责，奠定坚实的思想和行为基础。

着眼实效 服务大局
开创机关党建工作新局面

内蒙古自治区人民检察院机关党委

内蒙古自治区检察院认真学习贯彻党的十八大和十八届三中、四中、五中全会精神、习近平总书记系列重要讲话精神，认真落实自治区党委和高检院党组有关党建工作的要求，以确保检察机关坚定正确的政治方向为根本，以坚持从严管党治党为核心，以持续推进作风建设为重点，以创新完善党的建设制度为动力，全面加强自治区院机关党的建设，进一步提高党建工作科学化水平。为自治区院更好发挥全区检察工作的引领作用，提供坚强政治保证和组织保证。

一、明思路、早部署，为加强和改进机关党建工作奠定基础

（一）吃透上级精神，确定工作思路，明确工作任务

在中央党的群众路线教育实践活动总结大会上，习近平总书记深刻阐述了从严治党的一系列重大问题，明确提出了从严治党"八项要求"，为新形势下全面推进从严治党提供了基本遵循。自治区党委认真贯彻中央精神，制定出台了《关于深入贯彻落实习近平总书记从严治党八项要求的意见》，对全面推进从严治党作出了一系列重要部署。在去年全国检察机关党的建设理论研讨会上，

王少峰主任强调：全面落实强化法律监督各项工作和深入推进检察改革，是各级检察机关当前面临的中心工作和重点任务。落实检察机关党的建设的总体要求，要全面推进党的思想建设、组织建设、作风建设、制度建设和反腐倡廉建设。王君书记的重要批示和高检院王少峰主任指示，为我们做好新形势下机关党建工作进一步指明了方向。

（二）提出工作要点，抓重点、重点抓

我们在深入研究新形势下检察机关党建工作新特点的基础上，制定印发《自治区院机关2015年党建工作要点》，确定了以机关基层党组织"晋位升级"活动为载体，以"三型"党组织建设为目标，牢牢把握服务中心、建设队伍两大任务，遵循机关党建工作规律，突出机关党建工作制度建设改革和机关党建工作载体创新两个重点，强化党建工作责任制落实，述职评议考核做到全覆盖；抓好民主生活会和组织生活会，严肃党内政治生活；促进机关联系基层、干部联系群众"双联系"制度落实，强化机关作风建设；抓好理论武装和人文关怀，强化思想政治工作的总体思路。

二、抓基础、重落实，努力完成各项党建工作任务

（一）机关党建责任落实情况

严格按照《中国共产党党和国家机关基层组织工作条例》（以下简称《条例》）要求，认真落实党建工作责任制，将党建工作纳入院机关年终实绩考核范围。机关党建工作年初有计划，进展有检查，年终有总结。实行对支部建设抽样评估，倒查问题，通过网络展示支部活动、学习情况、党费缴纳、"三会一课"等制度的落实情况，定期进行检查、通报，实现对所属基层党组织"一岗双责"工作指导督查全覆盖。

（二）党建工作通过"三抓"，促进"三有"

一是抓党群组织设置和全覆盖工作，实现了活动有组织。全面

贯彻中央和自治区党委关于加强组织建设各项要求，先后进行了院机关总支、支部和机关党委换届选举工作，成立了机关纪委，督促指导党组织关系隶属我院的基层党组织进行换届工作。针对因工作调动部分支部出现支部班子不健全的情况，及时指导支部进行改选和增补。在外办案超过3个月以上的专案组人员，成立临时党支部或党小组，真正做到检察人员走到哪里，支部工作开展到哪里，教育管理落实到哪里。自治区院机关党委还根据干警不同的爱好和需求，成立了青年志愿者服务队、舞蹈队、合唱队、羽毛球队、足球队、乒乓球队、文艺创作组等社团组织，充分激发干警的爱好特长，让干警管理有组织、活动有载体、服务有对象。组织青年志愿者参加自治区直属机关青年志愿者"植绿·护绿"、交通协管等活动；组队参加了自治区政法系统第四届"忠诚杯"乒乓球比赛。二是抓党内生活制度建设和运行，实现工作有制度。重新修订机关党务工作制度，并制定了《党支部标准化建设工作手册》、《基层党组织工作流程指南》等一系列规范性文件。按照《关于加强新形势下发展党员和党员管理工作的实施意见》，严格把好党员"入口关"。积极参与推荐报送参加全国、自治区级先进个人和集体的活动。三是抓"一岗双责"落实，实现考核有责任。以"两手抓、两促进"为突破口，认真落实处室领导"一岗双责"，构建一手抓业务、一手抓党建的格局。坚持党建工作与中心工作一起谋划、一起部署、一起检查、一起考核，进一步把各部门各处室党建工作抓具体、抓扎实，有力推动基层党组织"晋位升级"全覆盖。

（三）党建工作通过"三建"，实现"三强"

通过开展建设学习型、创新型、服务型党组织，实现信念强、能力强、作风强的检察干警队伍。一是建设学习型党组织，实现党员干部信念强。制定了《2015年自治区检察院机关学习十八届四中全会、习近平总书记系列重要讲话精神理论培训方案》、《2015年自治区检察院机关理论学习安排意见》、《自治区院"三严三实"专题教育推进表》等，购买《学习习近平关于"四个全面"的论述》、《深入学习党的十八届四中全会精神》等辅导光盘，发放《作风建设永远在路上——"三严三实"重要论述学习读本》、《新常态、新思维——领导干部科学思维能力提升十讲》等理论学习书籍两千余册，采取集中培训和个人自学的方法推动学习活动的贯彻落实，实现"深入学"的全覆盖，使党员干部在学习中定目标、找差距，不断增强进取意识、机遇意识、责任意识。二是建设创新型党组织，实现党员干部能力强。以电子党务平台为载体，不断创新党建工作模式，在党建网上建立了各支部电子台账，各支部在本支部的档案栏目中以文件、声像资料等方式反映学习型党支部建设、创先争优活动以及支部党务建设和党员履行义务的各种情况（存入后内容不可更改和替换），供全院各支部交流、学习。同时，机关党委根据各支部栏目内反映出的全年工作情况，作为党建工作目标考评的基础依据。形成了网上交流、网上管理、网上监督、网上公开、网上考核的新模式，推动实践创新、理论创新、制度创新，使机关党建工作更富有生机与活力，将"三会一课"作为抓好基层党建工作常态化、长效化有效手段。三是建设服务型党组织，实现党员干部作风强。积极开展在职党员到社区报到为群众服务工作，目前，所属党员陆续到社区报到，并建立"工作在单位、活动在社区、奉献双岗位"的服务机制，着力为居民办好事、解难事。结合职能任务特点，坚持服务发展，围绕中心创新发展理念，强化广大党员干部"立检为公、执法为民"宗旨意识，为改革发展稳定提供良好司法保障。

三、优化从政环境，积极营造检察机关良好的政治生态

（一）严肃党内政治生活，全面提高机关党建工作水平

深刻认识严肃党内政治生活的重要性，按照"贵在经常、重在认真、要在细节"的要求，认真执行党内政治生活制度，全面落实"三会一课"、民主评议党员、党员党性定期分析、党员领导

干部参加"双重组织生活"等各项制度规定，用制度规范党内政治生活。进一步丰富党内政治生活的形式和载体，紧密结合机关工作实际和党员干部的实际，创新开展党内政治生活的内容和形式，增强党内政治生活的实效性，使各种方式的党内政治生活都有实质性内容，都能有针对性地解决问题。

（二）落实"两个责任"，深入推进机关党风廉政建设

党的十八届三中全会从加强反腐败体制机制创新和制度保障的高度，明确提出了"落实党风廉政建设责任制，党委负主体责任，纪委负监督责任"的重要论断，为检察机关深入推进党风廉政建设指明了方向。我们不断巩固群众路线教育成果，切实加强党风廉政建设工作，坚持抓早抓小抓苗头，抓制度建设和制度执行，抓风险点防控，抓党性教育和警示教育，把党内法规制度列入中心组学习内容，基层党组织理论学习内容，纳入各类培训内容，切实增强机关党员干部按规矩办事、依规矩用权的意识。

（三）抓好机关党建工作述职评议考核

从 2014 年开始，我们把党建工作列入处室负责人述职述廉评议考核。述职前，机关党委要去了解情况、发现问题；述职点评，要把问题点出来，"红红脸""出出汗"；述职之后，要组织与会代表发言、反映问题，组织与会人员进行测评。

基层检察院党组织做好老党员工作法

——赤峰市敖汉旗人民检察院党建工作经验材料

内蒙古自治区赤峰市敖汉旗人民检察院　雷晓光

　　基层检察院的老党员干警一旦退休了，似乎党员的身份也跟着退休了，这些"闲散老党员"的组织生活出现了空白地带，那种被忘记、被放弃的悲观情绪，让老党员的身心备受影响，甚至有的老党员要求退党。面对这一现状，敖汉旗检察院党组和党总支坚持党要管党、思想建党等要求，从适合老党员的特点出发，走出一条做好老党员工作的新路。

一、用爱心帮助老党员走出心理困境

　　面对老党员干警退休后的失落感、自卑感和孤独感等心理困境，敖汉旗检察院党组和党总支用爱心帮助他们走出心理困境。

　　用"老来用"的爱心方式，解除老党员的失落感。敖汉旗检察院有 18 名老党员干警陆续退休，退休之际他们普遍感到"才华未尽人先退"的失落感，甚至流下依依不舍的热泪，大多数老党员干警还经常到检察院想找点事干。院党组、党总支针对老党员干警"闲不住"的特点，研究制定"老来用"方案。一方面，聘请老党员发挥其余热。把有经验、有耐心、文字综合能力强的新老党员组织起来，建立了"新老党员编纂组"，撰写和修改了《敖汉旗检察志》、《敖汉旗人民检察院制度汇编》、《量化目标管理办法》、《案例分析》、《警钟》等诸多专用书籍。建立了"新老党员才艺组"，开展书法、绘画、摄影、著书立说等活动。比如，党总支充分发挥退休老党员杨庆发同志著书立说的才能，鼓励他编写并出版发行了以检察官秉公执法为题材的《鹿鸣岭下》、以抗日英雄事迹为背景的《血色的清晨》等中篇小说和《乡村来个检察官》20 集电视连续剧剧本，为检察院添加了文化色彩。把有法律知识、有检察业务经验的老党员组织起来，建立了"老年顾问组"，义务承担业务咨询，甚至有些年轻干警还经常登门拜师求教，推动了年轻检察干警的成长。另一方面，向社会推荐老党员从事力所能及的服务性工作。院党组和党总支相应成立了"老党员干警安置组"，把他们推荐到企事业、社区、机关事业单位或部门担当法律顾问、保安等职业。现在，除了岁数较大、生病和行动不便的以外，有 70% 的老党员干警都有了自己的另一份服务性工作，圆了他们老有所用的美梦和夙愿。院党组和党总支热心帮助老党员走出心理困境，他们的失落感、悲伤感逐渐转化成自豪感和荣誉感，老党员们越来越习惯于为社会着想。比如，在每一次扶贫救灾活动中，老党员互相搀扶着来检察院捐款，累计捐款 2 万余元。

　　用"老来乐"的爱心方式，解除老党员的自卑感。面对退休老党员干警"人退茶凉"的自卑感，院党组和党总支以党员活动室为依托，建立了"老党员俱乐部"，在多功能活动室、电子阅览室、图书室等场所，增加了适合老年人的健身器材、桌椅、书籍和棋牌类等，让老党员随时来检察院读书看报写文章、健身娱乐等。特别是每到节日都把老党员请回来参加联欢庆祝和座谈等活动，充分发挥他们的文艺天赋和兴趣爱好。比如，70 岁高龄的老党员韩景荣同志特别喜欢和擅长蒙古族歌曲，党总支每次开展文艺联欢时，都特意请他作为首席演唱嘉宾和主角。为了解除老党员来检察院时"怕不受欢迎、怕影响工作"等心里忧虑，院党组和党总支教育、引导干警树立"尊重老党员、学习老党员、爱护老党员"的观念，每次老党员来检察院时，干警们总是"一张笑脸相迎、一杯热茶相敬、一句祝福相送"。同时，确定了"老党员座谈日"，腾出房间作为老党员座谈室，每月举办一次新老党员座谈会。座谈会上，新老党员谈思想、谈工作、谈生活、谈感想和所见所闻，利用座谈的机会党总支安排部署党建工作和征求意见建议，使老党员对检察院有"家"一样的感觉，解除了老党员那种自身无法摆脱的自卑感。

用"老来俏"的爱心方式，解除老党员的孤独感。基层检察院的大多数老党员退休后，由工作环境突然变成家庭和社会环境，有的老党员子女分家另过、有的老党员还是单身，无疑会产生孤独感和寂寞感。面对这一现象，院党组和党总支除了组织老党员参加文体娱乐活动之外，更主要的是组织他们融入社会，参加更多的社会活动。比如，党总支经常组织开展"助乐夕阳红"活动，把老党员有计划、有目的地组织起来开展活动，鼓励、动员他们积极参加全旗性的"夕阳红秧歌队"、"老来红舞蹈团"、"俏夕阳模特队"、"老来俏服装展"等老年人所喜爱的各种活动，使老党员逐渐养成"爱打扮、爱说笑、爱活动、爱健康、爱生活"的"老来俏"的健康向上的生活习惯。

二、用服务解除老党员的行动困境

老党员更糟心的是"腿脚不好使"的行动困境难。党总支通过优质服务，解除了他们参加组织生活行动不便的困境。

以联合起来带动的方式提供服务。按照以往惯例，党组织很愿意把老党员建成一个党小组或党支部，形成一个年龄上老、思想上老、方法上老的"独立老王国"。开展组织活动时，老党员支部往往跟不上脚步，组织生活容易流于自由散漫。为了改善这一状况，党总支把老党员纳入年轻党支部中来，更科学地建立起新老党员联合支部，由年轻党员帮助和带领行动不便、健忘、思维迟缓的老党员参加组织生活，形成了新老党员互学、互助、互动、互补的融合体，更有利于做好老党员工作。

以网络传递信息的方式提供服务。为了解决老党员远离单位不便于参加组织生活的困难，院党组和党总支利用信息化平台，为他们及时传递信息。比如，在敖汉旗检察院《华夏第一村检察网》开设党建专栏，开通微博、微信、客户端和手机短息等，传递机关党组织活动情况和党建信息，老党员不论在哪里都会及时看到院里党建活动情况和党组织要求，党建信息化建设为老党员安上了"千里眼"和"顺风耳"，提供了"掌中宝"。

以上门送党建的方式提供服务。对于因病或年老体衰不能到院参加组织生活的老党员，党总支经常组织开展"上门送党建"活动，由党总支和党支部牵头组织相关人员，登门入户为老党员传递党建信息和帮助过好组织生活。

三、用帮扶解救老党员的生活困境

老党员面临更主要的困境莫过于生活困难。院党组和党总支以"两优先"的办法，解救他们的生活困境和后顾之忧。

优先帮扶老党员困难户。由于老党员子女较多、孩子上学就业、年老多病等多种因素，生活往往比较困难。面对这一难题，院党组和党总支优先解决老党员的生活困难等问题，作为党组书记的检察长、党总支、支部书记年年都带队慰问老党员，重点慰问、安抚老党员困难户，帮助解决实际困难。同时，以院党组、党总支和支部成员为主体，与老党员困难户结成帮扶对子，担负化解思想疙瘩、帮助安顿生活、解决实际困难等任务。多年来，院党组、党总支对老党员子女上学遇到交通不便或老党员生老病死等情况，组织干警伸出援助之手自愿出人力、出车辆、出钱物，还帮助多名老党员解决了子女就业等难题，通过慰问、帮扶、救济、捐款等形式，让困难户老党员度过了一个又一个难关。老党员干警遇到的另一个生活问题，就是老年丧偶所带来孤苦伶仃的孤独感和寂寞感。面对这些脆弱无助的老党员干警，党总支成立了"老年红娘组"，积极与婚介所、民间媒婆或亲朋好友联系，为单身老年干警牵线搭桥撮合成家，演绎很多"黄昏之恋"的喜剧。不仅如此，院党组和总支还为干警遗属服务到家。

优先照顾老党员职级待遇。即便是老党员干警高姿态，不争待遇、不论资排辈，但是，作为院党组和党总支不会忘了他们。老党员干警在退休前，院党组和党总支提前考虑他们切身利益等问题，把"老党员的困难当成自己的困难、把老党员的事情当作自己的事情、把老党员的心病当成自己的心病"。通过积极与地方党委协商、争取、请示、讲明老党员生活困难情况，陆续解决了老党员的职级待遇等问题，让老党员干警的后顾之忧尘埃落定，他们对生活更加充满希望，对党更加热爱，参加组织生活更加积极。

敖汉旗检察院党组和党总支在做好老党员工作中取得丰硕成果，被自治区政法委评为"全区政法系统先进基层党组织"、被赤峰市总工会评为"全市模范职工之家"、被敖汉旗老干部局评为"全旗模范老年之家"。

新时期机关党员教育管理
新方式新途径探析

内蒙古自治区鄂尔多斯市乌审旗人民检察院

党员是我们党联系广大群众的桥梁和纽带，是发展经济、推进社会进步的骨干力量。新形势下如何加强党员的教育管理，提高党员素质，已成为基层党建工作的一大课题。要重视研究新时期党员教育管理现状、特点、找准工作难点，寻求改进党员教育管理工作新方式和途径，以充分发挥党员的先锋模范作用，为推动经济和社会持续快速发展提供保证。

一、检察机关党员教育管理现状及特点

目前，我旗范围内机关党员先锋模范带头作用、党支部战斗堡垒作用的发挥是比较好的。多数党员具有正确的世界观、人生观、价值观，能履行党员的义务和权利；具有较高的文化业务水平和较强的为人民服务的本领，在单位中能起到中坚骨干作用，但也不容否认，基层机关党员教育管理工作还存在许多薄弱环节，具体表现为以下四个特性：

（一）机关党员教育管理工作的现实复杂性

党员教育管理工作的复杂性主要表现在社会现象和社会心理的复杂性上。改革开放后，分配多元化带来利益冲突增多，各行业、利益群体间的收入分配差距加大，使这些不同利益群体中的党员，对改革和发展产生不同的愿望、要求、态度和心理承受能力，从而

导致党员干部思想观念复杂化；市场经济体制不完善和民主、法制不健全而造成的一些不良社会现象，如在社会生活中拜金主义、享乐主义、个人主义在一定范围内滋长蔓延，使得部分党员对党的先进性失去信心，理想信念产生动摇，这些都对党员干部也带来了一定的负面影响。

（二）党员思想政治教育工作存在的薄弱性

一些单位对党员的教育管理不重视、不支持，对党建工作缺乏足够的认识，搞政治教育满足于对上级安排的学习计划的组织实施，对结合本单位实际，抓党员思想建设、抓党建理论等方面的学习不够。政治教育和思想工作方法单一，套路不多，很难激发大家的学习热情，政治学习的空气不浓。有的单位忽视政治学习，有的靠老底吃老本，有的以干代学。由于对理论学习打不起精神，提不起兴趣，导致一些同志思想空虚，工作标准不高，自我要求不严。

（三）党员教育方法存在的不适应性和单一性

表现在教育方法不能适应新时期党员干部思想实际要求，虽然部分单位常使用分散自学、集中讨论交流以及谈话法、座谈法、考试、电化教育等方法，但对我们党积累了多年的好经验、好方法继承不够、创新不多，多数基层党员教育仍仅限于"三会一课"、理论培训等老办法，还是老一套地等待上级的部署和安排，还是老一套地将其他单位的理论教育实施方案照搬照抄。

（四）教育网络建设存在的残缺性

从目前教育环境看，虽然中央对党员教育工作提出了明确要求，但教育工作责任落实不到位，制度约束无力，教育形式往往是灌输式正面教育，容易被社会负面影响所抵消，没有形成全社会齐抓共管的格局。从机关内部教育结构看，各党组织之间往往是既分工又分家，多数单位尚未形成既结合实际具有行业特色又具合力的教育网络。

二、改进党员教育内容、形式和原则，增强教育效果

党员教育管理工作是一项涵盖面十分广的工作，必须在创新教育内容、改进教育方式、提高教育质量、扩大教育覆盖面等方面下功夫，坚持把正面灌输与说服引导相结合，把严格党内生活与开展丰富多彩的活动相结合，不断拓宽教育渠道和管理形式。从我旗目前开展的党支部星级化评比、"3＋1"互助共建等活动来看，大部分党员教育是依靠党支部来实现的，教育和引导的水平以及效果也就参差不齐。因此，机关各党组织一定要根据本单位具体工作实际和业务性质，把握好党员教育工作的内容、形式和原则。

（一）要丰富教育内容

在党员教育的内容上，首先要善于发现和挖掘身边的优秀共产党员的先进事迹，从可触可及的人和鲜活的事迹入手，增强先进模范的感染力和号召力。捕捉先进模范平凡而又伟大的闪光点，这些典型不一定都是完人，但他一定要像一名合格共产党员，一定要有党员的风采，让人感到有学习的地方。这就要求各级党组织在日常的工作和学习中，要注意发现典型，有意培养典型。其次要把学习政治理论和政策、法规相结合。要根据不同行业、不同文化程度党员的实际，组织机关党员系统学习邓小平理论、"三个代表"、科学发展观的基本观点和习近平总书记的系列讲话，掌握中国特色社会主义理论的科学体系和精神实质。帮助党员树立正确的世界观、人生观和价值观，尤其是要教育党员坚定理想信念，增强党性观念。同时，要通过实实在在的学习，全面领会、掌握和贯彻党的路线、方针、政策，尤其是要根据中央提出的全面建成小康社会、全面深化改革、全面依法治国、全面从严治党的战略，锤炼党性、掌握执政的本领。作为执政党党员，分别处在参谋、执行和服务的关键地位，学习法律知识、增强法律意识、严格依法办事、依法执政、依法行政、依法管理意义重大；要把学习理论与学习科学文化

69

知识和业务知识相结合。当今的世界，是知识和信息充分汇聚的时期，面对扑面而来的知识经济及新形势新任务的要求，必须加大对党员各种知识的教育，从而保证党员的先锋模范作用在日常的工作中充分体现。要组织党员结合各自工作实际和自身发展的需要，创新学习理念，鼓励大家采取多种手段更新和完善知识结构，提升学历层次；学习和掌握微机操作、办公自动化、电子政务等现代科技知识；学习和掌握与市场经济相联系的宏观经济理论、规则程序等方面的知识；学习本部门、本行业的专业知识。通过扩充新理论、新知识、新技能，使自己思想境界高一点、理论水平深一点、业务技能强一点，努力成为一个懂执政、会执政、能执政的行家里手。

（二）要改革教育形式

当前在党员教育的形式上还存在着许多不尽如人意的地方，如教育的形式还很单一、内容不够具体、理论联系实际不强等，归纳起来可分为两个大的方面：一是认识程度上的差距；二是方式与方法上的差距。从我旗直机关现有的学习教育形式来看，各支部自创的不多，结合实际情况的不多，针对性强的不多。许多党员反映，目前党员教育"形式单调，吸引力不强"，针对"念报纸、学文件"的老套教育形式，大多数党员是"左耳朵进右耳朵出"，致使一些党员对理论学习不感兴趣，有的甚至产生厌恶和反感心理，党员教育工作难以取得预期的效果。因此，要努力拓宽思路，改革多年以来沿用的单向灌输式的老套路。要通过举办读书会、演讲会、先进事迹报告会、QQ群、飞信等教育形式，来提高党员教育实效，就旗直机关党员教育活动而言，一定要在改革"三会一课"及其党建活动的内容和做法上下功夫，有意识地把党员活动开展得比较好的典型做法推广至其他支部。在引导各党支部开展丰富多彩的活动中，不要仅限于开会学文件，要通过开展党员主题实践活动、扶贫帮困活动、创先争优活动使党员在实践中受到教育，拓宽教育的形式和方法。要通过目标考核，强化党员自我教育的内容。要求党员在日常的工作和学习中树立"开卷有益、自觉学习、终身学习"的理念，树立面向实践也是学习的理念。

（三）要把握教育原则

党员教育工作是一项系统工程，除了在教育内容、教育方式上下功夫以外，还要在增强教育工作的基础性、针对性、实用性方面有所拓展、有所创新。（1）教育的基础性，就是要求各级党组织和广大党务工作者要准确把握党员最基本的情况，如他们的年龄、文化程度等，同时，结合本单位的工作实际，设计安排相应的内容，采取与内容相吻合的形式，从最基础的教育入手，打牢教育的根基。（2）教育的针对性，就是要对症下药，按"缺什么、补什么"的原则，紧紧围绕现阶段的工作抓好教育。党的十八大、十八届三中、四中全会提出一系列关于党的建设的重要战略部署，这就要求机关的广大党员要从服务大局、找准定位、转变作风、从严治党等方面加强学习、严于修身、严于律己。各级党组织要把握这个需求，理论联系实际，把执政的能力作为重点，吸引广大党员积极参与。（3）教育的实用性，就是要将学习和运用结合在一起。每个人对吸纳知识无外乎有两种形式：一种是主动，另一种是被动。能主动学习就证明他需要，他学了有用。因此，党员教育要找准学以致用的结合点，变被动为主动，让广大党员深切感到党员教育很实惠，不是空洞无用的。

三、加强机关党员教育管理工作的有效途径

领导重视机关党员教育工作，完善机关党员教育管理体制、教育形式和方法，是保证机关党员教育的有效措施和办法。

（一）加强领导，是党员教育工作的关键

单位领导，特别是主要领导如果能够切实把党员教育作为党要管党、从严治党的一项根本任务来抓，真正做到认识到位、精心组织、常抓不懈、率先垂范，那么，整个单位的机关干部理论学习就能真正落实，就能不断拓展党员教育工作的广度和深度。要强化基

层党组织建设，把能力强、作风好、素质好的干部选配到党务干部队伍中去。按照政治坚定、作风过硬、善带队伍、能够驾驭全局、清正廉洁的要求，选好配强机关各级党组织领导班子。努力造就一批靠得住、能力强、作风硬的党务干部队伍。加强领导干部能力培养，提高谋划发展、统筹发展、优化发展、推动发展的本领，提高群众工作、公共服务、社会管理、维护稳定的本领。实践已经证明，领导重视党员教育的程度不同，其效果就明显不一样。

（二）强化学习，是党员教育工作的基础

新形势、新任务要求我们紧密联系工作大局，联系机关党员思想实际，坚持"学习、学习、再学习，实践、实践、再实践"。因此，要继续在机关党员中强化党员教育，不断增强学习的主动性和自觉性，只有不断强化学习，才能使机关开展的各类教育活动收到成效。要以"学习型党组织"建设为抓手，引导广大党员干部自觉把学习当作一种政治责任、一种精神追求、一种生活方式，争创学习型领导班子，争当学习型党员干部。健全完善党组中心组学习、每周学习日、读书月等制度，通过党员领导上党课、集中学习、个人自学、举办讲座、理论研讨、心得交流等有效形式，提高教育实效，做到学以致用、学以增智、学以立德、学以创新，努力建设一支政治强、业务精、服务优的党员干部队伍。

（三）完善制度，是党员教育工作的保证

党员教育是一项具有连续性、长期性的工作，要想不断地增强学习教育的有效性，做到持之以恒，关键是抓好制度化建设，并从完善制度入手，进一步完善学习中心组制度、干部学习日制度、业余学习制度、集中培训制度、党员发展教育培训管理制度、基层组织管理制度、党员教育领导责任制，干部备案管理制度、理论学习考学等制度，党员干部和领导干部廉洁自律制度等各项规章，使检察机关党员教育正常化、规范化、持久化。要建立健全"八个一"，述学、督学等学习长效机制，构建服务中心，服务经济、服务发展新平台，使机关党员教育的有效性不断增强。

（四）创新机制，是党员教育工作的重要途径

新的历史时期，干部思想的多样性、人际交往的开放性、社会现象的复杂性，对我们党的工作提出了更高的要求。认真总结党员教育活动的成功经验和做法，建立党员教育经费使用管理办法。要创新活动载体，开展各类有意义的党建实践活动，如参观烈士陵园、缅怀英烈、组织红色之旅、回忆革命历史。要不断创新机关党员个别教育的方法，针对新时期干部思想特点，创办试点，结合机关文化，摸索心理咨询、警示教育等现代思想政治工作办法。应不断总结经验，借鉴外地先进经验，推广典型，把党建工作做实、做活、做好。

（五）集中培训，是党员教育工作的有效载体

要努力形成组织部门落实经费、各级党（工）委落实人员、各级党校落实授课任务的"三落实"党员教育格局。每年坚持对这一部分党员集中培训两到三次，那么党员教育的整体效果将会十分明显。也只有对教育的组织、教育的内容、教育的时间和教育的质量通盘进行安排部署，党员教育工作才能抓出成效。应加强专门队伍建设，密切与党校、大专院校与机关党务工作者的联系，多途径培训培养党务干部，努力使党务干部队伍适应时代发展要求，应经常性地开展党务工作研究活动，提高工作质量和效果。在具体操作过程中还可以让老师深入到基层党组织之中，结合各系统、各单位的业务工作实际，有针对性地进行教育。目前还可以结合"创建学习型社会"的有利时机，围绕"学习型机关"、"学习型党组织"创建活动，多组织一些有实际意义、有影响的科普实践活动、知识竞赛活动和理论考试活动等，以促进机关党员教育工作扎实有效地开展。

机关党员的教育和管理是党建的重要组成部分。机关党组织要立足当前，大力推进机关党员教育管理工作的创新，进一步拓展思路，扎实工作，开拓进取，不断创新，扎扎实实推进党的建设，从而进一步巩固党的执政基础。

"以人为本、三维立体"党员教育管理法

——辽宁省检察院党员队伍教育管理方法探析

辽宁省人民检察院机关党委　　徐　爽

党的十八大报告提出："要以增强党性、提高素质为重点，加强和改进党员队伍教育管理。"辽宁省检察机关从实际出发，从了解和掌握机关党员干警的思想动态入手，以人为本，以构建现代化的党员干部管理模式和提升机关党员干警素质能力为目标，运用了有机管理、垂直管理和净化管理三套管理体系，构建起"机关党委——党支部——党小组——党员"之间的三维立体网络教育管理模式，实现了对党员干部教育、管理、监督的科学化可持续化发展，有力提升了检察队伍素质能力和机关党建科学化管理水平，取得了突出成果。

一、实施有机管理工程，提升党支部管理创新能力

1. 完善党支部工作各项制度，配齐支部骨干力量。一是完善党支部政治学习、党内监督、民主生活会、党员大会以及民主评议党员制度，健全领导干部"双重"组织生活会制度，充分发挥支部班子和领导干部在党建工作中的领导作用和表率作用。二是适应检察机关机构和人事改革的情况，完善党务干部配备，按程序换届选举，做好党支部改选。三是每个支部根据业务工作的分工，每

4～5名党员划分为一个党小组，以党小组为单位开展政治学习、思想交流、业务提升和文体活动，发挥党小组连接党支部书记和支部党员的纽带作用，同时机关党委对各党支部党小组长把关，把想干事、能干事、干成事且热爱党的工作，敬业向上的优秀年轻干部选为党校组长对象进行培养锻炼。目前，省检察院机关党员干部572名，（其中离退休老干部160名，在职党员干部412名），三年来，共有17个党支部完成了换届和改选，现机关设有党支部33个，党小组59个，支部书记33名，支部副书记30名，党小组组长59名，同时党小组中设有组织委员28名，宣传委员28名，纪律委员23名，青年委员17名，共同开展工作。

2. 加强对党支部书记的教育管理，发挥支部书记领头雁作用。一是注重对党支部书记大局意识的培养，树立党支部书记抓党建是最大政绩的理念。积极引导各党支部书记从全局出发，审时度势、权衡利弊，既处理好局部与全局的关系，服从大局，使得整个机关党组织上下一致，左右齐心。二是注重对党支部书记责任意识的培养。要求支部书记能够摆正自己的位置，能够正确处理和理顺上下级、个人与组织、个人与班子成员、集权与分权、民主与集中几个主要关系。三是注重对党支部书记担当意识的培养。做到服从不盲目，总揽不包揽，求严不求全，兼听不偏信，容人不怨人，果断不武断，有较强的组织原则、较好的综合运筹能力和高尚的道德品质。

3. 运用目标机制管理各党支部，增强支部党建工作科学化水平。建立了一整套绩效评价机制，制定了《党支部目标管理岗位责任制》和《党支部达标创优标准》，结合每年党建工作重点任务，年初召开支部书记会议，下发与任务匹配的目标考核指标及量化打分标准，运用定性与定量相结合的方法做出评价，把每个支部工作的"量、质、效"三者有机统一起来，作为评定先进党支部基本标准的重要依据，进行量化打分，并严格按照标准对党支部工作定期考核验收，切实解决"干多干少、贡献大小"一个样的大锅饭弊端，充分调动了各党支部工作的主动性和创造性，确保工作落到实处。

4. 综合运用激励机制，鼓励支部工作方法创新。完善和规范激励机制，创新实施目标激励法，"肯定"激励法，榜样激励法、参与激励法、工作激励法、发展激励法、感情激励法，鼓励支部工作方法创新。广泛开展"先进党支部"、"学习型、服务型、创新型党支部"、"示范党支部"支部评比活动，以支部为单位，开展书法绘画展览、展板制作、读书征文、演讲比赛、论坛讲座、青春DV比赛、文艺汇演等活动，营造了团结向上，开拓进取的浓厚氛围，机关有两个党支部近两年来连续在全省147家单位中被评为"学习型、服务型、创新型"先进党支部（仅有10个支部当选），省院办公室党支部"三型"党支部创建方法、监所监察处党支部"下沉"式支部工作法在全省推广。

二、实施垂直管理工程，激发党员干部创先争优动力

1. 思想教育突出"高"。一方面坚持政治理论学习，增强明辨是非能力。坚持党组中心组、党员干部集中学习制度，用党的十八大和十八届三中、四中全会精神武装党员干部的头脑，强化党性锻炼，深入贯彻习近平总书记系列重要讲话精神，引导党员干部树立正确的世界观、人生观、价值观、地位观、权力观和利益观。另一方面加强职业道德教育，强化奉献意识。开展"增强党性、严守纪律、廉洁从政"等专题教育工作，组织"坚守职业良知、践行执法为民"的大学习大讨论，建立健全《辽宁省人民检察院机关工作人员文明礼仪守则》、《辽宁省人民检察院加强机关作风建设规定》等一系列文明规范，开展"双文明"创建评比活动，聘请人大代表、政协委员等社会文明监督员对省院机关干警的执法言行文明程度进行监督评判。积极引导党员干部不比条件比贡献，不讲索取讲奉献，树立全心全意为人民服务，诚心诚意为人民执法的宗

旨意识。辽宁省检察院连续三届被评为省文明机关标兵，有两个处室连续三年被评为"省文明服务窗口"。

2. 业务培训突出"精"。广泛开展大规模、多层次的教育培训和贴近实战的岗位练兵、业务竞赛，塑造党员干部成为检察工作的"业务通"和"活字典"。举办了职务犯罪侦查人员岗位技能培训讲座、侦查技术暨侦查装备应用培训班、侦查监督业务竞赛、反贪污贿赂部门侦查技能竞赛、十佳公诉人评选等活动，有1名同志荣获"全国检察机关侦查监督业务标兵"称号（全国检察机关共有10名同志获此殊荣）。建立侦查监督人才库调整充实125人，继续加强正规化培训，三年来共培训检察人员7.6万人次。共培育出全国检察业务专家7人。

3. 组织生活突出"严"。新常态下，全面从严治党是"四个全面"战略布局的重大举措，严格机关党内政治生活，就是从严格机关组织生活抓起。一是严格落实责任。支部书记是机关党支部的负责人，是机关组织生活的领导者。严格机关组织生活，一是严格落实支部书记的责任，解决好有人抓、有人管的问题。二是严格规范内容，紧扣"为民务实清廉"、"反对四风"等主题，坚持问题导向，自觉克服和解决影响机关组织生活质量的各种问题，以交流、讲座、沙龙等形式不断丰富"三会一课"内容，让机关组织生活会常开常新常受益，成为疏通思想、化解矛盾、团结鼓劲、凝聚力量的加油站。三是严格管理监督。严格落实"三会一课"，坚持"四个一"制度，即：坚持每月召开1次党支部书记会，党支部每季度至少召开1次党员大会、每月召开1次党小组会，每季度领导干部为机关全体党员上一次党课。同时建立了机关组织生活会考评制度，把从严管理党员干部贯穿到党员干部培养教育、日常监督、考察考核、评选表彰的各个环节。

4. 培养挖掘先进典型突出"优"。一是组织学习先进典型。组织本溪市青年检察官先锋队事迹报告团巡讲等活动，组织党员干警学习政法系统等英模的事迹，领会英雄的精神实质。二是注意培养

77

挖掘身边典型。对兢兢业业、任劳任怨、敢于开拓、勇于创新的干警，及时进行通报表彰。在每个处室设立了"跟着郭明义学雷锋"和"共产党员"示范岗，每年表彰一批创建"三型"党支部活动中涌现出来的先进党支部和优秀党员、文明处室、文明干警、业务能手和身边好人等道德模范。三是结合创先争优和学雷锋学郭明义活动，在党员干部中积极开展"三亮三比三评"，发挥典型示范引导作用。近三年来，在我省涌现出"全国模范检察院"鞍山岫岩县院、"全国模范检察官"肖斌、吴凤杰等一批先进典型，有9个基层检察院被评为"全国先进基层检察院"，1个基层检察院荣获"全国模范基层检察院"称号。辽宁省院连续13年获得省目标管理先进单位，连续15年获得省定点扶贫先进单位，有1个处室获得"全国文明接待室"，1名同志获得全国优秀共产党员称号，有7个部门23名同志获得省或省级以上荣誉。

5. 党内激励关怀帮扶突出"实"。一是从生活上、工作上关心党员。建立了领导干部谈心谈话制度，在党组书记与班子成员、院领导与院内工作人员、主管检察长与各党支部书记、各党支部书记与支部党员、支部委员与支部党员之间构建五层谈话网络，通过开展定期、不定期谈话谈心活动，及时了解党员干部的思想、工作、家庭情况，正确判断和评价干部的现实表现，让党员干部充分感受到了党组织的关怀和温暖，不断增强工作进取心和责任感。二是积极搭建发挥作用平台。结合公开承诺、设岗定责活动和党员先锋岗创建活动等，激发调动党员干事创业的积极性和主动性，不断增强党员的责任感、荣誉感和归属感。三是开展慰问服务活动。结合实际，三年来，坚持春节和七一期间走访慰问困难党员、老党员2100多人次，帮办实事3700多件。建立党员爱心基金，对本院罹患重大疾病和生活重大变故的党员干部进行爱心资助和帮扶，帮助困难党员87人次，累积捐款17万8千余元。

6. 党员联系服务群众突出"广"。开展党员干部"五进"活动（即进社区、进农村、进企业、进学校、进军营），建立了党员干部直接联系服务群众制度，仅 2014 年，就有 24 个党支部走进 28 个社区，6 个党支部与企业建立对接，2 个党支部走进军营，4 个党支部与学校联谊，推行社区直通服务、党员志愿服务、义务法律咨询、定期法制授课，建立便民服务中心（站点）1400 多个，为社区义务劳动 80 余次，提供法律咨询 480 余次，讲授法制课 120 余场（次），集中便民服务活动 1000 多次，解决实际问题 2136 个。8 个党支部协调落实农村基础设施建设资金达 650 万元，23 个党支部对困难学生实施助学帮扶，捐助款物达 25 万余元。

三、实施净化管理工程，构建党小组综合监督管理体系

根据党小组人员少、组织灵活，便于管理操作的特点，由党小组实施内外监督、综合考评，建立一套预防有力、监督有效、宽严有度的制度体系，以保障党员各项权利，使党员处于党组织的有效监督管理之下，促使党员永葆先进性。

1. 构建内外结合的监督保障体系。一方面加强内部监督，严守规章制度。一是加强党小组对党员领导干部的监督。全面落实"条例"、《党员干部廉洁从政若干准则》及党风廉政建设责任制，实行政绩公开、民主评议和个人重大事项报告等制度。加强对领导干部的经常性教育管理和执行政策纪律、制度规定的监督检查。二是加强党小组对普通党员干部的办案监督。严格实行"办案告知卡、廉洁自律卡、回访监督卡"制度和错案责任追究制度，切实把外部监督与内部监督紧密结合起来，加大执法监督工作力度。三是强化党小组对党员八小时外的监督。实行党员干警非工作时间重大事项制度及时向党小组报告，未予报告后果严重的，党员与党小组长及支部书记承担连带责任，努力做到人人、时时接受监督，不断增强了党员干部的遵章守纪、廉洁自律意识。

另一方面强化外部监督，杜绝检察权力滥用。深化检务公开，以公开促公正。对检察机关的职责任务、办案程序和法律法规等，

以党小组为单位，以宣传栏、报刊电台、宣传资料、集中法制宣传和法制讲课进机关、学校、企业、部队、村社等多种形式向社会公开，通过对社会公布监督电话，设置干警违法违纪举报箱，加强与人大代表、政协委员的联系，主动接受人民监督员监督，通过召开座谈会，登门走访，发放征求意见函，邀请视察等形式，广泛听取意见、批评和建议，切实把检察工作置于社会各界的监督之下。

2. 构建层次有别的考核评议机制。以党小组为单位，对不同岗位、不同层次、不同年龄的党员，以"联评互评"形式综合设置考评指标。既充分考虑德、能、勤、绩、廉、学等方面的情况，又依照科学发展观有针对性地提出不同的具体要求，尽可能细化、量化、岗位化。党员每半年向党小组述职述岗，党小组向支部党员大会汇报，由全体党员进行民主评议，逐项打分，再由党支部进行综合考评得出结论；支部书记由支部党小组和机关党委委员共同评议打分；党小组组长由支部书记和支部全体党员共同评议打分；评议结果统一向机关党委报备，得出党员、党小组组长和支部书记的全年考评结果，结果记入个人电子档案管理。对考核优秀的进行表彰和奖励；对考评中存在问题的党员，要采取警示谈话、诫勉等措施，提出改进意见，明确努力方向。

关于提高机关党组织
民主生活会质量的思考

辽宁省大连市人民检察院　唐家利

民主生活会制度是我们党加强自身建设的一项重要制度。健全并严格执行党员领导干部民主生活会制度，是贯彻从严治党要求、加强党内监督、提高领导干部思想水平和党性修养的有效途径，是建设高素质干部队伍的一项重要措施。对于解决领导班子及其成员存在的问题，加强领导班子自身建设，提高党组织的凝聚力、战斗力和号召力，具有非常重要的意义。

一、提高认识，增强民主生活会的严肃性

民主生活会制度是我们党在长期革命和建设的过程中形成的一项重要组织制度，是不断加强和改进党的建设的重要法宝。但就目前的情况看，一些地方和部门特别是一些基层的党组织，忽视和放松了这项制度，甚至使之流于形式。其不良表现：一是形式化。把民主生活会当作例行公事，停留于走过场，为开会而开会，议题不明，思想不通，任务不清，流于形式。二是庸俗化。把民主生活会开成了聊天会、散谈会、"大杂烩"，把十分严肃的政治生活课题视同"儿戏"。三是溢美化。或"王婆卖瓜，自卖自夸"，或只唱赞歌，不及批评。特别是对主要领导大加恭维，一味吹捧。四是简单化。把工作情况、存在问题、今后打算、自我批评，甚至于对他人的批评，都是机械照搬别人的写成材料，照本一念，会议结束。

个别基层部门、单位甚至借口工作忙，条件不成熟，把民主生活会"忘掉"或"挤掉"。

产生上述问题的原因是多方面的，既有主观方面的也有客观方面的。概括下来说主要有以下四个方面：一是党性观念淡化。开展批评与自我批评的基本着眼点，就是依据党的原则，澄清是非，坚持真理，修正错误，切实解决自身存在的问题。而有些人却对自身存在的问题，不能清醒地认识，予以改正；对党内不良现象不能理直气壮地提出批评，努力纠正；对正确的东西不能旗帜鲜明地加以肯定，大力支持。说到底，这都是党性观念淡化的表现。二是庸俗思想作怪。受社会不健康思潮的影响，一些人认为，人情硬于原则。于是，自觉不自觉地把"关系学"搬到党内生活中来，并以此作为判断是非、处理问题的标准。遇事不是站在党性和党的政策的立场上，而是处处考虑"关系"，事事考虑得失利弊。三是领导缺少民主。个别领导同志搞"一言堂"，听不得半点不同意见，更容不得反对意见。他们把别人的批评看成是对自己的不尊重，是损害自己的"威信"，是跟自己唱"对台戏"。因而闻过则怒，以至使人不敢开展正常的同志间、上下级间的批评，导致在一些地方批评难，批评"一把手"更难的问题长期得不到有效解决。四是制度不够落实。一些基层党委（党组）没有很好地建立和健全会议分析、考核、报告、通报等制度，会前不能充分准备，会上没有明确议题，会后也不能认真落实整改措施。同时，上级党委对基层党委（党组）民主生活会的监督、管理和指导不力，只满足于一般性的布置，对民主生活会上查摆出来的问题，不监督检查整改措施的落实情况，导致这些单位民主生活会的质量和效果不能得到很好的保证。

二、把握重点，增强民主生活会的针对性

民主生活会次数少、时间短，要想取得实效，关键在规范，重

点在准备，功夫在会前。

一是统筹安排，强化理论学习，准备要"精心"。要对班子民主生活会有关情况进行认真研究和周密安排，明确民主生活会的主题、目的、方法步骤和要求，并要求班子成员在召开民主生活会前进一步深化理论学习，要带着重点学，深钻细研必读书目，深刻领会上级党委、领导的指示精神；要带着问题学，分析当前制约本单位发展的瓶颈问题，剖析班子存在的不足。通过学习，进一步增强服务群众意识、廉洁自律意识，为开好民主生活会奠定坚实的思想基础。

二是广开言路，充分征求意见，纳谏要"虚心"。要充分发扬民主，真诚接受群众监督，领导干部要采取多种形式，广泛征求意见建议，坚持诚心征求意见，虚心接受批评，不论所提意见是否正确、一律不漏掉，不论所提意见是否有出入、一律不申辩，不论提意见者态度如何、一律不计较。在征求意见对象的确定上做到"四个延伸"，即向普通群众延伸、向基层单位延伸、向服务对象延伸、向社会各界延伸。对征求到的意见建议，在梳理汇总反馈时做到：保持"原汁原味"，不打折扣，不删不改，特别是对一些尖锐问题和批评意见，也如实反馈；分清哪些是思想观念不适应造成的，哪些是工作措施落实不力造成的；分清哪些是决策有偏差造成的，哪些是执行不到位造成的；分清哪些是客观条件制约造成的，哪些是主观努力不够造成的，为科学制定对策找准依据、打好基础。

三是会前交流，加强思想沟通，谈心要"诚心"。民主生活会前，要以召开通气会、对话会、座谈会等方式对民主生活会上可能出现的问题提前进行讨论研究，沟通思想，对存在的问题进行分析思考，为高标准、高质量开好民主生活会创造有利条件。班子成员要尽可能采取"一对一"、"一对多"、"多对多"、"面对面"等形式广泛开展谈心交心活动，营造坦诚相见，有话当面讲的良好氛围。

四是撰写提纲，做好发言准备，整理材料要"用心"。习近平总书记参加河北省委常委班子专题民主生活会，开门见山就说，"不是听你们讲莺歌燕舞的，要有真正的批评和自我批评"。这就要求班子成员充分运用学习调研、征求意见、谈心活动的成果，撰写出发言提纲，要突出"四性"：查摆问题突出客观性、剖析原因突出主观性、方向确定突出科学性、整改措施突出可操作性。要把聚焦缺点作为前提，开门见山指出自己存在的问题，敢于直面实质问题和深层次问题。要抓住触及灵魂这个关键。只有从思想上认识缺点，才能在实践中改正缺点和解决问题。要从理想信念、宗旨意识、党性修养、道德品质、组织纪律上深挖细究问题根源，把撰写剖析材料变成反躬自省、心灵拷问。防止表面化，避免查找一些无关痛痒，不涉及个人党性修养、道德品质、能力水平等原则问题；防止普遍化，避免罗列"理论学习不够"、"破解难题能力不高"等问题；防止简单化，避免只谈工作、学习，不注意从思想、作风方面进行深度剖析的现象，进行认真查摆和分析，力求找准问题。

五是开诚布公，强化交流质量，相互批评要"公心"。在民主生活会上，班子成员要按照"团结—批评与自我批评—团结"和"惩前毖后，治病救人"的方针，认真进行批评与自我批评。自我批评要做到讲主观不讲客观，讲实话不讲空话，讲要害不讲枝节。开展相互批评要坚持原则，做到不回避问题，班子成员之间就在抓自己分管工作的方法方式等方面存在的问题进行坦率真诚地交流，认真践行民主集中制；不敷衍塞责，辩证分析面临的形势和困难，客观评价工作中的成绩和问题；不文过饰非，以对同志认真负责的态度，直截了当地触及被批评者的主要问题，直截了当地捅破"窗户纸"，把问题讲在桌面上，直截了当地帮助被批评者从世界观、人生观、价值观上分析原因，提高认识，做到出于公心、以理服人，并在一针见血中体现真情实意，增强民主生活会的思想性和原则性。

三、强化整改，增强民主生活会的实效性

民主生活会实质是一个寻找问题、发现问题、解决问题的过程，归根结底，要落实到整改上。

一是方案要职责严明。整改方案是落实整改的蓝本，方案的制定要和征得的意见、建议结合起来，和班子及班子成员的剖析材料结合起来，和班子成员间的批评与自我批评结合起来，明确责任、明确方向、明确任务，增强针对性和可操作性。

二是公示要明确期限。整改方案制定后，可以在一定范围内予以公示，明确每一项整改内容的完成时限、责任人，以便于党委、班子、群众和社会共同监督。

三是整改要举一反三。整改工作必须做到动真的、干实的，绝不能搞热热闹闹的"纸上谈兵"。要举一反三抓整改，适当拓宽整改内容，从根本上解决问题，绝不能搞"头痛医头，脚痛医脚"。

四是督查要促进落实。整改方案上报主管部门后，上级部门要督促检查，催办落实。凡没有按期整改的或整改不力的，要追究有关责任人的责任。

对党要管党从严治党的历史思考

吉林省吉林市人民检察院　刘丽英

党的十八大以来，习近平同志多次强调，"打铁还需自身硬"，"坚持党要管党、从严治党，切实解决自身存在的突出问题，切实改进工作作风，密切联系群众，使我们党始终成为中国特色社会主义事业的坚强领导核心。"认真学习领会习近平同志关于党要管党、从严治党的重要论述，全面推进党的建设新的伟大工程，对于我们党带领全国人民完成"四个全面"的战略布局，实现"两个一百年"的奋斗目标，实现中华民族伟大复兴的中国梦，具有重要的现实意义和长远的战略意义。

一、党要管党从严治党的历史作用

中国共产党成立 90 多年来，之所以能够从小到大、由弱到强，成为世界上最大的社会主义国家执政党，成功地领导中国人民在革命、建设、改革、发展的道路上取得一个又一个伟大胜利，一条基本经验是始终坚持"党要管党、从严治党"。从 1926 年 8 月中共中央发布的第一个反腐败《通告》，到土地革命战争时期作出古田会议决议《关于纠正党内的错误思想》，从抗日战争时期的延安整风，到解放战争时期提出"两个务必"，无不表明，不论党面临的环境多么恶劣、任务多么艰巨，也不论党取得了多么大的胜利、事业有了多么大的发展，党始终清醒地把"管党"放在一切工作的核心地位，不断加强党的思想建设、组织建设、作风建设等，以党的建设推动党的事业发展；始终坚持"从严治党"方针，严格执行制度，严守党的纪律，以从严治党保持党的凝聚力、增强党的战斗力。实践证明，以"党要管党、从严治党"为重要内容的党的建设，的确是中国共产党人夺取政权的一大法宝，是党实现中华民族伟大复兴目标的必要条件。

"刘青山、张子善案件"是新中国反腐治贪的经典案例。建国初期在党和国家机关中开展的"反贪污、反浪费、反官僚主义"运动，自1951年底至1952年结束，据不完全统计，到1952年1月，全国县以上党政机关参加"三反"运动的总人数为383万多人（未包括军队数字），全国共查出贪污旧币1000万元以上的贪污犯10万余人，贪污的总金额达6万亿元，对有严重贪污行为的罪犯，判处有期徒刑9942人，判处无期徒刑的67人，判处死刑的42人，判处死缓的9人。而这其中，影响最大的就是刘青山、张子善的被处决。毛泽东说：正因为他们两人的地位高，功劳大，影响大，所以才要下决心处决他们。只有处决他们，才可能挽救二十个、二百个、两千个、两万个犯有各种不同程度错误的干部。严惩刘青山、张子善的果断决定，是再一次用行动向全社会表明：我们党决不会做李自成，决不会放任腐败现象滋长下去，决不让千千万万先烈用鲜血和生命换来的江山改变颜色。

"三反"运动的胜利，纯洁了国家机关，对广大干部进行了一次廉洁奉公的教育，对防止干部的贪污腐败、保持干部队伍的清正廉洁有着深远的历史意义。同时，它也保证了我们党的干部十几年的清正廉洁，即使在"文化大革命"十年的无政府状态中，虽然缺少监察和监督，领导干部的贪污腐败现象也极为少见。毫不夸张地说，这个案件教育了整整一代共产党人。有位历经沧桑的老干部感慨："毙了两个人，党风好了20年。"

二、党要管党从严治党的现实意义

人对真理的认识并不总是正确的、自觉的，有时会在新的复杂环境中迷失，即使共产党人也不能避免。随着执政日久，特别是在新形势下，党面临的执政考验、改革开放考验、市场经济考验、外部环境考验更加复杂和严峻。于是，一些党员干部特别是某些高级干部"目迷五色"了，有意无意地把党中央关于"党要管党、从严治党"的要求置于脑后。他们以为，如今我们党是国家的唯一执政党，主要任务是治国理政，中心工作是经济建设。至于说"管党"、"治党"，已经不是主要任务，更不是中心工作了。在这种思想指导下，即使他们担任党委书记、副书记、常委，也把主要精力用在处理政务上，把心思花费在经济、社会、文化工作的改革与发展中，而对于党的建设和管理，则是"有时间就抓、没时间就不抓"，"出了问题才不得不抓"。这种认识和做法显然不对。事实上，当前一些地方和单位党组织软弱涣散，缺乏凝聚力战斗力，一些党员干部理想信念动摇、宗旨意识淡薄，形式主义、官僚主义问题突出，奢侈浪费现象严重，由此使得精神懈怠危险、能力不足危险、脱离群众危险、消极腐败危险更加尖锐，所有这些问题，无不是"管党"不力、"治党"不严所造成，如果这些问题不能有效地解决，"治国理政"、实现"中国梦"只能成为空谈。

作为执政党，当然要担负起治国理政的重任，处理好经济建设和社会发展中大量繁杂的问题。如若不然，内政外交、国计民生方面出了"漏子"，就会损害人民群众的根本利益，影响民族复兴的进程。但是，一定要清醒地看到，无论治国理政的工作多么繁杂、任务多么艰巨，党的建设这个法宝无论如何都不能丢，管党治党这个中心工作何时何地都不能忘。我们党是中国人民的领导核心，只有党把自己管好了、治好了，才有资格去领导人民、治理国家，才有力量和智慧带领人民实现"中国梦"。如果我们管党不力、治党不严，党员干部各怀心志，思想不统一、行动不一致，不要说治国理政了，就是执政地位也保不住。执政党只有高度重视自己内部的管理与整治，才能保持思想上、政治上、组织上的团结与统一。不然的话，内部分崩离析，唯有垮台而已。古今中外那么多政权崩塌，都可以为此提供佐证。

三、如何管得严治得好

在我国，历来讲究"上行下效"，总是"上有所好，下必甚焉"。领导干部是一般干部的榜样，上级是下级的榜样。如果对上级领导干部管得严、治得好，那么就会潜移默化地带动下属严格要求自己，无形中约束下级不能恣意妄为。领导干部自己做好了，也便于管理下属，批评也好、教育也好、处分也好，都能够挺直腰杆，理直气壮。否则，"己不正，焉能正人？"可见，抓住了领导干部特别是主要领导干部、高级干部，就是抓住了管党、治党的关键和要害。

1. 在思想建设方面，强调党员特别是干部要做共产主义远大理想和中国特色社会主义共同理想的坚定信仰者和忠实执行者。

理想信念是共产党人的精神支柱，是党员干部执行党的路线政策的思想基础和精神动力。理想问题是具有重大意义的问题。30多年改革开放成绩巨大，积累的问题和矛盾也很多，值此关键时刻，走哪条道路的问题又尖锐地摆在党和人民面前。党中央一再强调，不能改旗易帜，也不能僵化停滞，必须沿着中国特色社会主义道路前进，为此全党首先是党员干部要有坚定的理想信念。理想既是一种目标指向，更是一种精神动力，是指导、鼓舞人们改造社会的思想武器。习近平说，"革命理想高于天。没有远大理想，不是合格的共产党员，离开现实工作而空谈远大理想，也不是合格的共产党员"。把坚持理想与完成现阶段任务联系在一起，使远大理想在共产党人建成全面小康社会的实践中，迸发出巨大的精神力量，就是理想问题的重大意义。抓住这一点，就是抓住了思想建设的灵魂。

2. 在组织建设方面，强调从严治党要认真执行民主集中制，破除潜规则；从严治吏，严格管好干部；做好抓基层、打基础的工作。

共产党是按照民主集中制原则建立起来的工人阶级政党，是个思想政治统一、组织团结、行动一致的战斗整体，能够把力量集中在一个目标上。所以民主集中制历来是共产党的强点和优势。由于现实中种种原因，民主集中制在一些地方、一些方面执行得不够好，甚至存在潜规则。所谓潜规则，是与党章和公开颁布的各项原则、制度相对的在实际中通行的某些做法和习惯，是一些人心照不宣、加以默认，明知不对又不敢或者不愿打破的某些做法、习惯。潜规则的存在破坏了民主集中制的严肃性和党内生活的原则性。习近平指出，"要让那些看起来无影无踪的潜规则在党内以及社会上失去土壤、失去通道、失去市场"。在强调从严治吏的同时，习近平还提出扎实做好抓基层打基础的工作，使每个基层党组织都成为坚强的战斗堡垒。基层组织状况和党员素质对保持党的战斗力至关重要。习近平指出，"党员是党的肌体的细胞。党的先进性和纯洁性要靠千千万万的党员的先进性和纯洁性来体现。党的执政使命要靠千千万万党员的卓有成效的工作来完成，党要管党、从严治党要落实到党员队伍的管理中去"。既重点管好干部，又抓好基层、管好党员，从严治党的原则就能够落实。

3. 在作风建设方面，强调作风建设是永恒课题，要建立长效机制；要求领导干部带头发扬优良作风。

习近平提出作风建设是永恒课题，要经常抓，建立长效机制。机制与制度有联系又有区别，是以制度为依托建立的有明确目标、办法和保证措施的工作系统。健全的机制是防范不正之风的屏障，是加强作风建设的载体。在作风建设方面，习近平有一个可贵思想，要求各级领导机关和领导干部，尤其是中央机关、高级领导干部强化带头意识，时时处处作表率。十八大后不久，中央政治局就作出了关于转变作风、密切联系群众的八项决定。在党中央带动下，各级党委都通过了转变作风、密切联系群众的决定，不正之风成为"过街老鼠"：有些问题已经初步解决；一些群众反映强烈、长期未能解决的问题在酝酿解决，即作风建设一直在路上。

4. 在反腐倡廉方面，强调有腐必反，有贪必肃，把权力关进制度的笼子里，执行制度没有例外。

十八大后，对中国共产党反腐败问题，国内外十分关注。这不仅因为腐败现象在一些方面较严重，而且因为腐败现象严重影响党群关系，妨碍建成小康社会目标的实现。习近平指出，在反腐倡廉方面，"要有腐必反，有贪必肃，不断铲除腐败现象滋生的土壤，以实际成效取信于民"。

习近平总书记强调，腐败问题越演越烈，最终必然会亡党亡国。透过形形色色、斑驳陆离的腐败现象，可以发现腐败的基本轨迹是：执掌公共权力的人（主要是领导干部），在错误的人生观和价值观指引下，通过改变公共权力的作用方向和运行规则，使之成为不受约束的特权，谋取不正当的私利。从一定意义上说，腐败就是特权惹的祸。因此，要管住领导干部，就必须加强对权力运行的制约和监督，把权力关进制度的笼子，形成不敢腐的惩戒机制、不能腐的防范机制、不易腐的保障机制。

党的建设是个包括思想、组织、作风、反腐倡廉和制度建设的系统工程，这个工程有个形成发展过程。民主革命时期，党的建设一般分为思想、组织、作风三大建设；改革开放以来，邓小平提出制度问题带有根本性、全局性、稳定性和长期性，党的建设形成思想、组织、作风和制度四个方面。当时讲反腐败，主要是从作风建设角度讲的。实践表明，反腐倡廉具有极大的艰巨性、长期性，仅仅从作风角度谈反腐败远远不够，思想、组织、作风和反腐倡廉这四项工作，最终都需要制度建设来保证和落实；或者说，思想、组织、作风和反腐倡廉四项建设中，每一项建设中都有制度建设的内容，制度建设应贯穿于上述四项建设中。制度建设重在执行。鉴于以往存在执行制度不严的现象，习近平明确要求，"制度一经形成，就要严格遵守，坚持制度面前人人平等、执行制度没有例外，坚决维护制度的严肃性和权威性，坚决纠正有令不行、有禁不止的各种行为"。同时，应记住列宁的教诲："要研究人，要发现有才干的工作人员。现在关键就在这里；不然的话，一切命令和决定不过是些肮脏的废纸而已。"

加强党的建设，做到党要管党，从严治党，就是实现国家富强、民族振兴、人民幸福的根本保证。

围绕"四个全面"
建设学习型检察院党组织

黑龙江省伊春市友好区人民检察院　陈雪冬

为适应新时期检察工作面临的新形势、新任务、新要求，不断提高法律监督能力，更好地履行法律监督职责，检察机关要坚持把"建设学习型党组织，创建学习型检察院"理论引入机关党建工作中，并在创建工作中科学规范，精心组织，不断创新，突出特色，形成氛围，提升素质，提高检察人员履职水平，促进各项检察工作科学发展。我院在创建的内容、目标、措施、方法等方面进行了一些积极而有意义的探索和尝试，并取得了良好的效果。

一、创建学习型党组织、学习型检察院的必要性

建设学习型党组织，是检察干警走在时代前列、促进检察工作发展进步的迫切需要。当今世界正处在大发展大变革大调整时期，知识创造、知识更新速度大大加快，现代科学技术进步日新月异，知识和人才已经成为社会发展进步的第一资源，创新能力已经成为综合国力和国际竞争力的核心因素。重视和加强学习，倡导建设学习型组织、学习型社会已经成为世界潮流。建设学习型党组织，是检察机关提高法律监督能力、永葆先进性的迫切需要。所谓创建学习型检察院，就是坚持学习型组织的理念，将其内容运用于检察机关管理和发展的一种实践。创建学习型检察院是实践科学发展观，与时俱进，开拓创新，实现人的全面发展的迫切需要。检察机关创

建学习型检察院是时代主题的要求，随着经济全球化趋势的日益加强，各国司法制度必然呈现相互借鉴、相互融合的大势。

二、树立全新创建理念，不断增强创建工作的动力

开展创建建设学习型党组织、学习型检察院活动，是提高队伍的整体素质，实现公正、高效、文明、廉洁的执法目标的有效手段。为此，我们院党组一班人首先进行学习讨论，统一思想，在思想上达成了共识，并从以下三个方面抓好创建理念的更新：

一是学习基本理论，开发干警思维能力。创建伊始，我们按照省、市院党组的要求，认真组织干警研读彼得·圣吉《第五项修炼》。然而，面对深奥的理论、生疏的概念、生僻的词句，许多干警感到有些茫然、不知所措，一时无从学起。于是，院党组坐下来，认真进行了分析研究，依据干警的实际情况，实事求是地调整了学习方法，并围绕以下三个方面精心地抓好启蒙工作。其一是避开概念，抓住原理。我们没有过分地纠缠于某些概念，而是在掌握创建的基本理论上狠下功夫。其二是透过现象，认清本质。对某些不好理解的观点、论点，我们没有被其外在的现象所蒙蔽，而是用马克思主义哲学的基本理论和日常生活中的事例来加深理解。其三是突破表面，把握内涵。彼得·圣吉的《第五项修炼》从表面上看，主要是针对企业管理的，但是我们在学习中，力求从中揭示其与检察工作的紧密联系，从而更进一步地把握其深刻的内涵。通过采取上述方法学习，使大家在思想上加深了对"学习型组织"理论精髓的理解和掌握。

二是更新学习理念，启发干警自觉学习。我们组织引导干警从新形势、新任务对检察机关提出的新要求，启发大家积极投身创建活动。与此同时，我们切实改变以往强制学习、硬性要求、机械思考的陈旧的学习方式，通过深度会谈，提高大家的思想认识，更新学习理念，从而在学习的观念、方法上，树立起了"五种理念"，

实现了"十个转变",增强了全体干警的学习自觉性。

三是谋划创建目标,激发团体学习热情。我们按照市院年初的总体部署,经过反复研究,确定了本院创建工作"打牢一个基础(干警的思想基础)、提高两个素质(干警的政治、业务素质)、搞好三个建设(班子、中层干部、干警队伍建设)实现四个突破(各项检察工作、基层院建设、科技强检、为经济建设服务工作实现突破)"的基本思路和目标。通过目标的激励,激发了全院干警的学习热情,使大家在学习的态度上,变"被动学"为"主动学";在学习的方法上,变"零散学"为"系统学";在学习目的上,变"盲目学"为"应用学"。使干警们坚持学中干,干中学,用学习推动工作,用工作促进学习,既提高了干警的综合素质,又使各项检察工作不断发展创新。

三、精心设计创建载体,依靠创新提高创建工作质量

有了明确的创建工作思路和创建理念,还要赋予它新的创建内容。于是,我们在如何建立和创新创建载体上进行了积极的探索和尝试。

一是举办检察业余学校,建立创建活动的基本组织。为了将分散的不系统学习纳入统一管理,通过组织多元化的学习,为干警接受继续教育创造方便条件,经过反复研究讨论,结合本院干警年龄结构参差不齐、学历情况参差不齐、业务工作能力参差不齐的实际,我们决定成立了友好区人民检察院检察业余学校,由检察长亲自担任学校的校长,3 名副检察长担任副校长,下设教学辅导组、学习指导组,组长分别由 2 名副检察长兼任,并设兼职教师 1 名、客座教师 3 名。与此同时,我们还划分三个学区,按照刑检、自侦、综合部门三大块,由主管副检察长和一名科长担任学区负责人,负责课后的复习和讨论。确定每周的周六全天上课。为进一步提高干警的理论水准,在"请进来"的同时,还坚持与"走出去"

相结合，积极选派干警参加省、市院组织的业务培训，为了确保现有干警达到《检察官法》规定的学历，鼓励干警参加学历教育，3名干警达到了研究生学历。针对新时期对检察工作的要求，业余学校按照"五学"的要求，从提高干警的文化底蕴、综合能力入手，通过开展多门类知识培训，提高干警的学习兴趣和综合素质。通过开展专题研讨、案例分析、法律文书展评、庭审观摩、知识测试、干警优秀学习笔记讲评、区内考察参观等活动，提高干警学习力，扩展他们的知识总量，加快知识更新的步伐。为确保检察业校持续、有效地开办下去，我们还制定了检察业校章程，落实人员保障、时间保障、物资经费保障的措施。

二是成立各种学习互动小组，激活创建的单元"细胞"。我们根据个人的学习兴趣、爱好和所在业务科室的具体工作性质，先后成立了法律法规政策和案件研讨组、政治理论研讨组、司法文书写作研讨组、微机网络知识研讨组、经济与司法会计研讨组、司法考试研讨组，采取个人与集体，分散与集中，业余时间与工作时间、案前与案后相结合的方法，自行组织学习研讨，形成学习组织的基本"细胞"，强化了创建活动的基础建设。在此基础上，我们结合岗位特点，通过选树优秀公诉人、业务尖子、办案能手，组织干警开展丰富多彩的岗位技能大培训、大练兵、大比武，并采取"四个一"的方法，强化学习，即每日一法条，每周一案例，每月一测试，每季一总结。通过这些行之有效的学习方法，极大地调动了干警参加各种互动小组学习的积极性。

三是充分利用科技强检的成果，构筑干警学习平台。根据《基层院建设规划纲要》，建成了高标准的星型拓扑结构、包括2台服务器、2台交换机、23个工作站等设备的局域网，腾出50.12平方米的房间改建成标准化机房。局域网的建成，有力地推动了各项检察工作，也为"学习型检察院党组织、学习型检察院"的创建工作搭建了平台。为了适应科技强检的形势发展，达到人人会操作微机，实现无纸化办公，干警可以通过网络系统与外地检察机关及其法学专家研讨检察业务，建立了局域网学习交流园地，组织干警开展网上学习交流；建立了局域网法规库，将最新的立法、司法解释及时入库，便于干警查阅，知识共享，促进了干警的学习。

我们将以围绕四个全面，落实从严治党政治责任，为建设学习型党组织、学习型检察院为为统领，推动检察工作不断实现新跨越，做进一步探索。

依据《条例》抓党建的实践与思考

上海市人民检察院直属机关党委

2010 年新修订的《中国共产党党和国家机关基层组织工作条例》（以下简称《条例》）颁发以来，我们牢固确立法规意识，坚持依据《条例》抓党建，着力提高党建工作科学化、民主化、制度化水平，有效发挥机关党建工作的服务保障作用。

一、贯彻落实《条例》的主要做法

（一）健全党的组织，提高履职能力

规范机关基层党组织设置，是机关党建工作的基础。近几年，我们着力做好以下三个方面工作。一是按规定设置党的组织。市院直属机关分别设立机关党委和党（总）支部，结合中层干部选任，按照《条例》规定任期，统一启动所属党组织的换届选举，从制度上保障党务干部的相对稳定。同时明确"党委书记由党组成员担任，支部书记由处室负责人担任"，并采用"公推直选"的办法进行换届选举，确保选举公开透明，增强党务干部选拔的公信力。二是着力提高履职能力。积极探索党务干部在职培训新路子。在党组织统一换届后，集中组织培训，学习党史、党务知识和方法；在党和国家重大会议后，组织专题学习培训，确保传达学习不走样；在完成专项党建工作任务时，开展项目培训，确保按时保质完成任务。培训中注重内容实、方法活，力求理论学习与岗位实践相结合。对任职时间短的注意传经验、教方法，提高工作能力；对任职

98

时间长的注意强学习、勤总结，注重理论联系实际。三是建立完善动力机制。积极开展党建课题研究，了解掌握机关党建工作的现状与特点，不断探索党建工作发展规律，机关党委连续9年获上海市市级机关党建暨思想政治工作研究组织奖。重视一手抓研究，一手抓转化，先后制定《党支部工作细则》《党员组织关系管理办法》《党员发展实施办法》等制度，努力使党建研究成果得以转化。加强岗位实践，通过重温入党誓词、参观爱国主义教育基地、开展志愿者活动等党日主题活动，组织"最佳组织生活实例评比"、微型党课比赛，在压担子、交任务中提高党务干部独立工作和创新实践能力。致力于人文关怀，工作上给予支持，生活上给予关心，为党务干部解除后顾之忧，激发他们的工作积极性和奉献精神。

（二）落实党建责任，形成党建合力

依照《条例》要求，不断完善党组负责指导、党委组织实施、党支部具体落实、党员广泛参与的机关党建责任体系，形成党建工作合力。一是充分发挥党组的指导作用。市院党组每年围绕贯彻《条例》抓党建作出专题安排，并把学习贯彻《条例》作为中层干部培训班的必训内容，邀请市领导、党校教授和先进基层党组织领导对学习贯彻《条例》进行辅导。坚持把党建工作列入重要工作议程，每年至少听取一次工作汇报，提出指导意见。坚持把党建工作与检察业务工作同规划、同部署、同考评、同奖惩，发挥党组织的服务保障作用。定期通过机关基层党组织了解党员思想情况，以及对重要决策和领导干部廉洁自律等方面的反映和意见，支持对党员领导干部进行监督。重视机关基层党组织队伍建设，尽力解决工作机构、人员编制、经费等问题。党组成员还建立基层党建工作联系点，积极参加双重组织生活。二是充分发挥党委的组织作用。按照《条例》要求，修订完善党委委员联系支部、党建工作例会、上下机关党组织定期沟通走访等制度，形成了指导服务的运行机制。党委经常分析党员思想动态，加强党员思想教育和落实谈话提醒制度。健全和落实机关党组织激励、关怀、帮扶机制，深入开展

"走进基层、服务群众"活动和"双结对"活动。加强对群众组织的领导，指导健全机关工青妇组织，并在机关精神文明建设中发挥积极作用。党委经常听取基层党组织工作汇报，帮助解决具体问题，并通过党建工作月度提示形式提出指导意见。坚持党建工作年终考核制度，检查中发现问题当场反馈，限期整改，通过检查考核，表彰先进，调动基层党组织的工作积极性和主动性。党委负责人定期不定期向上级党组织和分管领导汇报机关党建工作，重大事项及时请示报告，争取支持。对涉及机关的重大任务和活动，机关党组织全程参与，服务保障中心工作。为促使履职尽责，党委坚持民主生活会制度，组织党委委员进行述职，并落实党支部向党员报告工作并接受评议等制度。三是充分发挥支部的主体作用。认真落实双周政治学习日、"三会一课"和激励关怀帮扶制度，协助行政领导抓好业务学习、岗位练兵、岗位建功活动和组织"三优一能"评比活动。开展"廉政、勤政"讲评日活动和民主评议党员工作，充分发挥党员干警的先锋模范作用。动员党员干警精心设计主题，创新支部活动形式，开展丰富多彩的党日主题活动，提高支部生活会质量。针对检察改革试点过程中的党员干警思想问题，广泛开展交心谈心活动，及时做好思想稳定工作，促进检察改革和检察工作发展。

（三）加强党员教育，建设一流队伍

建立健全让党员经常受教育、永葆先进性的长效机制，做到经常性教育与集中培训相结合，全面提高党员干警队伍的素质。一是不断深化学习型党组织建设。坚持把理论武装贯穿于党员教育全过程，扎实开展"党史教育"、"宗旨教育"、"国情教育"和"三严三实"专题教育，引导党员干警树立社会主义法治理念、践行社会主义核心价值观、恪守检察职业道德。建立多种形式的学习团队，成立网络犯罪、金融犯罪等7个犯罪研究小组；建立青年公诉论坛、青年对抗辩论、青年学法小组等学习团队；成立文学、书法美术、摄影、音乐舞蹈、影视和体育等6个专业委员会；成立青年

干部读书求知会、学雷锋志愿服务队等，增强创建工作的针对性和实效性。一些支部还形成了"每月一谈"等有影响的品牌，充分发挥品牌效应的带动作用。市院机关连续 4 年 2 次被评为上海市学习型机关。二是持续开展创先争优活动。坚持用先进典型引领执法办案，充分挖掘身边人的先进典型，树立葛海英、寿志坚等先进人物；召开纪念五四座谈会，青年干警联系本系统市劳模介绍成长经历和结合检察改革浪潮冲击广泛进行交流；组织邹碧华同志先进事迹报告会，发挥先进典型的引领带动作用，激励党员学有榜样、做有标尺、干有方向，提升机关精气神。组织申报创建上海市巾帼文明岗活动，发挥女干警的半边天作用。通过组织羽毛球、乒乓球、篮球、文艺汇演等丰富多彩的文体活动，激发党员干警工作积极性和建功立业的热情。三是全面落实从严治党责任。聚焦党风廉政建设，印发《上海检察机关进一步加强党风廉政建设十项规定》，严格落实主体责任和监督责任。召开"严肃办案纪律、严格职业操守"专题警示教育活动动员会，下猛药改变惯性思维和行为。加强机关日常管理，由机关党办（兼直工处）通过明察暗访，加强对机关秩序、考勤、会风和着装等方面的检查与通报，尤其是通过强化对中层一把手的监督检查，发挥好领导干部以上率下的榜样作用，促进机关作风转变。四是不断完善激励关怀帮扶机制。健全党员民主权利保障机制，推进党务公开，完善党内情况通报、反馈、征求意见和民主评议等制度，拓宽党员对党内事务的意见表达渠道和参与渠道，提高党员监督意识。建立茶休阅览室、院史陈列室、荣誉室、文化长廊、廉政教育基地等场所，为党员干警提供良好的工作、学习和休息环境。发挥"五个走访"的优良传统，努力为党员干警提供服务，让党员干警体面劳动、舒心工作、全面发展。

二、贯彻落实《条例》的成效和体会

（一）主要成效

近几年，我们紧紧围绕服务中心、建设队伍两大任务，认真贯彻落实《条例》规定，提高机关党建工作水平，取得了一定成效。一是有力促进了党建工作发展。先后制定完善《加强和改进市院直属机关党的建设的实施意见》、《机关党支部"达标创先"活动检查验收标准》等制度，夯实党建工作基础。二是有力促进了检察队伍建设。通过正面激励、反面警示，勉励党员干警将检察职业道德内化于心，外化于行，做到知行合一，提高党员干警的政治、业务素质和职业道德素养。三是有力促进了中心工作完成。坚持围绕中心抓党建，用检察工作支撑党建工作，用检察实绩体现党建成效，发挥党组织的战斗堡垒作用和党员干警的先锋模范作用。

（二）体会与思考

《条例》是推动机关党建工作创新发展的纲领性文件，是新时期机关党建工作的基本准则和依据，要贯彻落实好《条例》，必须强化四个意识：一是必须强化党建主题意识。党建主题是"围绕中心，建设队伍"，我们必须围绕党和国家中心工作，结合检察工作重点抓党建，做到中心工作在哪里，党建工作就在哪里。实践表明，依据《条例》抓党建，只有围绕中心、服务大局，才能找准定位、明确方向。近几年，我们始终围绕上海建设"四个中心"、实现"四个率先"、"服务保障世博"、"创新驱动、转型发展"和"检察改革试点"等中心任务抓党建，有力促进上海检察工作的创新发展。二是必须强化《条例》法规意识。学习贯彻《条例》就是要依"法"规范机关党建工作运行程序。近几年，我们全面贯彻《条例》，落实党建工作责任制，完善党委负总责、党委书记带头抓、分管领导具体抓、机关党组织抓落实的责任体系，抓好带头人队伍建设，完善党建工作机制，加强党员教育管理，创新党建工作方法，使机关党建工作开展步入规范有序的轨道，真正做到了党组织有定位，党员有作为。三是必须强化紧贴业务意识。坚持发挥党建工作的政治优势和保障作用，使党建工作与检察工作一起研究部署、一起总结考核，做到两个目标同向，才能有效促进检察工作的发展。近几年，我们通过开展"岗位练兵、岗位竞赛"、"三优一能"、"十佳检察官"评选活动，立足检察岗位开展亮诺、践诺和评诺活动，使创先争优成为检察干警的共同价值取向，激发了机关党组织和党员干警立足检察岗位干事创业的热情和动力，形成了"比学赶帮超"的良好氛围，推动上海检察工作发展再上新台阶。四是必须强化崇尚创新意识。坚持在实践中勇于探索与创新，才能更好地增强机关党建工作的活力。近几年，我们不断追求进步和自我超越的实践证明，只有保持弘扬优良传统和开拓创新的统一，深化对新形势下机关党建工作特点规律的认识，运用现代手段和科学方法去开展党建工作，推广和运用网络等先进技术，拓展机关党建工作的空间，才能顺应形势，扎实有效地推进机关党建工作。

关于加强和改进思想作风建设的思考

上海市人民检察院第二分院政治部　　赵　萍

近年来，检察机关开展了一系列思想作风建设主题教育活动，各项活动主题鲜明、目标明确，在强化队伍素质、提升干部境界等方面发挥了积极的作用，取得了明显效果。为进一步巩固教育活动成果，总结新时期思想作风建设的有益经验，进一步完善思想作风建设工作的各项机制，现结合近年来检察机关思想作风建设主题活动的实践谈几点初浅认识。

一、加强和改进思想作风建设工作的必要性

1. 检察机关工作职能的拓展对思想作风建设工作提出了新要求。检察机关作为党领导下的司法机关，承担着打击犯罪、保护人民、履行法律监督职责、维护社会公平正义的任务，检察干警的政治素质、思想作风直接影响检察机关的形象和检察事业的发展。因此，检察机关思想作风建设工作具有举足轻重的作用。与此同时，我国民主法治建设的不断健全，人民群众的法治观念越来越强，这一切都对检察队伍建设提出了更高的要求，同时也对检察机关的工作和检察干警的素质提出了更高的要求，而干警综合素质的全面提高较大程度依赖于检察机关的思想作风建设工作是否健康发展。

2. 社会经济的不断发展对检察机关思想作风建设提出了新要求。社会主义市场经济体制的建立和改革开放的深入，为检察队伍建设提供了动力，为检察事业发展开辟了广阔的前景，同时也使检

104

察队伍的思想作风建设工作面临着新的挑战。社会组织形式多样化、就业岗位和就业方式多样化，必然引起人们的思想观念空前活跃，价值取向日益多样，尤其是物质利益对人们思想行为的影响作用日益增大。特别是网络迅猛发展，网络舆论与形形色色的网络信息的影响力大幅提升，多种信息泥沙俱下，鱼龙混杂，网上精神垃圾对人们的思想影响也不可小视。这在有利于检察干警解放思想、更新观念、增长才干的同时也使检察干警在思想、信念、价值取向、执法意识、工作态度等方面产生的思想问题呈多样化、复杂化趋势。同时科技的发展使得一些传统的、常规的思想作风建设内容和方法已经不能满足时代发展的需要。这些变化无疑对我们的思想作风建设工作提出了更高的要求。

3. 检察机关队伍自身结构的变化对思想作风建设提出了新要求。近年来，一批政治成熟、办案经验丰富的老同志因退休陆续离开工作岗位，一大批受过专业教育的年轻同志进入检察机关。年轻同志的进入给检察队伍带来了新的动力和广阔的发展前景，但也给队伍建设带来了新的挑战。年轻同志思想活跃、进取心强，同时思想活动的独立性、选择性、多变性、差异性也明显增强。他们出生在改革开放年代，成长于社会转型时期。他们不缺乏知识，但是可能缺乏政治鉴别力和敏锐力的历练，尤其是面对不同文化的影响，更容易受到消极思想文化的影响。而从这批年轻同志的教育背景来看，他们具备较强的专业意识和对法律的热爱，但从某种意义上，这种尊崇和热爱更多的是抽象的公平正义的热爱，而非建立在对活生生的人的情感、人的需求的深刻了解之上。而作为直接和当事人进行接触的检察干警，他们更需要将对法律的深刻理解和自身的专业智慧融入到社会的需求之中，并通过自身的努力和对社会现实的准确理解推动检察实践的发展。队伍结构的变化也要求我们尽快摸索出适合年轻同志特点的思想作风建设新模式。

4. 以人为本理念的不断发展对思想作风建设提出了新要求。传统的思想作风建设往往以社会为本位，其重要特征之一就是往往

105

不是从人的需要出发，而是将思想作风建设更多地定位于满足政治需要和社会需要。随着以人为本理念的不断发展，思想作风建设的定位发生了改变，实施政治教育不是为了满足国家和社会的需要而对人的发展造成束缚和控制异己的存在，其根本目的在于"提高人们认识世界与改造世界的能力，在改造客观世界的同时改造主观世界"。坚持以人为本是科学发展观的核心，以人为中心，突出人的发展是当今时代的主流价值理念，也是做好思想作风建设的本质要求。思想作风建设中注重以人为本就在于在教育实践中满足人的合理需要，引导人的需要不断发展并注重人的需要差异，按照符合人性的方式和方法来进行。

二、当前检察机关思想作风建设活动的成效与不足

近年来，检察机关陆续开展了"讲党性、重品行、作表率"、"恪守检察职业道德、促进公正廉洁执法"等各种形式主题教育实践活动。这些教育活动在形式上不断创新，在对传统教学方式较好继承的基础上积极拓展案例教学、互动教学等新的教学方式；在内容上紧密联系时代要求，根据时代精神，融职业道德、光荣传统、领导同志关于检察工作的指示要求于一体，体现时代特征、检察特色；在效果上推进了检察执法工作更好地发展，解决了检察队伍中存在的一些思想认识、执法理念上的问题，取得了很好的教育效果。然而，就检察机关思想作风建设工作整体而言，与目前检察机关所面临的任务和要求相比还有一定的差距。具体体现在：

1. 教育内容缺乏针对性。有效的思想作风建设内容应具有时代性、层次性和选择性。而就目前检察机关开展思想作风建设的内容来说，在一定程度上还是存在欠缺。具体体现在：一是从现实性角度考量。不同时期的思想作风建设所面临的时代任务和现实问题都是不一样的，这就要求在内容上予以及时更新、增强时代感和现代感。然而在目前检察机关思想作风建设过程中一方面存在内容陈

旧、无法反映时代更迭的情况；另一方面内容较多局限于书本、文件，忽视了现实生活与检察工作中鲜活的事例，出现了教育内容脱离社会实际的状况。二是从层次性角度考量。"思想政治工作说到底是做人的工作，必须坚持以人为本。既要坚持教育人、引导人、鼓舞人、鞭策人，又要做到尊重人、理解人、关心人、帮助人。"①因此，思想作风建设必须重视人的需要、正视人的差异性。而就目前的思想作风建设内容来看：一方面忽视受教育者在想什么，需要接受哪方面的教育内容，在一定程度上无视受教育者的主观接受意愿。这也体现在教育者更多地是从社会需要的角度来强调思想作风建设的重要性，而作为个体的人的价值问题以及人格独立性问题没有得到应有的关注。另一方面忽视受教育者的个体差异，存在着"强调高度，忽视梯度"的现象，无视作为个体的接受能力。三是从选择性角度考量。思想作风建设在教育诸因素中能更直接、更明显地为一定的经济基础和上层建筑服务，具有鲜明的方向性和政治性。这要求思想作风建设必须把坚定正确的政治方向放在第一位，把政治教育作为思想作风建设的导向性内容。然而，第一并不意味着唯一，目前思想作风建设存在泛政治化倾向，过度重视对人们外在的"政治方向性的培养"，忽视了对基础文明行为的培养和人们内在的思想道德品质的塑造。

2. 教育方法缺乏实效性。没有切实有效的方法，实现思想作风建设效果就会成为一句空话。毛泽东曾形象地指出："我们不但要提出任务，而且要解决完成任务的方法问题。我们的任务是过河，但是没有桥或没有船就不能过。不解决桥或船的问题，过河就是一句空话。不解决方法问题，任务也只是瞎说一顿。"② 近年来，检察机关致力于提高教育方法的实效性，也取得了一定的成效，但整体而言还存在欠缺，具体表现在：一是教育方式缺乏创新性。

---

① 《毛泽东文集》（第2卷），人民出版社1993年版，第467页。
② 《毛泽东选集》（第1卷），人民出版社1991年版，第139页。

"传统的思想作风建设中，教育者居于信息优势地位，而教育对象则处于劣势地位，具体表现为教育者和教育对象之间存在着信息的位势差、时间差和数量差。"当前检察机关大多采用读报、读书、发言、讨论等陈旧手段，而没有很好地去利用计算机、网络、手机等先进的科技手段。二是教育方法缺乏针对性。往往过于强调灌输式教育手段，忽视受教育者的主体性和能动性。具体表现在思想作风建设活动中就是教育者苦口婆心地向干警进行单向灌输，思想信息由教育者向干警单向流动，不关注干警的信息反馈，不注意调动干警的积极性、自主性和能动性，并轻视与干警的情感沟通，导致部分干警对教育者所传递的思想信息无动于衷。三是教育方法缺乏整合性。各种教育方法都有自身的优势和弱势所在，但在实践中往往单纯用一种或两种教育方法，忽视了多方法的整合，无法达到优势互补、扬长避短，最大程度地发挥教育成效。

3. 教育机制缺乏统筹性。思想作风建设工作是一个系统工程，有其发展的特殊规律。而在目前的思想作风建设中，我们不难发现这一系统欠缺统筹性，具体表现在：一是欠缺教育的长效性建设。这一方面体现在教育缺乏制度化，遇到上面要检查就组织学习一下，检查一过，学习即止，教育工作的主动性不强，思想作风建设没有形成制度化；另一方面体现在主题教育实践活动每年都会开展，但相互之间的连接、递进相对较少，比较忽视构建年年上台阶的梯度教学机制。二是内容与形式不协调。在目前的思想作风建设中，时常出现形式选择与内容不相匹配的情况，影响到教育的实际成效。一方面表现为过多强调内容的传达，而忽视了与内容相应的形式的选择；另一方面表现为一些思想作风建设尽管形式多样，极富趣味性，但教育性不强，活动的开展更多地流于形式。三是思想政治工作的网络没有充分发挥作用。一谈思想作风建设似乎就是政工部门和分管政工领导的工作，分管其他工作的领导和其他部门负责人缺乏"齐抓共管"的责任意识。同时工青妇组织的作用没有充分发挥，党员干部、党支部负责人也没有很好地协助开展思想作风建设。

三、完善改进思想作风建设活动的几点思考

著名教育家巴班斯基曾说过："如果教师不能很好地了解学生，不会综合规划教养、教育和发展的任务，抓不住教学内容中的要点和重点，不善于选择教学方法、手段和形式的合理配合方案，那么，教学过程永远不会有成效。"① 面对当前纷繁复杂的新形势、新情况，检察机关思想作风建设活动应抓住机遇，迎接挑战，不断提高思想作风建设工作的有效性，更好地为检察事业提供强大的精神动力和思想保证。

1. 增强思想作风建设内容的针对性。思想作风建设的内容既要根据社会需要的变化而变化，也要根据不同群体、不同层次的教育对象的实际需要来确定。

（1）增强内容的时代性。思想作风建设的内容是一个既相对稳定又不断发展的体系，这就要求我们在开展思想作风建设时，要以现实为基础，要根据社会需要的实际来选择思想作风建设的具体内容，使思想作风建设的内容能与时代要求相对接。具体而言，当前的思想作风建设要密切结合形势的变化，抓住热点问题、关注焦点问题和社会现实矛盾，及时对教育内容进行调整、充实和完善，使教育内容具有现实性、先进性和前瞻性，在教育的内容上要结合检察工作、生活、思想、需求去研究，推陈出新，既包括日常的政治理论教育、社会主义核心价值体系教育、法治理念教育，还包括检察职业道德教育、传统美德教育等等，教育检察干警树立起正确的世界观、人生观、价值观，严格遵守社会公德、职业道德和家庭美德，为检察工作的顺利开展奠定牢固的思想防线。

---

① 巨瑛梅、刘旭东编著：《当代国外教学理论》，教育科学出版社 2004 年版，第 180 页。

（2）强调内容的针对性。在思想作风建设实践中强调内容的针对性，就是强调在掌握受教育者各种信息资源的基础上，对受教育者的各种信息资源进行研究、分析，了解和掌握受教育者主要想什么，需要什么，找到引起他思想波动和产生矛盾的关键点，采取"缺什么、补什么"的教育原则，进行"点对点"的说服教育。这就要求充分尊重干警的思想特点和规律，认真研究干警的思想道德状况，选取符合干警思想水平的教育内容。同时要根据干警的不同年龄、专业、思想政治基础、接受能力、家庭背景、社会经历、个性特点和兴趣爱好，确定不同层次的目标和教育内容，对症下药地运用不同理论，采取不同对象不同对待、具体情况具体分析。领导干部要侧重于切实增强政治意识、忧患意识、群众意识和廉政意识；检察理论骨干和新进检察人员，要着重清理错误政治观点、法学观点的负面影响，坚定中国特色社会主义检察制度的信念；执法一线检察人员要突出执法为民、廉洁从检教育，着重解决群众感情、规范执法问题。

（3）突出内容的广泛性。"思想作风建设内容是一种结构性的存在。"① 就内容而言，思想作风建设应包括政治教育、道德教育、心理教育、法治教育和思想教育。政治教育的重点是解决对国家、阶级、社会制度等重大政治问题的立场和态度，在性质上政治教育是一种方向性教育，具有主导性、控制性、倾向性和斗争性的特点，这些特点和性质决定了政治教育在思想作风建设内容中的主导和保障地位。道德教育是思想作风建设内容中的基础性的内容，它作为一种规范性的教育，涉及提高受教育者的社会公德、职业道德和家庭美德等道德素质方面的要求。随着市场经济的发展和社会生活节奏的加快，人们的心理问题日益突出而心理教育面临新的课题，要致力于对受教育者培养良好健康的心理品质和健全人格，并

---

① 熊建生：《思想作风建设内容体系论纲》，载《学校党建与思想教育》2007 年第 1 期。

使其形成学习马克思主义的内在心理动机，完善自身的政治素质和理论素养。法治教育，是社会对其成员进行法律常识、法律思想、法制观念等方面的教育，其核心内容是法律思想的教育，即一定阶级将其对于法的关系、规范和设施的观点、理论内化为受教育者本人的法律观念和思想的教育。思想教育，是思想作风建设的核心和主要内容，是一种认知性的教育，主要包括世界观、人生观、价值观教育和思维方式的教育。思想教育具有探索性、理论性和系统性的特点，对于世界观的形成发挥着不可替代的作用。

2. 增强思想作风建设方法的实效性。任何方法都不是万能的，不是普遍适用的。对思想作风建设的方法不能简单地加以肯定或否定，关键是看思想作风建设方法能否从实际出发，能否取得好的效果。我们一方面要继承和完善过去那些被实践证明是行之有效的好形式，另一方面又要针对新情况，积极探索加强检察机关思想作风建设的新形式。

（1）增强教育方法的创新性。要保证思想作风建设的效果，就必须重视思想作风建设方法的创新。方法创新是在对不适应时代发展要求的方法进行改造、重新组合或创立新方法的基础上，实现对原有思想作风建设方法的发展，这种发展体现在：一方面是对原有思想作风建设方法的发展、完善，而不是重起炉灶、全盘否定；另一方面是创造出不曾存在的新方法。① 我们党在长期的革命实践中积累了许多思想作风建设工作的宝贵经验和方法，对这些好传统、好经验，我们要继承和发扬。但同时也要在教育形式上与时俱进，积极创新，不断增进教育效果。如利用现代信息技术，拓展思想作风建设的渠道；利用信息网络化建设成就，建立网上思想政治工作阵地，拓展思想政治工作空间；利用局域网，运用多媒体视听技术，使理论学习更具直观性、通俗性、形象性；利用网络开辟倾

---

① 参见巨瑛梅、刘旭东编著：《当代国外教学理论》，教育科学出版社2004年版，第180页。

听干警心声的"窗口"，拓宽领导与干警的对话渠道，加强相互沟通等。

（2）增强教育方法的针对性。一方面要根据教育对象的实际需要选择教育方法。教育者要多采用双向互动式的教育方法，具体结合教育对象的思想和社会生活的实际，采取与教育对象共同研究、探讨、讨论等双向交流互动的教育方式。如采取对话交流式的互动方法、角色互换体验式的互动方法、实践锻炼互动式方法等。此外，教育者还要充分利用现实工作与生活中的有利因素开展教育，如利用组织检察干警到先进地区考察调研、到爱国主义教育基地进行实地考察；开展各种辩论赛、知识竞赛、征文、联谊干警喜闻乐见的形式，满足干警的受教育需要，达到教育的预期效果。另一方面要把握不同群体的主导需要，了解不同主体间的需要差异所在，然后根据这种差异来选择恰当的方法，努力使教育方法与受教育者的接受水平相吻合。落实到检察机关，就是要深入实际了解不同检察人员的需求，结合实际，进行各有重点的教育。如我院2011 年组织团员青年赴井冈山考察，以汇报会的形式向全院干警展示了他们对这次考察的所思所想。年轻干警们以唱红歌、诗朗诵、情景剧等多形式的方式，使考察活动趣味盎然。

（3）增强教育方法的整合性。作为一个有机系统，要有效地协调、处理多种教育方法的关系，既要保证体系的整体性和完整性，又要正确把握方法的多样性和互补性。要扬长避短，充分发挥各个方法的优势，同时借助整合力量，发挥群体优势。总的来看，理论教育和思想说服仍是思想作风建设的主要方法，但也不要忽视现代传播媒介以及各种文化娱乐活动等隐性教育方法对思想作风建设效果的作用，灵活多样的教育方法有利于增强思想作风建设的吸引力和活力，从而有利于收到"随风潜入夜，润物细无声"的良好效果。如我院在学习寿志坚、葛海英先进事迹的活动过程中，综合运用事迹报告会、东方网访谈、开设检察微博、评弹、小品、座谈会、结对带教等途径，全方位、多层面地推动了活动的开展，取得了良好的教育成效。

3. 增强思想作风建设的统筹性。构建检察机关思想作风建设的长效机制是一项系统工程，它需要各个教育要素的整体配合，合力推进。

（1）增强教育过程的融合性。一方面要整合检察官学院、地方党校及包括高等院校、培训中心及其他培训机构在内的社会教育培训资源，努力探索新的有效途径，为思想政治工作的有效开展提供一个良好的工作和生活环境，实现教育过程横向的融合，使检察干警在潜移默化的影响中受到熏陶、教育。另一方面要处理好检察官思想作风建设阶段性和长期性的关系，科学合理地确定短期和长期的教育目标和方向，努力改变以往教育中存在的零散、断层等缺点，实现检察队伍思想作风建设的整体化、连续化和规范化。

（2）提高教育内容和教育方式的对接性。内容与方式是一对辩证统一的关系体，良好的内容的有效实现，必须依赖于好的形式。之所以出现内容与形式不匹配，源于未能做到从内容出发有针对性地选择相应的形式。实际上每一种具体的思想作风建设方式都有一定的适用范围和自身的功能优势和缺陷。这就要求思想政治家理论工作者不断总结实践中的经验教训，并通过大量的调查研究和案例分析，将其抽象上升为指导具体实践运用的科学理论，提高运用的合理性。

（3）增加各组织的合作性。检察机关思想政治工作要在党的统一领导下，充分发挥党团组织、政工纪检、工会及妇委会等各职能部门在思想政治工作上的积极性和能动性，建成一个覆盖面广、多位一体、群众参与、分工协作、能动性强、职责分明的思想政治工作网络，将思想政治工作覆盖到各项检察工作中去，把思想政治工作向干警八小时以外延伸，有效消灭思想政治工作的死角。落实思想政治工作层级责任，实行"一岗双责"。科室领导对本科室的思想政治工作负责，分管领导对分管的科室的思想政治工作负责，政工部门负责对全院的思想政治工作进行检查、督促、指导、协调，其他各有关职能部门在各自的职责范围内对思想政治工作负责，使问题的受理和处理进一步分类细化，做到分工协作，各负其责。

新时期下加强检察队伍思想
政治工作的方法路径思考

上海市金山区人民检察院政治部　孙川林

　　思想政治工作是我们党的优良传统和政治优势，是检察机关建队伍、兴事业的重要保证，也是检察机关公正执法的生命线。当今世界正处在大发展大变革大调整时期，全球思想文化不断交流、交融、交锋；当代中国正处在改革发展的关键阶段，社会思想意识日益多元、多样、多变。人们的活动方式、思维方式和价值取向发生了很大的变化，思想政治工作处于一个国内外各种思想文化相互激荡的过程中。"四个全面"的战略布局，检察改革的深入推进，对检察工作提出了更高的要求。面对当前的新形势，做好队伍的思想政治工作，对于建设一支高素质的职业化、专业化、精英化检察队伍，具有极为重要的意义。新形势下加强检察队伍的思想政治工作，要努力在"五个性"上下功夫。

一、要注重构建思想政治工作的保障
体系，努力在经常性上下功夫

　　思想政治工作被称为是春风化雨般沁人肺腑，雨露润物般潜移默化塑造人的灵魂的工作，只有做到常抓不懈，才能确保常抓常新常见效。要保证思想政治工作的经常性，一定要注重从构建思想政治工作的保障体系入手，着重抓好五个环节。

　　1. 创设机制。科学有效的机制，是思想政治工作落到实处的重要保证。只有用机制促落实，思想政治工作才会更实在和管用。一是领导机制。要确定党组统一领导，机关党委和政治部为职能部门，党组书记、检察长为第一责任人，机关党委书记和政治部主任为主管领导的思想政治工作领导体系。二是考核机制。要把思想政治工作纳入到部门的岗位目标考核内容中，并细化成一条条具体标准，院每年考核一次，考核的结果要与部门负责人的晋升挂钩，并作为文明科室评比的重要内容。三是奖励机制。对思想政治工作做得深、做得细、成效明显的先进的人和事及时予以表彰和奖励，以真正体现思想政治工作激励人的作用。四是党支部建到部门的机制。要把党支部建到部门，并明确，党支部要在部门思想政治工作中发挥重要作用。五是部门领导"一岗双职"的机制。部门领导既要成为组织管理的能手，又要成为思想政治工作的行家。

2. 营造氛围。营造浓厚热烈的氛围是做好思想政治工作的有效方法。实际工作中要注意通过各种载体和形式把思想政治工作要求反映在不同场所，使干警在耳濡目染中受到熏陶和启迪。要利用内部局域网、宣传橱窗、荣誉室等领域以及内部的宣传刊物，及时宣传好人好事。同时，每年结合召开表彰大会，给先进干警戴红花、颁证书、送纪念品、发奖励金等，进一步激励争先创优。

3. 建立制度。没有规矩不成方圆，完善的制度是工作的基础，思想政治工作需要制度来保证。在具体的工作中要着重落实五项制度：一是双周学习日制度。每两周规定半天为干警学习日，并进入日程安排表，做到雷打不动，以确保教育学习的经常性。二是谈心家访制度。思想政治工作不仅要以理服人，还要以情感人。各级领导在工作和生活中要从关心人、理解人出发，坚持做到"六必谈、四必访"，即：获得荣誉、受到表彰时必谈，晋职晋级时必谈，岗位变动时必谈，有违纪苗头或出现问题时必谈，同事间发生纠纷时必谈，遇到困难情绪反常时必谈；遇有义务献血时必访，生病住院时必访，家有困难或发生矛盾时必访，家有婚丧等大事时必访。三是思想汇报制度。要坚持干警向院科领导、党员向党组织和团员向团组织三个层面上的汇报思想、工作、学习的制度，使各级组织和领导能及时掌握队伍思想脉搏。汇报时要实事求是，有一说一、有二说二，要敢于暴露自己的真实思想，以便能更好地接受组织的教育和同事的帮助。四是思想分析制度。机关党组织和政工部门要坚持每半年收集分析一次干警尤其是党员的思想状况，并注意研究加强思想政治工作的对策，及时做好思想工作。五是督促检查制度。要成立督查小组，把部门坚持学习日制度、领导干部谈心制度和人员遵章守纪等情况作为督查内容，定期不定期进行督查，及时发现和纠正存在的问题，使思想政治工作既具有"柔味"，又体现出"刚性"。

4. 勤于总结讲评。要坚持边做边总结的方法，通过听取汇报、组织督查和汇总分析等途径和手段，及时对阶段性思想工作进行总结，并将总结情况利用各种形式及时进行讲评，表扬鼓励好的单位和个人，批评和纠正存在的问题。

5. 舍得投入。思想政治工作也需要有必要的物质保障。为确保思想政治工作能不断地开展，要统筹考虑思想政治工作所需的经费支出，形成良好的投入保障机制。要有一定的经费，用于完善荣誉室、阅览室、资料室、文体活动中心等硬件设施，确实做到学习有场地、读书有资料、活动有场所，为思想政治工作的开展夯实物质基础。

二、要注重思想政治工作网络建设，努力在立体性上下功夫

思想政治工作是一项群众性的工作。思想政治工作的强与弱、质量如何，在很大程度上取决于是否构建了组织网络，形成了大家来做思想政治工作的格局。因此，只有充分地依靠群众和调动方方面面做思想政治工作的积极性，才能形成做思想政治工作的合力。在实践中要建成"五位一体"思想政治工作的网络，使思想政治

工作做到有人想、有人抓和有人做。

1. 党组抓总体部署。党组要始终坚持以人为本思想，把思想政治工作作为育人的"牛鼻子"来抓，每年部署工作、召开工作务虚会时，既要研究筹划新年度业务工作目标和措施，又要注重探讨做好思想政治工作，保障工作任务圆满完成的路子和办法。每年要制定下发思想政治工作的意见，对全年度思想政治工作作出具体部署和要求。同时还应结合每年度不同任务和目标对思想政治工作提出不同的重点，以增强思想政治工作的针对性，确保思想政治工作有条不紊地开展。

2. 政治部抓计划与检查。作为党组办事机构的政治部，在思想政治工作中要重视发挥职能作用，注意通过组织计划和检查考核等方法把党组思想政治工作的部署落到实处。在计划方面，不管是条线部署的教育活动还是块上布置的教育任务，不管是专题性教育还是经常性教育，不管是基础性理论灌输，还是实际性问题引导，都要确实做到有计划可依据，有要求可参照。在检查考核方面，要坚持每次专题教育都验收，每年结合创建文明单位评比一次。

3. 机关党组织抓党员教育管理。共产党员是检察机关干部队伍的主体力量，也是思想政治工作的骨干力量。机关党组织要把对党员的教育管理纳入思想政治工作的大格局之中，采取积极措施努力使每个党员确保合格，争当"旗帜"。当前，除了用共产党员先进性、纯洁性的要求严格对党员教育、管理、监督之外，还要通过开展评选"党员红期岗"、评选"优秀党员"等活动，增强党员自身的先进性、纯洁性和对群众的引导作用以及在思想政治工作中的骨干作用。

4. 中层领导抓组织落实。中层领导处在思想政治工作第一线，对干警思想"气候"的"冷暖晴雨"最清楚。因此，一定要落实"一岗双职"制度，要既抓业务和行政管理，又要对队伍的思想政治工作负责；既管事，又管人；既抓业务，又抓思想。为确保"一岗双职"制度落实，应将思想政治工作的有关职责和要求规定进中层领导与分管领导签订的任期目标责任书，坚决克服"两张皮"的现象。

5. 群团组织抓配合。工会、团支部、女工委等群团组织，是党组织开展思想政治工作的助手，他们接触群众最广泛、最直接也最深入。因此不同的职能和特点，决定了各自在思想政治工作中具有不同的优势和特色。群团组织要通过开展争当"红旗岗"、"文明班组"、"好职工"、"优秀团员"、"巾帼精兵"等活动和歌咏、乒乓、扑克、拔河、足球、演讲等比赛，寓思想政治工作于丰富多彩的群众性活动之中，不断提高干部精神生活质量，使干警在健康向上的活动中能受到潜移默化地教育，努力使思想政治工作同满足干部的精神要求相结合。

三、要注重向人民群众汲取政治营养，努力在开放性上下功夫

当今社会是一个开放的社会，思想政治工作也处于一个开放的环境中，只有积极学习和借鉴社会上的成功经验和各种资源，才能推进自身的思想政治工作。事实上，检察机关思想政治工作的许多引发因素都源于社会，只有面向社会，依靠社会各方面的支持和配合，才能收到事半功倍的作用。因此，坚持开放性，就是要十分重视从人民群众中借鉴丰富鲜活的教育资源来开展思想政治工作。一是借助社会上的师资力量开展形势任务和政治理论等教育。每年根据干警的思想实际和工作任务的需要，邀请有关的领导和专家教授作形势任务报告和政治理论辅导报告，以便使干警能及时了解到国情、市情和区情，增强为大局服务和为经济建设服务的主动性。同时，可以有效地提高干警的政治理论水平，以增强对党的重大方针、政策的理解。二是注重利用地方上的教育基地进行爱国主义等教育。上海是中国共产党的诞生地之一，也是社会主义现代化建设取得巨大成就的国际化大都市，无论是有好多反映过去和示现在的

爱国主义教育基地，要通过组织广大干警参观这些基地，坚定广大干警爱国爱检和改革开放的信心。三是注重依靠外部监督力量推进思想政治工作。一方面要通过聘请廉政监督员和检风监督员，加强监督，帮助挑刺，发现问题，及时提出批评和建议，促进思想政治工作的开展。另一方面，要进一步深化检务公开，增强检民间的联系，吸收人民群众的意见，接受全社会监督。通过立体性、多层次和经常化的社会监督，切实为加强思想政治工作提供客观素材。四是在参加社会公益活动中汲取政治营养。社会中蕴藏着丰富的政治营养，检察干警是人民的公仆，应当自觉地向人民群众学习，以净化心灵，提升素养。要把加深对人民群众的感情教育作为思想政治工作的一项重要内容来抓，在实际工作中要让广大干警在参加下访巡访、控申接待、扶贫济困、访贫问苦、捐资助学、捐款捐物等活动中，体察了解人民，加深对人民的感情，强化群众观念，积极从人民群众中汲取政治营养。

四、要注重工作方法的改进，努力在针对性上下功夫

时代的发展和社会转型使人们的社会心理环境发生了变化。价值观念多元化、道德取向多元化、是非标准多元化等，对做好思想政治工作提出了更高的要求。只有改进工作方法，才能不断提高思想政治工作的感染力。具体来说，一是要对症下药。俗话说："一把钥匙开一把锁"。当前，人们思想活动的独立性、选择性、多变性、差异性日益增强，思想政治工作一定要注意把握不同群体、不同层次的精神文化需求和价值取向，具体问题具体分析，实事求是确定内容，有的放矢地开展工作。二是要常抓不懈。做人的工作是一个长期的、持续的过程，不可能一劳永逸。因此，思想政治工作一定要贯穿到干警的日常工作、学习和生活中，做到长流水、不断线，做到检察权延伸到哪里，思想政治工作就做到哪里，执法活动进行到哪里，思想政治工作就延伸到哪里。三是要创新形式。要通

过采用干警喜闻乐见的形式，把抽象的概念变成生动的事实，把正确的导向体现在丰富的活动中。要通过开展积极向上的活动，使干警在满足审美需求和兴趣爱好过程中，得到哲理的启迪，心灵的感染，进而树立正确的理想信念，得到精神的升华。要充分利用现代网络优势，不断拓宽思想政治工作的空间和渠道，通过把网络技术运用于思想政治工作中，逐步实现思想政治工作与现代化科技手段相结合，思想教育的"面对面"与"键对键"相结合，以适应网络时代传播的新方式，增强思想政治工作的吸引力。四是要贴近实际。马克思曾经讲过："人们奋斗所争取的一切，都同他们的利益相关"。只讲精神，不讲利益，那是唯心论。开展思想政治工作一定要把解决思想问题与解决实际问题相结合，不能停留在表面、停留在口头。要关注干警的工作、生活、学习实际，在政策和条件许可的情况下，多办暖人心、稳人心的实事好事，从而使思想政治工作更加生动有效。五是要注重关怀。思想政治工作不仅要以理服人，还要以情感人。当今时代，节奏快，工作和生活压力大。思想政治工作要注重人文关怀和心理疏导，要加强心理健康教育，引导干警学会心理调节，正确处理个人与他人、个人与社会的关系。要采取措施，帮助干警进行一定的心理调适，使其不良情绪得到宣泄，心理压力得到缓解，并以此激发干警对单位的认同感、归属感和荣誉感。

五、要注重发挥领导的表率作用，努力在示范性上下功夫

身教重于言教是思想政治工作的一条重要原则。思想政治工作要做到细致深入，为广大干警所乐于接受，最重要的条件就是领导干部要以身作则，率先垂范。"一个行动胜过一打纲领"，"喊破嗓子不如做出样子"，这些来自群众的朴实语言，既代表着群众对领导干部做思想政治工作的要求，又是新的历史条件下十分管用的思

想政治工作方法。突出示范性，领导干部要注重从四个方面当表率。首先，是在做思想政治工作上当表率。各级领导干部作为思想政治工作的第一责任人，应自觉把思想政治工作作为肩上职、分内事主动挑，认真做。要不断完善谈心交心制度，利用各种机会找干警交心、谈心，摸思想底数，测思想脉搏，除思想"疙瘩"。在日常生活工作中，要自觉做到"三个必到、三个必问"，即分管的部门有重大案件、重大工作时必到，研究队伍建设工作时必到，发生较大问题和事件时必到；对分管部门干警的工作思想情况必问，生活家庭情况必问，廉政勤政情况必问。其次，是在廉洁自律上当表率。"公生明、廉生威"。作为领导干部以力服人不行，以理服人也还不够，还必须以德服人，而做到以德服人，必须廉洁自律，不徇私情。领导干部一定要带头执行上级的制度规定，"横不攀，竖不比，老老实实正自己；不瞻前，不顾后，严以律己带好头"。要带头公道处事，正确使用手中权力，做到"权利大不忘责任重，职位高常念公仆心"，树立正确的权力观，时时注意公正用权。要带头接受监督，时刻保持自觉接受监督的意识，经常把自己置于群众的监督之中；要学会自己给自己诊断、开方、取药、治病，时刻把自己的行为放在党性、道德、法律的天平上称一称，不断反思、调节、约束自己。再次，是在讲求团结上当表率。团结出合力，团结出智慧，团结出业绩。作为领导干部一定要倍加珍惜和维护班子的团结和统一。班子成员既要各司其职、各负其责，又要同舟共济，密切配合，工作中不推诿、不扯皮、不越权、不失职；要识大体、顾大局，互相尊重，互相支持，求同存异，取长补短，协调配合，共同提高；要心胸坦荡、光明磊落，虚怀若谷，有容人之量，堂堂正正做人，认认真真做事，以人格的力量树立权威，凝聚人心，感召干警。最后，是在事业心和责任心上当表率。领导者的事业心和责任心是对队伍进行思想政治工作的最有效方法之一，领导者的事业心和责任心又不是说出来的，而是靠行动显出来的。领导干部一定要加强学习，努力提高自身的责任和领导水平。确实把爱检爱院的热情倾注在工作之中，以强烈的事业心和责任感，尽心尽力做好本职工作。同时要有争创一流业绩的意识和饱满的工作热情，立足本职，勇于开拓，在平凡的岗位上作出不平凡的业绩，切实通过自身良好的行为和业绩，折射出生动的思想政治工作。

论检察机关廉政文化的养成机制

上海市奉贤区人民检察院

"反腐倡廉重在治本，治本之道重在治心。"① 治心需要廉政文化发挥潜移默化的作用。一些公职人员为了追逐资本占有而违背原则地讲关系、讲人情，采用曲线收钱、迂回敛财等新型方式进行权钱交易。他们的价值取向偏离正轨，人生观、价值观、权力观发生了扭曲，在复杂的社会环境中迷失方向。腐败事件层出不穷，经过媒体的报道，在社会上更是一石激起千层浪，使得公众不断质疑公职人员的廉洁性。腐败现象虽然难以根除，但通过廉政文化建设可以降低腐败的发生率。检察机关作为国家的法律监督机关，是惩治腐败的重要力量，更是廉政文化建设的生力军。检察机关在党风廉政建设中形成的作风、习惯、价值观可以统称为检察机关的廉政文化。对检察机关廉政文化的培育仅靠口号式的宣示是不能奏效的，必须通过制度执行、行为调控、推广宣传等外在形式把廉政文化转化成检察人员的内在素质。廉政文化培育具有艰巨性、复杂性和长期性的特点，这就需要形成一系列机制从各方面进行保障和推动，才能充分挖掘检察人员内心深处自我教育、自我净化的潜能，使其树立廉洁的执法办案观念，以促进检察机关在廉政文化建设过程中发挥中流砥柱的作用，推动全社会廉政文化建设的发展。

---

① 徐海峰：《廉政文化建设研究》，中国方正出版社 2004 年版，第 422页。

一、廉政制度保障机制

现代社会各项工作的开展都有赖制度的制定和执行。制度本身具有稳定和长效的特性，是人们的行为规则或规范。我国已经出台了不少关于廉政制度的规范文件，如中央出台的《关于改进工作作风、密切联系群众的八项规定》，最高人民检察院颁布的《检察官职业道德基本准则（试行)》、《检察机关文明用语规则》、《关于严禁检察人员违规驾车的四项规定》、《检察官职业行为基本规范（试行）》等。廉政制度规定虽多，但在各地执行过程中遇到重重困难，有些是因为一些廉政制度原则性要求过多，难以量化考核，在实践中无法规范化地运行，更主要是因为一些检察人员在面对中央、高检院等上级机关下发的文件时，用"双面"态度对待，只做表面文章，一些单位对奖励往往落实到位，对惩罚性措施却大打折扣。

为贯彻制度的执行，上海检察机关建立了检察人员执法档案，率先推出了《人员执法档案实施办法》新举措，每个检察人员执行制度的工作表现全部记入档案，随时可以查阅，也是作为考核过程和考核结果的资料记录。在制度的执行过程中可以建立一人一卡，并通过长期调查的方式记录检察人员在工作和生活中的表现，不仅包括工作表现，而且包含财产状况、社会关系等更多的内容，再根据调查结果对每个人的表现分别进行惩处和褒奖，一方面以惩罚性后果劝诫检察人员不要抱有侥幸心理，另一方面通过榜样的力量，吸引更多的人员参与廉政文化建设的行列。在调查的过程中以廉政文化要素为切入点，拓展调查的深度和广度，可以参照香港廉政人员的调查方法，主要包括：第一，调查"检察人员的忠诚"，即调查检察人员是否依法办案，对法律、国家、检察机关是否忠诚。第二，调查"检察人员社会关系"，主要是从其个人生活和人际关系入手进行调查，判断一个检察人员是否存在与案件当事人交往过密的行为。第三，调查"检察人员的名声"，主要是从检察人员的社交群体对他们的综合评价上，判断该检察人员有无问题。第四，调查"检察人员的品格"，一方面要求检察人员具有诚实、正直等优良的品格，考察检察人员有无职业道德，有无积极认真的工作态度，为官行为是否举止得体等，另一方面要求检察人员杜绝不诚实、虚伪、贪小便宜等恶劣的品格，坚决防止触犯法律规定等行为。①

制度是在价值观念的指导下制定出来，相反地，制度也可以引导每一个执行者的价值取向。贯彻实施制度法规的重要途径是把制度升华为制度文化，任何廉政制度和法规从酝酿到出台都需要相应的文化需求和文化环境。② 廉政制度的执行力度越高，越有利于廉政文化发挥对廉政建设和廉政制度建构的指引作用、评价作用和教育作用。

二、廉洁习惯调控机制

行为习惯是人们在工作和生活中一点一滴累积而成的行为模式，往往是在不知不觉中形成的。俗话说，有什么样的思想就有什么样的行为，有什么样的行为就有什么样的习惯。廉政文化一旦深入人心，必会指引人们以正确的方式行事。

廉政制度像一张网，要想既抓住"大鱼"，也不愿漏掉"小鱼"，就需要不断地缩小网的缝隙。有法不依，知法犯法的行为屡禁不止，一个重要的原因就是对执法执纪行为过于"粗放"。即使再轻微的违纪违法行为也应当执行相应的处罚措施，否则会使一些

---

① 参见李秋芳：《世界主要国家和地区反腐败体制机制研究》中国方正出版社 2007 年版，第 223 页。

② 参见姜跃：《国外廉政建设之经验》，载《珠海市行政学院学报》2009 年第 5 期。

人心存侥幸，一两次得逞后便放心大胆地做，养成了恶劣的行为习惯。从日常行为抓起，从细枝末节的小事抓起，从具体问题抓起，一个一个地解决，只有这样，才有利于纠正检察人员坏的行为习惯。例如，在芬兰，法律规定了"腐败"的界限，即公职人员不能接受价值超过约 200 元人民币以上的礼物，像接受家用电器、汽车或者免费旅行都会被视作受贿，甚至无故接受荣誉头衔等类似的奖励也不例外。①

上海市人民检察院出台的《检察人员社会交往行为守则》、《关于加强检察职业道德建设的若干意见》、《浦东新区人民检察院检察人员行为规范》等检察职业道德规范，对于检察人员的日常工作和生活行为做出了很多刚性的规定。如果每一个检察人员都能依照这些规范不断调整自己的行为习惯，那么廉政文化建设才能落到实处。

三、廉政教育创新机制

检察机关的廉政教育通常是要求全体人员参观警示教育基地，或观看廉政文化的影像资料，或通过会议不断地重申反腐倡廉的重要性，这些做法起到过一定的作用，但效果不甚明显。检察人员的工作内容、教育背景、人生阅历都存在着不同程度的差异，廉政教育的侧重点应该不同，但是目前一些检察机关的廉政文化教育形式和内容单一，廉政文化建设的实践方式方法亟待改进，缺乏创新，内容雷同，形式单一，廉政文化的宣传形式严肃有余，活泼不足，缺少生动的素材和喜闻乐见的形式，很少能让检察人员入脑入心。对现在的年轻人员而言，仅仅通过廉政报告会、警示片等传统形式进行廉政教育，仍然是使其被动地接受"填鸭式"教育，效果肯

---

① 参见孙晓莉：《国外廉政文化概略》，中国方正出版社 2011 年版，第 75 页。

定不尽如人意。

廉政教育同样也应当适用于检察机关的家属。因为在不少贪污腐败案件中，许多妻子非但没有发挥贤内助的作用，反而为虎作伥，帮忙收赃洗钱，甚至积极主动地鼓动公职人员拿好处费。南京市六合区检察院与人员家属签订"家庭助廉"责任书，让家庭参与到拒腐防变的浪潮中，营造家庭廉政文化氛围，通过亲情的感召使检察人员远离贪污腐败。具体内容是由检察人员家属签订承诺书，倡导家属对人员进行"四过问"——发现人员收入超常时，过问"财源"；带回高档礼品和有价证券时，过问"礼源"；未回家就餐时，过问"餐源"；结交不明职业和身份的朋友时，过问"人源"。[①] 人员以身立廉，有助于家庭的和睦安稳，家属们以廉治家，才能增强人员拒腐防变的信心和动力。

四、廉政文化宣传机制

新媒体时代检察工作需要增强舆论宣传的"正能量"，提升检察机关的执法公信力和社会影响力。廉政文化的宣传工作可以通过现代信息网络技术进行推广。目前已经有不少检察院利用微博、微信搭建廉政文化推广的平台，对外宣传廉政文化，树立自身的廉洁形象。例如，上海市奉贤区检察院通过微博以"看、写、报、跟"的形式和网友进行互动。具体措施如下：一是建立轮流值班供稿制度，积极撰写微博信息、微博小故事等，充实和丰富检察院微博网站的内容和形式，保证顺畅运行。二是检察人员要讲大局，有责任意识，遵守各项纪律规定和要求；要讲智慧，发表言论"三思而后行"；三是要讲奉献，在做好本职岗位工作的同时，多关注院方微博，积极参与舆论引导，广泛宣传检察职能，进而为提升检察工

---

① 汪德明、孙继华：《中国特色廉政文化建设的若干思考》，载《国家行政学院学报》2005 年第 1 期。

作公信力和影响力做出积极贡献。

　　总之，腐败严重地阻碍了当前社会的发展，一些党和国家公职人员利用职务便利玩忽职守或滥用权力，对自身应负的责任和义务采取漠视或消极不作为的态度①，由此给国家和公民的利益带来了巨大的损失。廉政文化是消除腐败的一剂良药，对廉政文化进行大力推广可以挤压腐败文化的生存空间。廉政文化作为社会主义先进文化的重要内容，它的发育和塑造需要在实践中不断探索和改进。各级检察机关理应把廉政文化与检察工作相结合，拓展廉政文化建设的工作思路，响应公众对反腐倡廉的呼吁，才有利于形成我国反腐倡廉建设的整体效应。我们每一个检察人员更应以史为鉴、以人为鉴，提高对自身权利义务、执法办案行为的认知，激励自己廉洁从检。

---

　　① 参见张本平：《瑞典廉政建设的经验及启示》，载《中国监察》2007第 9 期。

营造检察机关党性锻炼新常态

江苏省人民检察院机关党委　江跃军

党性是党员干部立身立业、立官立德的基石。坚定理想信念，坚守共产党人精神追求，最核心的就是党性坚强。讲党性也是检察干警最高准则，是正确履行检察职能的根本。党性不是与生俱来的，也不是一成不变的，必须通过不断学习，不断实践，经过长时间艰苦修炼获得和保持。在加强党员干警的党性锻炼上，以前我们有了一些较好的做法，但工作上需要改进，在常态化上需要下功夫，需要营造四个方面新常态。

一、营造理论武装的常态

党性锻炼首先要靠科学理论来支撑，所谓思想的清醒来源于理论上的清醒。要以学习型党组织建设为抓手，组织和引导党员干警坚持不懈地学习科学的理论，用以武装头脑，指导实践。一是以机关党支部为依托抓好全体党员的学习。把全体党员干警组织起来，通过党课教育、支部党员学习、机关学习日学习，组织党员干警深入学习习近平总书记系列重要讲话，并与系统学习中国特色社会主义理论体系结合起来，与加强"中国梦"教育，深化理想信念教育、开展社会主义核心价值观教育结合起来，使学习入脑入心，准确领悟新思想、新观点、新要求，着力提高思想水平。以建设学习型侦查监督、公诉、职务犯罪侦查和预防、刑事执行、民事行政检察等部门为载体，促进机关学习型党组织建设。二是以党组中心组

130

和处级干部为重点，着力建设一支"三宽四有"学习型领导干部队伍。按照中央提出的"科学理论武装、具有世界眼光、善于把握规律、富有创新精神"要求，加强领导班子和领导干部队伍建设。改进学习方法，党组中心组成员加强系统学习和深入研究，对于党的重要指示精神、检察工作全局性问题等重要专题，进行专题学习、重点研讨。根据形势任务，每年确定一、两个主题组织中层干部培训和集中研讨。以学习型领导班子和领导干部队伍建设带动机关学习型党组织建设。三是大力营造机关良好的学习氛围，推进学习常态化。机关党委要做好计划，加强组织，积极搭建学习平台，通过开展网上学习、在线学习交流，开展各类学习论坛、学习研究小组，适时组织学习报告会、交流会，引导干警学习。发挥工青妇组织的作用，开展多种形式、生动活泼的学习活动。以书香机关建设为载体，开展主题读书、岗位读书、析赏读书活动，坚持每周一文荐读，每月一主题引读，每季一读书交流，半年一读书征文活动，激发党员干警读书热情，培育读书习惯，提高读书水平，使多读书、读好书、善读书、读熏陶心灵提高思想修养的书成为党员干警的追求和乐趣。要建立日常学习组织实施制度和考学机制，把学习作为衡量干部的一项硬指标，作为选拔干部、干部晋级、培养人才的一项重要要素，让勤于学习、学有所成的干警得到鼓励和重用，让疏于学习、不思进取的干警感到压力和鞭策。

二、营造严格党内生活的常态

党性锻炼要通过严格的组织生活来实现。严格党内组织生活，是我们党建党治党的基本原则和优良传统。习近平总书记指出："党内生活是锻炼党性，提高思想觉悟的熔炉。""党员干部只有在严格的党内生活中反复锻炼，才能坚强党性，百炼成钢。"然而，淡忘组织生活，意味着淡忘自己的党员身份，失去组织的监督管理，丧失应对风险的考验能力。以前，我们在开展党内组织生活上还不严格、不经常，思想性、战斗性也不够强，要回归党内组织生活的好传统。一是认真贯彻落实民主集中制。民主集中制是党的根本组织制度和领导制度。机关各级党组织要强化民主集中制建设，坚持在集中指导下民主，在民主基础上集中，坚持集体领导与个人分工负责相结合，既要发挥集体的力量，又要发挥领导干部个人能动性，把统一的意志与集思广益充分结合起来。要健全党内民主决策机制，坚持"集体领导、民主集中、个别酝酿、会议决定"的原则。要严格组织纪律，确保党员个人服从组织，少数服从多数，下级组织服从上级组织，全党服从中央。坚持贯彻执行各级党组织的决议，不人云亦云，不随波逐流，不当骑墙派。二是严格落实组织生活制度。以严的制度、严的要求、严的管理、严的态度组织好组织生活。严格落实"三会一课"制度，定期召开党员大会、党小组会和支委会，认真抓好党员思想汇报、思想分析和思想教育。机关各党支部坚持每月组织一次党员思想汇报；机关每季度组织一次党课，支部要上好微型党课；支部半年进行一次讲评党员，机关进行一次党员思想动态分析；每年召开一次专题民主（组织）生活会，进行一次民主评议党员。切实使每次组织生活都成为加强党性锻炼的重要机会。三是积极拿起批评与自我批评的思想武器。要增强党内生活的政治性原则性战斗性，就要反对庸俗化，反对自由主义、好人主义。在自我批评中，要按照党员标准认真搞好对照检查，自我剖析问题，挖到思想深处，找准病灶，触及实质，深挖思想根源。在相互批评中，坦诚相见，开诚布公地直奔问题，展开积极的批评帮助。在组织点评中，着眼帮助提高，指出缺点，既触及灵魂，拉袖提醒，又有鼓励和鞭策，给党员注入改正缺点、奋发进取的动力。在见人见事见思想中，使每个党员清除思想污垢、作风之蔽，达到排毒治病的目的。使批评与自我批评真正成为锐利的思想武器，正如习近平总书记所指出的，大胆使用、经常使用批评与自我批评这个武器，使之越用越灵、越用越有效。在开展党的群众路线教育实践活动中，我们已有了比较成功的范例。四是活跃组织生活氛围。充分发挥党员主体作用，营造有话敢说的环境，拓展党员表达意愿渠道，使党员参加组织生活有一种亲切感。坚持依靠党员、尊重党员、凝聚党员，让党员在党内活动唱主角，在组织生活中受益。营造一个既有统一的意志，又有个人心情舒畅的局面，激励党员增强党性。同时，增强组织的感召力、凝聚力。

三、营造先进思想文化熏陶的常态

党性锻炼需要先进思想文化的熏陶。坚持马克思主义在检察机关意识形态领域的指导地位，坚持以弘扬社会主义核心价值观为牵引，积极构建党员干警的精神家园。一是抢占意识形态领域的制高点。坚持思想工作的高格调，用大道理管住小道理，用正气歌刹住歪风邪气，用主旋律战胜错误思潮，引导党员干警毫不动摇地坚持党的领导，贯彻执行党的路线方针政策，坚定共产主义理想信念，坚定对中国特色社会主义的道路自信、理论自信、制度自信，坚守社会主义法治，坚决捍卫中国特色社会主义检察制度。二是坚持文化育检。大力创作优秀文学作品，塑造优秀共产党和人民检察官职业精神和时代精神，以优秀的作品鼓舞人。大力学习全省乃至全国检察机关重大先进典型，特别是挖掘身边先进典型鲜活的事迹，作为党性教育最直接、最生动的教材，以先进典型激励人。广泛开展适合检察机关特点、干警喜闻乐见、富有时代气息的文化活动，充分发挥检察文化的灵魂导向作用，以先进的文化陶冶人。三是深入开展主题教育活动。根据形势任务，结合检察机关党员干警思想实际，每年开展一、二个主题教育活动，通过思想教育、舆论宣传、典型示范、文化熏陶、实践锤炼，引导广大检察干警对党忠诚，对法律尊崇，对职责坚守，正确处理好是与非、公与私、对与错、廉与贪、荣与耻、俭与奢的问题，筑牢思想防线。

四、营造改造主观世界的常态

党性锻炼关键在于改造主观世界，牢固树立正确的世界观、人生观、价值观。在各种思想文化激荡，意识形态领域斗争十分尖锐的环境里，只有加强主观世界的改造，才能经受各种风浪的考验。

一是教育引导党员以严格的自律筑牢思想防线。筑牢思想防线关键是要自律。马克思说："道德的基础是人类精神的自律"。慎独自律是共产党员的风范，是党性修养的内在因素。一个人一旦失去自律，就必然消极颓废，腐化堕落。要教育引导党员干警善于用"吾日三省吾身"的自律意识检查自己，勤于用"玉不琢不成器"的态度严以自律。要自律，首先是要坚定理想信念。"钙"失则神散，"钙"足则志笃。有了坚定理想信念，就能做到"石可破不可夺坚，丹可磨不可夺赤"。高度的自律植根于事业向往和奋斗追求。每一个共产党员、人民检察官，只有具备崇高信念、博大胸怀，才能有自律的坚实动力。要自律，尤其要防微杜渐。"腐由心内生，败自细微起"。在任何环境、任何情况、任何时候，都不能放松要求，不能给自己"开口子"、"留空子"找借口，绝不利用职权和职务影响谋取不正当利益，更不能执法犯法，以身试法。祸患常积于忽微。一个人失去底线，往往都有一个从量变到质变的过程，从一次宴请、一个红包开始，所以要在思想上时刻守住第一道防线，行为上牢牢把住第一道"闸门"，经受住第一次诱惑和考验，以善始求善终。吃喝玩乐，看起来是小事，有时毁掉的却是党员干警的一生，损害的是党和检察机关的形象。所以，细节虽小见风骨。小事、小节中有政治、有方向、有形象、有人格。现代社会生活越来越丰富，党员干警面临的诱惑也越来越多，如果政治信仰不坚定、纪律约束不严格、生活作风不检点，就很难把住自己。要自律，就要有敬畏之心，有所作为，也有所不为。"头上三尺有神明"，共产党人要把对党纪的敬畏、对法律的敬畏、对组织的敬畏、对人民的敬畏奉为"头上神明",化为手中戒尺,每日常思常想,以此安身立命。心存敬畏,就必须管住心中的"老虎",时刻警惕私欲膨胀,把个人主义、享乐主义的不正确想法及时压制住、清除掉。对待党的事业始终保持进取之志,对待人民赋予的权力始终保持敬畏之心,常以"蝼蚁之穴、溃堤千里"的忧患之心对待自己的一思一念,以"如履薄冰、如临深渊"的谨慎之心对待自己的一言一行,以"夙夜在公、寝食不安"的公仆之心对待自己的一职一责,做到自重、自省、自警、自励,守住"红线"。要自律,就要经常检查自己。要以党章要求为"镜"找差距。经常看一看政治信仰是否坚定,经常看一看是否履行了党员的义务;面对各种诱惑,经常看一看人生观、价值观是否发生蜕变,能否经受住金钱、美色的考验。要以基层干警为"镜"看不足。基层干警执法在一线,困难多、阻力大,奉献精神强,我们要认真向他们学习。要以岗位职责为"镜"论得失,"在其位,谋其政"。要自律,还要练好内功,内功强,则党性强。要锤炼"真功",对组织要真,讲真诚、说真话、报真情;对事业要真,心无旁骛,全神贯注,脚踏实地;对同志要真,襟怀坦白,诚实守信;对生活要真,追求健康向上的生活情趣,简约守真。要锤炼"实"功,不坐而论道,不搞形式主义,深入实践,真抓实干,追求实效。要锤炼"静"功,要有定力,耐住寂寞,管住小节,守住底线。

二是用党的纪律来约束党员的行为。教育党员严格遵守党的各种条例、党风廉政建设各项规定和检察工作各项纪律,用铁的纪律和制度规范自己,主动接受监督,把他律转化为自律。要使党的各项纪律和制度真正成为带电的"高压线",使每个党员干警都敬畏党的纪律。

三是加强各级组织的监督制约。认真落实党风廉政建设的"两个责任"。一方面行使好各级党组织的主体责任,另一方面认真落实好纪检部门和各级党支部的监督责任。机关纪委要会同纪检监察部门按照权限,加强对机关党员干部的纪律监督,各党支部要认真履行好对党员的具体教育监督管理职责，特别是加强对重点岗位、重点人员的监督，加强廉政建设和执法办案风险源点的排查和防控，坚持从小、从苗头抓起，防止问题的发生。

总之，营造党性锻炼的新生态，要"严"字当头，按规矩办事；"实"字着力，有为有担当；"廉"字打底，筑牢思想防线；"清"字为本，营造好党性锻炼的生态。

主任检察官办案责任制度背景下
党建工作触角延伸探索

随着司法改革的深入推进，主任检察官办案责任制度的普遍推行，对传统党建工作模式带来了新的课题。新形势下如何落实习近平总书记全面从严治党的要求，以主任检察官办案小组为最基础单元，有效延伸党建工作触角，认真落实"一岗双责"责任制度，进一步发挥党组织的核心领导作用、战斗堡垒作用和全体党员的先锋模范作用，确保主任检察官队伍成为对党忠诚，听党指挥，为民服务的"刀把子"，需要在党建工作路径上作新的探索和思考。

一、主任检察官办案责任制对党建工作提出的课题

主任检察官办案模式，给传统党建工作带来了系列的课题。比如，检务、事务分离趋势下如何推动党务，延伸党建工作触角？专业化办案背景下如何实现党的领导？分组办案模式下如何开展"三会一课"活动？党小组应当如何设置更能符合专业化办案的实际情况？如何因地制宜开展主任检察官办案小组成员的思想政治工作？主任检察官办案小组如何有效开展群众工作？对检察辅助人员如何设立和划分党支部？党风廉政建设"一岗双责"责任制度如何在主任检察官小组层面得到进一步落实？凡此种种，需要我们在党建工作中深入思考，不断探索和创新。

党组作为基层检察机关的领导核心，通过贯彻落实中央和上级

决策、讨论决定重大事项、研究部署重要工作等途径，依托党组成员、部门负责人层层推动，实现对检察工作和检察干警的领导。而司法改革带来的专业化办案模式，在队伍管理上弱化了行政管理色彩，主任检察官实际成为了基层检察院最基本的一级办案组织的业务负责人，相关助理和辅助人员围绕主任检察官开展工作。离开了主任检察官办案小组，单纯以传统的部门为单位的队伍管理模式开展党建工作，尤其是在落实党风廉政建设"一岗双责"责任制度方面，无异于隔靴搔痒，最终会致使党的领导流于形式。

二、主任检察官办案责任制背景下加强和改进党建工作的必要性和重要性

1. 加强和改进党建工作，是主任检察官办案责任制正确运行的重要保证。党的十八届四中全会指出："坚持党的领导、人民当家作主与依法治国是有机统一的。党和法治的关系是法治建设的核心问题，全面依法治国大事能不能办好，最关键的是方向是不是正确、政治保证是不是坚强有力"。习近平总书记在中央政法工作会议上也强调："政法战线要旗帜鲜明地坚持党的领导。党的政策和国家法律都是人民根本意志的反映，党既领导人民制定宪法法律，也领导人民执行宪法法律。政法工作要自觉维护党的政策和国家法律的权威性，确保党的政策和国家法律得到统一正确实施"。按照司法改革人员分类管理的总原则，检察事务与业务相分离，努力打造一支专业化的检察官队伍，以确保主任检察官集中精力从事司法办案工作，由检察行政人员具体办理事务性工作，但党务工作绝不能简单等同于行政事务性工作，依法治国背景下的司法改革，绝对不是要取消党的领导。相反地，党通过基层检察机关设置的党组织加强对检察工作的领导，包括思想领导、组织领导和党内监督。主任检察官带领办案小组办案，同样需要自觉接受党的领导，认真落实党的政策，积极参加党建活动。

2. 加强和改进党建工作，是实行主任检察官制度的必然要求。十八届四中全会指出："把思想政治工作放在首位，加强理想信念教育，深入开展社会主义核心价值观和社会主义法治理念教育，坚持党的事业、人民利益、宪法法律至上，加强立法队伍、行政执法队伍、司法队伍建设"，为主任检察官选任工作指明了方向。检察工作政治性、政策性、人民性很强，无论是从事刑事犯罪侦查、公诉、诉讼监督，还是从事刑事申诉、社区矫正监督、预防工作，都必须在党的领导下进行。而司法改革后，主任检察官拥有更广泛意义上的司法"裁量权"，这就要求主任检察官队伍在思想上政治上有更高标准、更严要求。能否做到这一点，不仅关系事业成败，而且关系到党和国家的长治久安。有鉴于此，在选任主任检察官时，思想品德、政治品格仍然是必不可少的首选条件，从这个意义上说，思想品德、政治品格是检察官之魂，是检察官之钙。因此，当前检察机关党建工作的任务，最核心的一条，就是为检察官铸魂补钙，确保主动权永远掌握在党的手中，掌握在人民手中。

3. 加强和改进党建工作，是推动检察官正规化、专业化、职业化的有效途径。一方面，在推动检察官正规化、专业化、职业化建设过程中，必须加强和改善党的领导，必须巩固党的执政地位和完成党的执政使命，而决不能削弱党的领导。另一方面，良好的党性修养和思想政治品德，是检察官应当具备的高素质，也是检察官正规化、专业化、职业化的重要内容。通过发挥党的政治优势、组织优势、思想理念优势和密切联系群众的优势，开展持续有效的思想政治和党建工作，不仅可以推动检察官牢固树立"一名党员、一面旗帜"的争创意识，提升主任检察官的忠诚品格、担当精神、服务意识，更能增强其职业操守，改进纪律作风，提高综合素质。离开忠诚品格谈检察官正规化、离开道德操守谈检察官职业化、离开司法为民谈检察官专业化，无异于舍本逐末。

三、主任检察官办案责任制背景下加强和 改进党建工作的具体路径

1. 统筹规划党建工作。一是制订合理可靠的党建工作规划。尤其是要深入研究主任检察官办案责任机制的工作特点和办案规则，努力探索微党建、微谈心、一线考察、走动管理、流动支部等因地制宜的党建活动，以科学有效的党建活动推动检察官正规化、专业化、职业化建设。二是认真落实"三会一课"制度。围绕司法办案中存在的问题和不足，深入思考和排查深层次的原因，运用党内批评和自我批评的有力武器，让每个党员、每个检察官在灵魂深处进行一次洗礼和升华，进一步铸就信仰和检魂。三是有针对性地开展思想教育引导。针对主任检察官运行机制中遇到的政治层面、管理层面、文化层面的困惑和问题，结合主任检察官办理重大疑难复杂案件、遭遇网络舆论关切、受到当事人和信访人责难、办案小组内人员情绪波动等情况，加强针对性的思想教育和心理疏导，努力形成主任检察官办案组的工作合力，进一步提高司法办案的效率和释法说理水平。

2. 科学设置党组织。一是重心下沉，支部建在科室，同时设立主任检察官党小组。借鉴毛泽东同志在"三湾改编"时提出的"支部建在连上"的要求，以各业务科室为单位建立支部，基于一线办案人员紧缺的情况，区别于军队和公安机关（员额多、体量大），不单独设立专职书记或政工教导（指导）员，而由科室主要负责人任支部书记，切实担当起党务、检务和事务的管理职责。同时设立主任检察官办案组党小组，由主任检察官任小组长，在认真组织党小组活动的同时进一步落实好"一岗双责"制度，有效延伸党建工作"最后100米"的触角。二是统分结合，对较长时间在外办案、集中办案等党员实行流动管理。对公诉、侦查监督尤其是侦查部门办案组较多、外出办案取证工作时间较长的支部，因地

制宜以"流动"党支部、党小组为单位开展党的生活，确保主任检察官集中精力司法办案，避免出现在外一线办案时无法参与全员性支部活动的情况。三是全员覆盖，对司法辅助人员与检察官按照办案小组归类统一集中管理。党员管理和党员教育本无正式、辅助之分，不宜设立单独的辅助人员党支部。基于主任检察官办案一体化模式，对司法辅助人员的党员管理，应当以办案小组为基本单位划为党小组，与主任检察官、检察官一并开展党的生活，从而实现党员管理在司法办案人员的全覆盖。

3. 创新党建工作方法。一是深入开展主题教育活动。深入开展"增强党性、严守纪律、廉洁自律"、"双争双创"等主题教育活动，结合学习邹碧华等先进事迹活动，每个部门（支部）、每个检察官、每个党员干警确定争创规划、赶超标杆，并在支部园地上墙公示，全力营造干事创业氛围。科室设定党员绩效考核办法和主任检察官考评办法，考核结果与表彰奖励、个人成长挂钩，促进干警忠诚敬业，勤勉用心履职。二是突出青年检察官的先锋作用。以青年检察官为主体，充分发挥青年接待岗、青年党员先锋岗、巾帼文明岗的示范带动作用，推动全体检察干警掀起争先创优的热潮。以社区服务为中心，实施"党员在行动"计划，定期进行检察官义工服务和扶贫帮困活动，持续传递司法为民的正能量。加强对入党积极分子的教育、培养和考察，严格把好青年检察官的党员入口关，不断提升党员队伍的整体素质。三是充分发挥文化育检作用。多措并举传递党组关怀，开展党员家访活动，坚持干警有难帮一帮，有事管一管，有喜贺一贺，有烦谈一谈，努力做好每位检察干警的贴心人。组织工青妇等群团和社团组织，开展多种形式的检察文化活动。丰富荣誉室、光荣榜和院史陈列室内涵，继续开设道德讲堂，充实必要设施，进行健康有益的文体活动，提升检察官的道德修养。依托机关党建网、"共产党员"微信等在线学习平台，加强检察官的经常性党性教育。加强对优秀党员事迹的宣传报道，增强检察官的职业荣誉感。

基层检察机关党员教育管理的现状和对策思考

——以桐乡市人民检察院为例

习近平总书记提出要"协调推进全面建成小康社会、全面深化改革、全面推进依法治国、全面从严治党，推动改革开放和社会主义现代化建设迈上新台阶。"办好中国的事情关键在党。检察机关作为国家的法律监督机关，检察机关党员的素质将直接影响到依法治国全面推进。基层检察机关党员教育管理工作对于提高党员队伍素质至关重要。

一、基层检察机关党员教育的现状

桐乡市人民检察院现有在职检察人员 88 人，党员 75 人，设置党总支 1 个，党总支下辖 3 个在职党支部，党支部原则上按照综合、刑检、自侦部门分为 3 个党支部。本文以在职党员为分析样本。

（一）从基层检察机关党员教育管理主体维度来分析

基层检察机关党员教育的主体，从内部来看，基层检察机关党员教育的管理主体分为基层党组织管理部门和检察人员教育管理部门。例如，桐乡市检察院的党员教育主要由院党总支、各支部和政工部门共同管理。从外部来看，分为同级党委部门和上级检察机关。桐乡市检察院党员教育管理的党委主管部门包括市委组织部、宣传部和市直机关党工委等，上级主管部门主要为上级检察机关的政工部门。

（二） 从基层检察机关党员教育内容维度分析

基层检察机关党员教育内容，从涉及范围来看，主要包括基础性内容、现实性内容和针对性内容①，具体来说，包括党章等党内重要法规、党的优良传统和作风、当前的重要方针政策以及检察机关的重要政策和法律知识。2014 年，桐乡市检察院开展集中学习 12 次，其中基础性内容 2 次，现实性内容 3 次，针对性内容 5 次。从学习的持续性来看，党员教育分为长期性和阶段性，桐乡市检察院长期性的教育包括"三会一课"、党建红云平台等学习，阶段性的教育包括党的群众路线主题教育活动、"学党纪、明党纪、守党纪"教育活动和"信仰法治、守护公正"教育活动等。

（三） 从基层检察机关党员教育形式维度分析

基层检察机关党员教育的形式，从传统教育方式来看，近年来，桐乡市检察院主要以党员大会、支部会议等主体，采取举办讲座集中学习、撰写学习心得、实地参观党员教育基地等传统教育方式进行党员教育。从新媒体教育方式来看，尝试利用新媒体技术开展党员教育，如桐乡市检察院在党员管理中推行党建红云平台，每名党员每月需在党建红云平台学习 2 个小时时间。

（四） 从基层检察机关党员教育制度维度分析

基层检察机关对党员教育的评价制度，从针对整个党员教育活动的整体评价来看，在党的群众路线教育活动开展之前，主要采取报送总结、活动动态、实地查看和验收台账等方式进行评价。从党员个体本身评价来看，在检察系统内，以党员学分制为考核评价标准，党员每人每年应当完成总积分不少于 100 学分，全院学习培训

---

① 参见俞凤翔、储常连：《党员教育内容设置刍议》，载《党建研究》1998 年第 5 期。

学分的完成情况纳入全省检察机关干部教育培训工作年度绩效考评目标。以 2010 年度为例，浙江省基层人民检察院分类考评中规定，"本单位人员完成学分任务的比例达 60% 的"为合格。在基层党建中，以党员先锋指数为考核评价标准，党员按要求参加"三会一课"、组织（民主）生活会和党日活动，党组织安排的主题学习、讲座报告、远程教育等集中教育培训活动和网上自主学习等党员教育活动的，都可以累计为党员先锋指数，党员先锋指数为 60 分为达标值。

二、基层检察机关党员教育管理的主要问题

（一）主体多元，标识不突出

从党员教育管理主体角度来看，各个党员教育管理部门时常从各自的角度出发，各自为政、互不联系，往往在同一时期内安排教育内容，呈现出主题多元、多头管理、内容交叉、"一阵风"等现象。从党员教育的受众对象来看，很少刻意区分党员和非党人员作为受众对象，党员教育标识不够突出，使得党员区分不了是党员教育还是职业教育，以致互相淹没。

（二）内容空洞，吸引力不足

基层检察机关对党员教育一般根据上级的意见和要求进行安排，很少会考虑到党员的年龄、文化和工作岗位的特殊性，不少内容与党员的思想实际和要求差距较大，存在"一刀切"、"一锅煮"的现象，导致党员教育内容针对性不够强，使得一些党员感到党员教育空洞、乏味，久而久之产生了"厌学"、谈党员教育而"色变"的情绪。

（三）方式单一，创新不及时

无论是传统教育方式还是新媒体教育方式，长期以来，基层检察机关的党员教育形式主要是被动式、指令式、灌输式，教育方式比较单一，很难引起党员的兴趣和共鸣，不但不能吸引党员参与，

反而挫伤了党员学习的积极性，导致有些党员参加传统教育时走过场、敷衍了事，在新媒体上学习时，为积分而积分，教育往往流于形式。

（四）制度缺失，效果不明显

基层检察机关缺少对党员教育的约束性机制，对于党员教育的实际需求、开展情况和取得效果缺乏考核评价，对党员教育的可控性不强。基层检察机关虽然对党员教育采取评价标准，但党员教育在整个评价体系中权重不高。如在党员先锋指数考核中，参加党员教育学习的每次计 1 分，而参加献爱心等奉献活动则每次计 5 分，造成一些党员产生学与不学一个样、学深学浅一个样的想法，导致党员教育评价的效果不够明显。

三、改进当前基层检察机关党员教育管理的对策思考

（一）整合资源，综合设置党员教育平台

"上面千根线，下面一根针"。作为基层检察机关的党员教育管理，工作任务千头万绪，做好党员教育工作更要讲究方法，不能拘泥于陈规，不能照搬照抄，要根据基层检察工作的实际，结合不同主管单位的党员教育活动，统筹设计党员教育的总载体，在总载体下分设小载体，面对新形势和新问题，不断更新党员教育的内容和形式。能合并的内容尽量合并，能集中的时间尽量集中，切实提高党员教育的质效。例如，桐乡市检察院开设了"桐检讲堂"这一教育总载体，每月根据各类党员教育主体的部署和党员实际需求邀请有关人员采取集中授课、观影沙龙、实地观察等进行思想政治、检察实务、乡土文化等教育，取得党员教育的良好效果。

（二）立体交叉，融合发展新旧手段功能

"实现新旧媒体之间的资源共享、融合发展无疑是一条共赢的

道路。"① 基层检察机关要积极适应新时代的发展需求，积极探索传统教育方式和新媒体教育方式契合点。一方面，要发挥好传统党员教育稳定性高、接受面广的优势，继续扩大传统教育方式的正面影响力。另一方面，要利用新媒体党员教育方式网络资源多、时效性强的特点，根据基层检察机关党员层次、结构的不同，有重点、有计划、有步骤地把新媒体技术融入到党员教育中，为传统教育方式注入新活力。

（三）综合考量，建立健全考核评价机制

基层检察机关要根据检察人员的不同类别、岗位，综合考量不同教育主体的评价内容，细化党员教育的评价项目，通过定性、定量等方式方法，科学合理设置党员教育管理评价制度。要加强党员教育评价结果运用，将评价结果运用到发展党员、评先评优的重要依据，以期增加党员教育管理的科学性和可控性，提高基层检察机关党员的整体素质。

（四）方便交流，合理建设组织管理机构

健全党员教育管理组织机构是基层检察机关党员工作顺利进行的有力保障，基层检察机关应当通过合理设置党支部，理顺党员教育管理机构和充实党员教育管理队伍等多种途径为基层检察机关党员教育管理提供组织机构保障。在设置党支部上，可以根据检察职能、年龄、文化等设置党支部，改变以条线、分管领导为设置党支部的原则，方便党员交流、学习，将党支部的设置与党员教育管理有机结合起来。将党员教育管理机构的设置与检察人员教育管理机构合并设置，方便统筹安排教育活动。同时，要充实党员教育管理工作队员，选优配强党员教育管理者，并对党务工作者进行多方位党务培训，努力培养一支政治思想过硬、政治方向坚定的高素质党员教育管理队伍。

---

① 向来生、王洪禹、姚昌：《新媒体背景下高校宣传工作创新探析》，载《思想教育研究》2013 年第 1 期。

"互联网+党建"的实践探索和完善路径

——以宁波市检察机关为例

浙江省宁波市人民检察院　周耀凤

党建是一项任重道远的长期工作，需要根据形势的发展变化与时俱进。中共中央在十二五规划建议中提出，要实现电信网、广播电视网、互联网三网融合，构建宽带、融合、安全的下一代国家信息基础设施。全面引入新一代信息与通信技术，为党建工作的开展提供新型平台，已经成为党建科学化发展的必然要求。

党的十八大以来，党建信息化工作愈加受中央重视。习近平总书记强调："现在基层党建工作面临许多新情况新问题，特别是面对社会组织形式的多样化、流动人口的大量增加和信息网络技术的广泛运用，党的基层组织体系和工作方式、活动方式还有不少需要完善的地方。"对新形势下机关充分利用信息网络推进机关党建的信息化建设提出了更高要求。

本文在梳理了"互联网+党建"的必要性和重要性的基础上，采用实地访谈的方式对宁波市检察机关的党建工作开展状况进行了较为全面的调研，采用当面访谈的方式对部分党员进行了调查分析，以期能全面真实地展现"互联网+党建"的开展现状，更有针对性地提出新媒体时代背景下党建工作的完善路径。

一、"互联网＋党建"的必要性和重要性

随着网络技术的发展成熟，信息的获取、加工、传递和分配逐步实现网络化，网络信息化技术和党建工作的结合成为必然趋势，网络党建势在必行。"互联网＋党建"是党建工作现代化在工作领域和工作手段、方式上的综合创新，是对传统党建工作在信息传播、信息沟通等领域所进行的一种创新、拓展和延伸。机关单位都必须充分认识"互联网＋"给机关党建工作带来的机遇和挑战，积极研究新情况、认真探索新方法、努力完善新机制，因势而上、乘势而上、顺势而为，着力提升网络信息化应用能力，全面提高检察机关党建工作的科学化和信息化水平。

（一）"互联网＋党建"是党建工作发展的必然趋势

通过"互联网＋党建"能够主动将政府机关工作置于人民群众和社会各界监督之下，群众能更好地了解、支持政府工作，营造良好的舆论环境，促进法治政府建设。社会舆论监督是可以取得双向效果，在推动政府工作和队伍建设的同时，也可以向社会更好地宣传法治理念、促进法治国家建设。政府机关要切实转变思想观念，主动加强与人民群众、网络新媒体等各界的沟通交流，真正把新媒体作为工作上的助推器，用好舆论监督，在当前全方位对外开放和信息化条件下，主动让社会和媒体获取正确、权威信息，增强机关工作透明度，努力为机关工作全面健康发展创造良好的外部环境。"互联网＋党建"是机关信息公开的必要构成，是提高机关影响力、公信力的重要方式，是党建工作发展的必然趋势。

（二）"互联网＋党建"是加强队伍建设的重要途径

"互联网＋"时代背景下，各种思想文化的交流交融交锋更加活跃，对机关队伍的影响和渗透无处不在，对机关工作人员的思想影响较大。信息丰富多样化的新形势下，机关工作人员的思想日益活跃，价值取向日趋多元。为促进机关工作科学发展，必须充分认

识"互联网＋"时代背景下的机关党建工作的重要性和紧迫性，及时调整理念，坚持正面教育为主，切实统一思想认识，坚持机关工作的正确政治方向。通过与互联网结合，开展生动活泼的思想教育，切实起到鼓舞机关工作人员士气，充分调动工作人员工作积极性的作用，营造务实进取的良好氛围，以党建带动队伍建设，推动机关工作在新形势下创新发展。

（三）"互联网＋党建"是加强机关宣传的重要手段

信息传播广度和速度的空前拓展对机关带来更大的挑战。政府机关在开展工作中稍有处理不慎或者不当，便有可能迅速成为社会关注焦点，甚至被别有用心者利用，演变为群体性事件，影响社会和谐稳定。顺应互联网＋的时代背景，利用网络及时、准确地发布机关工作信息，对于确立正确的舆论导向、积极回应社会关切都有重要意义。

二、"互联网＋党建"的具体运作
——以宁波市检察机关为例

习近平总书记多次强调，各级各部门党委（党组）必须树立正确政绩观，坚持从巩固党的执政地位的大局看问题，把抓好党建作为最大的政绩。最高人民检察院多次强调要加强机关党建工作，建立健全党建工作长效机制，努力形成党组统一领导、机关党委协调、部门齐抓共管、人人积极参与的职责分工明确的党建工作布局。同时提出"党组每年要听取党建工作汇报，研究和部署机关党建工作。党组书记要切实履行抓党建第一责任人职责，建立党建成员抓党建的责任清单，健全党建工作问责和考评机制，把党建工作作为考核评价领导班子和领导干部的重要内容"，要"建立健全党员队伍建设和检察队伍建设相结合，党的组织建设与检察机关组织建设相结合的工作制度，形成党的建设与检察业务工作相辅相成、互相促进的良好导向"。

在实践中，宁波市检察机关认真贯彻中央和上级的讲话精神，采用"互联网＋党建"的模式，更好地促进了检察机关党建工作。市院党组高度重视机关党建工作，不仅在工作上给予有力支持，而且在人员配备上予以了有力充实，坚持把服务检察中心工作、建设党员干部队伍和提升检察公信力、能力建设作为重点工作来抓，认真履行法律监督职责，通过抓党建促进检察工作发展，进而服务经济社会科学发展。每年都会召开支部书记联席会议，总结回顾前一年的党建工作开展情况，部署当年重点工作，探讨基层党组织日常工作规范化建设和开展中存在的问题。各项工作实实在在，工作成效比较明显，在文明机关创建、民主评议机关等活动中取得了较好的成绩，充分体现了紧密联系实际抓党建，倡导抓特色、出精品、创品牌的工作理念。

（一）以"互联网＋教育"为根基，建学习型党组织

宁波市检察机关将机关党建工作定位在政治保障、思想支撑、凝聚力量上，落实到每一名党员的教育管理上。坚持理论武装，不断增强党员的学习力、战斗力，提高党员综合素质，发扬党内民主，尊重和保障党员民主权利，严肃党内政治生活，强化党员党风党纪教育和监督检查，把党要管党、从严治党落到实处。除了做好日常的各种现场学习、讲坛等，还结合工作与党员队伍建设实际，充分利用"网上教育"栏目，有针对性地组织法律知识和综合知识课件，输入检察内网供党员干警学习。如为了学习贯彻两法修改，及时组织上传陈兴良、陈卫东、张明楷等著名专家学者对法律的深度解读课件。为了深刻领会十八届四中全会的文件精神，专门上传了一系列的课件，对依法治国展开了全面解读，加深了党员干警对依法治国的理解和认识。在实施网络教育过程中，还依靠制度跟进，强化学习管理，规定干警每年必须要学满一定的学分方为合格。此外，内网首页上面还有一个栏目"专项活动"，包含"学习贯彻党的十八届四中全会精神"、"全国模范检察官陈永明学习宣传专栏"、"深入开展党的群众路线教育实践活动"、"信仰法治、

守护公正主题教育实践活动"等专项活动，每个专项活动又分为上级精神、市院动态、学习参考、学习心得体会交流、热评要论等栏目，非常全面丰富。通过专题辅导、座谈讨论、心得交流、知识测试等，激励了党员学习的动力，营造了良好的学习氛围，引导党员干部牢固树立为人民服务的宗旨意识，切实把思想和行动统一到党中央的决策部署要求上来。

（二）以"互联网＋宣传"为导向，建公开型党组织

早在2012年宁波市检察机关便设置支部信息管理员，负责支部党员信息的收集、党建信息的收集、支部党组织活动的安排和信息收录、负责与机关党委动态管理员的联系。这一举措使得各支部与机关党委沟通联系密切，各种支部信息的上通下达得到了基本保障。针对党员干警在正式场合下不愿说出心里话，在网上十分活跃且能表达真实想法这一现象，适时收集整理网言网语，定期分析干警思想动态，充分利用网络所具有的开放性、无序性、隐匿性等特征，参与其中，围绕执法实践中出现的突出问题和生活热点问题，组织党员干警展开网上讨论，尽情交流，碰撞思想，注重引导，使参与者在讨论中受到潜移默化的影响。此外，还开设了"教育管理"栏目，下设三个子栏目，分别为"廉政教育"、"政工党建"和"制度建设"，其中"廉政教育"会定期发布廉洁指导文件，通过一些案件警示录，配以卷首语，敦促大家保持廉洁。"政工党建"栏目最为活跃，时常发布各个支部所在部门的一些学习或者活动，比如"研究室支部组织召开检察公文写作学习讨论会"、"侦查一处党支部开展规范司法行为专项整治工作学习讨论活动"……丰富了各支部的学习和讨论，加深了对一些重要文件的理解，提升了一些重要工作能力。"制度建设"则主要发布机关内部的相关制度，供大家学习参考。

（三）以"互联网＋服务"为潮流，建服务型党组织

建设学习型党组织是为了更好地培养创新型党组织，从而更好地建设服务型党组织，三者相互促进。第一，利用好官方微博的作

151

用，主动公开党建工作。比如，"宁波检察"微博，目前已经实名认证，有粉丝三万余人，会不定期更新发布宁波市检察机关的各项工作，包括党建工作。如去年年底宁波市检察院的陈永明检察官获评央视年度最具网络影响力法治人物，官方微博立即发布信息，给广大检察官一个学习的榜样。此外，还会定期发布市检察院传达学习中央文件精神的信息、各项工作制度如《领导干部干预司法活动、插手具体案件处理的记录、通报和责任追究规定》等，对于检察机关的党建工作有一定的推动作用。第二，探索以微信、APP等方式宣传党建工作。比如，宁波江北检察院开创了"宁波江北检察"的微信号，其中会定期发布"北检动态""今日案讯""检察漫画""热点时评""案例警示""观点分析""法律常识"等栏目，有很多检察干警都关注了这一微信，能时刻感受到作为一名检察人员的骄傲和责任，以更好地增强自律。微信上同时与门户网站、案件信息公开网、江北检察新浪微博建立了链接，特色功能则包括"律师预约阅卷"和"行贿犯罪档案查询"功能，给很多的律师和当事人带来了便利。此外，还有海曙区人民检察院的律师预约系统 APP 软件，运行期间也给律师带来了很多便利。互联网检务接待中心已经逐步成为宁波市检察机关有效参与社会治理、提升服务群众工作水平的新平台。

三、"互联网 + 党建"的制约因素

作为创新党建工作的一项新举措，"互联网 + 党建"在改进检察机关思想政治教育方法、构建党建服务平台等方面正在发挥越来越大的作用，但在推进过程中，还存在以下制约因素。

（一）主体：专门人才稀缺

"互联网 + 党建"的潜在功能作用要得到最大发挥，需要具备一批既能熟练操作信息化设备又掌握相关网络知识的专业技术人才。党务工作者的电脑操作水平、网络技术水平和网站设计水平的高低直接影响着机关"互联网＋党建"的工作开展。当前，宁波市检察机关的"互联网＋党建"尚未真正落实，因为负责机关网络党建的大部分是机关党委的负责人或信息技术负责人，缺乏既熟悉网络信息技术又精通党建工作的复合型人才，一定程度上影响了"互联网＋党建"的推进速度、深度和范围。

（二）主观：认识有待加深

长久以来，很多党务工作者已经习惯了那些传统的党务工作方式。长期以来形成的固定思维、根深蒂固的文化传统和电子党务的透明化产生了一些冲突，导致一些基层检察机关党组织和党务人员对网络党建认识不足。一方面是对"互联网＋党建"的内涵认识模糊。有些人把"互联网＋党建"简单理解为党务工作上网，或者将网络党建局限性地理解为党务办公的网络自动化，存在重项目建设、轻系统维护；重网络建设，轻业务流程；重硬件设备，轻信息利用等问题。另一方面，对"互联网＋党建"所蕴含的时代内涵、社会意义、服务潜力等认识不够，甚至有一些工作人员过分强调检察工作的保密性，夸大信息化的负面效应，导致检察机关党建工作和检务公开工作不能全面开展。

（三）客体：方式有待完善

就访谈情况来看，90%的受访者尤其是青年干警都认为"互联网＋党建"是非常可行也符合发展趋势。但同时，也反馈了很多改进的意见，其中很重要的一条是：目前"课程教育"等很多都是内网、无法移动浏览，而宁波干部学习网站也只能在电脑上听课，无法在 Ipad 和手机上听取，导致很多干警不能利用上下班时间和业余时间学习。可见，目前的"互联网＋党建"中的"互联网"尚是有限的"互联网"，还有进一步改进的空间。还有30%的干警反映，"互联网＋党建"突出了党员的自主性和选择性，弱化了原有对教育、管理、考核模式的约束和制度刚性，缺乏相关约束监督机制，一定程度上会影响教育管理的质量和效果。

（四）客观：效果有待提升

检察官方网站是建立"互联网＋党建"的重要基础，但目前，检察党建网站面临数量和质量的双重缺陷。查阅宁波的 11 个基层检察机关和市检察院官方网站可以发现，各级检察机关均尚未建立独立的党建网站，党建内容只是作为各级检察机关网站的一个板块，内容重复单一，点击率较低。党建信息服务平台涉及缺乏新意，形式单一，无法满足服务对象的多元化、个性化需求。平台内容更新不及时，弱化了党建网站的时效性，资源利用率低。平台大多是单向宣传动员和信息灌输，没有引入论坛、播客等时尚元素，缺乏交流和互动机制，这些问题的存在，影响了检察机关网络党建的预期效果。

四、"互联网＋党建"的完善路径思考

"互联网＋党建"是党建工作发展进步的新形态、新趋势，各机关应当积极转变观念，紧跟网络发展步伐，积极探索利用网络资源改进检察机关党建工作的方式方法，用现代手段开辟网络虚拟空间的党建新领域，全方位、立体化推进机关网络党建。

（一）统筹规划，整体推进

机关领导应当高度重视，立足本职，结合党建工作和网络信息化发展实际，加强统筹规划和整体协调，明确"互联网＋党建"的发展目标、功能定位和体系架构。注重统筹协调，加强顶层设计，成立党建信息化建设组织领导机构，负责指导和规范党建网络的建设，保证党建信息化建设的正确政治方向。比如，检察机关之间，可以整合网络资源，建设上下贯通、左右互联、衔接顺畅的党建信息平台，充分发挥权威发布、经验交流、业务指导和服务党员群众的作用。要搞好前期调研和方案论证，有针对性地增加机关网络党建资金投入，减少重复建设和资源浪费等现象。

（二）注重培养，人才保障

在加强机关人员专业培训力度的同时，要注重培养"互联网＋党建"的复合型人才，要充分发挥示范引领作用，尽快建设一支政治过硬、业务过硬、技术过硬的网络信息化党务管理人才队伍，更好地服务党务知识与现代信息技术的融合。积极开展涉检舆情应对处置专题培训和实战演练，建立机关微博口径库和舆论引导人才库。完善网络舆情导控联动机制，建立舆情预警分级管控、引入专家参与舆情研判机制，加强舆情监控、分析、研判、积极释放正面信息，最大限度地压缩负面炒作空间，提高新媒体时代舆论引导能力。

（三）打造平台，强化效能

借助网络信息化的有利条件，突出机关工作特色，集中展示机关工作经验做法、创新理论成果和党建最新动态，增强社会认同感，提高机关亲和力。当前要着力打造四个网络平台：

1. 学习教育平台。尽快建立独立的机关党建网络，开通党建理论研究、党建知识园地等资料库，及时发布机关党建理论研究最新成果，打造机关党建网络学习平台。

2. 互动交流平台。坚持公开透明、及时主动原则，大力实施"两微一端"战略，推进机关官方网络、信息和新闻客户端建设，及时发布机关工作动态和办案信息，积极回应社会关切，架起机关和党员、群众之间沟通交流的桥梁。

3. 网上办公平台。充分利用网络信息化技术手段，积极推行机关网上办公、公文处理、信息传递、简化工作程序，减少会议文件及办公经费等费用支出，提高机关党建工作的时效性。

4. 群众联系平台。不断加大信息公开力度，科学确定各工作环节公开的内容、对象、时机、方式，切实做到能公开的都要公开。建立终结性文书公开制度，建立文书库，推行公开审查制度，切实以公开促进公正、赢得公信。

"互联网＋党建"的真实含义并非是指所有的党建工作都要通

过互联网展开或者都只能通过互联网开展，我们应当明白，有一些工作，是互联网所难以实现的，如面对面的交流沟通、开放日活动、进村联校入企等活动，但是按照当前的社会发展、党建发展新常态，没有互联网也是不符合社会发展规律的。相信在互联网的科学助力下，党建工作能够更上一层楼。

检察机关构建联系服务
群众长效机制初探

浙江省温州市人民检察院　缪爱秋　王　霸　胡艳艳

习近平总书记在党的群众路线教育实践活动总结大会上的讲话中，提出关于新常态下坚持从严治党八点要求，温州市人民检察院在构建联系服务群众长效机制过程中，做了一些有益探索，坚持以领导带头为重要抓手、以群众参与为重要方法、以多办实事为重要追求，以自我完善、自我革新的精神，努力推进机关作风建设，有效推进检察工作的科学发展，提升了队伍的整体素质和形象。

一、构建全覆盖的直接联系机制，
实施检力下沉服务基层

实施"红色细胞"工程建设，以院党组为龙头，以党员干部为主体，积极构建基层党组织、党员干部和群众共同参与、全方位、多层次，横向到边、纵向到底的"红色细胞"组织和服务网络。精心组建"三支队伍"，以"一竿子插到底"的力度，推动全院党员干部常下基层、常在基层。

1. 领导干部"连心解忧"，直通"镇街村组"。根据领导参与全覆盖、基层院联系全覆盖、村居联系全覆盖、企业联系全覆盖的要求，完善党组班子成员基层联系点制度，每位党组成员均建立了各自的联系点，通过入村驻企、蹲点调研、下访接访等形式，了解民情民意、破解发展难题、化解社会矛盾，促进党群干群关系融洽、基层发展稳定、机关作风转变。2014 年，温州市检察院 11 名党组成员分头走访调研基层院、社区或村居、农户、企业等共 44 个基层联系点，座谈 100 余人次，帮助基层解决实际困难 20 多个。

2. 机关干部"组团服务"，直达"千家万户"。以结对社区为阵地，温州市检察院机关党委先后带领 13 个党支部及工会、妇委会、青工委组成党团志愿服务队深入社区开展"助老服务"、"联合助医"、"资学帮扶"、"慰问老党员、生活困难党员"、"法律咨询"等系列公益服务活动。开展在职党员到社区报到服务"点亮微心愿、共筑中国梦"活动，13 个党支部分别与滨江街道青园社区等 13 个社区挂钩联系，180 余名党员全部到社区报到，做好志愿服务活动，听取社区群众意见建议。

3. 选派干部"下派任职"，直抵"门前屋后"。从一些业务部门或综合部门，选派了 6 名机关干部到村居、社区、企业脱产 2 年担任农村指导员、处长助理，从"村口桥、田头渠、门前灯、屋后路"等群众最关心、最迫切的问题入手，做到高效办、全力办、借力办，有效促进了所任职村居、社区、企业发展见效、面貌改变、民生改善、组织加强，赢得了广大村民、社区居民、企业员工的赞誉和认可。

二、构建一站式的快捷服务机制，畅通人民群众诉求渠道

按照便民利民的要求，以信息化建设为先导，提升案管部门综合服务功效，将业务受理、案件信息查询、案件信息公开、律师阅卷、检务公开等职能整合在一起，努力打造多元服务模式的综合业务平台，为群众提供便捷的一站式诉讼服务。该做法经《紫光阁》推荐，作为全国检察机关唯一一个获选案例，在人民网上作为典型经验推广。

1. 搭建"温检案管"微信公众服务平台，开创律师接待工作

新模式。率先在全省检察系统打破传统律师接待模式，搭建"温州检察案管"微信公众平台，开创微信接待取代现场接待的新模式。律师只需通过手机微信即可办理资格审查、案件信息查询、阅卷预约、提交申请材料、约见检察官等各项业务，减少往返奔波劳累之苦。

2. 开通案件信息公开网服务平台，全时段延伸案件信息查询和预约。开通案件信息公开网平台，并且与微信公众平台进行对接，律师在任何时间段，凭账号密码即可在手机上登录案件信息公开网查询案件诉讼进度，办理其他各项业务。案件信息公开网的开通，使律师接待工作模式发生了根本性的变化，终结性法律文书互联网和案件流程信息互联网查询工作有了实质性进展，群众可以足不出户了解案件信息。

3. 推行电子阅卷方式，提高阅卷效率，即在不拆卷的前提下对许可范围内的案卷进行全卷拍照扫描，实现案卷电子化。针对律师反映复印卷宗成本高、耗时长的问题，我院购置高速扫描仪，开展电子阅卷工作，提供免费复印和光盘刻录服务，使得律师平均阅卷时间由原来的半天缩短至半个小时，实现了传统复印阅卷无法达到的便利。

4. 设置触摸屏查询系统，助力检务公开。设置触摸屏信息查询系统，查询系统设置包括"本院概况、机构职能、检务公开、举报指南、党务公开、以案说法、检务动态、法律法规"等9个栏目。触摸屏信息查询系统详细介绍了我院检察业务工作、惩治和预防职务犯罪、机关党建、队伍建设、创先争优等工作情况，公开了办案流程、岗位职责、工作要求、纪律规定等，内容详尽具体，查询方便快捷，极大地方便了来访者和办事群众。

三、构建全方位的群众参与机制，
主动接受人民群众监督

始终坚持检察工作人民性的要求，紧紧依靠群众、深入发动群众、积极组织群众，主动寻求监督，倒逼提升严格规范公正文明司法的水平。

1. 推进"阳光检务"，接受检风监督。坚持落实开展检察开放日活动制度，邀请人大代表、政协委员、人民监督员、特约检察员和社会各界代表走进检察机关，深入了解检察机关的工作职责、办案流程、执法要求和队伍建设管理等情况，让人民群众亲身感受检察、参与检察、支持检察、监督检察，宣传检察，增加检察工作的透明度。

2. 发挥人民监督员作用，接受刚性监督。注重发挥人民监督员联系群众密切、社会经验丰富和专业特长显著的优势，将人民监督员制度作为深入了解社情民意，做好群众工作的重要载体和有效途径。组织人民监督员评议案件，对职务犯罪案件查办中拟不起诉案件等"七类情形"全部纳入人民监督员监督程序，实行刚性监督。

3. 推出"走进新媒体"活动，接受舆论监督。温州市检察院与温州网签订战略合作协议，开设检察长网络访谈节目，并实行检察门户网站改造升级，在新浪、腾讯、正义网开通"温州检察"官方微博。2014年温州市检察新浪官方微博入选浙江十大司法系统微博排行榜，121篇宣传报道被国家级媒体采用，微博粉丝达3万余人，进一步扩大了温州市检察工作的影响力和知名度。

4. 开展"满意度调查"，接受成效监督。以开展"五型"机关（责任型、服务型、效率型、学习型、廉洁型）满意度测评工作为契机，在案件当事人、行贿犯罪档案查询人、法定代理人、诉讼代理人及辩护人等直接服务对象中随机抽调50人，向他们发放调查问卷，对温州市检察院在执行力、服务质量、办事效率、干部素质、机关作风等方面的工作成效进行定量分析评估。评估结果与单位党建责任制考核、绩效考核挂钩。

四、构建务实管用的问题破解机制，塑造公信亲和检察形象

温州市检察院党组研究制定教育实践活动整改落实工作"两方案一计划"，一把手带头领衔负责，其他党组成员负责职责范围内的整改任务，各党支部负责具体实施，全院上下以较真碰硬，以看得见、摸得着的整改实效取信于民。

1. 着力改进执法作风，切实提升执法公信力。针对执法办案理念不新、群众工作机制不活等问题，督促和引导业务部门立足实际，不断推进思想观念、工作方式创新。创新出台"检察环节羁押必要性审查"、"金融白皮书"、"民行息诉三步工作法（抗诉、检察建议、诉讼违法调查）"、"控申部门四访工作法（接访、约访、巡访、下访）"、"三路协调矛盾化解（控申疏导、刑事和解、民事调解）"、"司法救助前置工作暂行办法"、"未成年人刑事案件捕诉防一体化"、轻微刑事案件速裁程序等 20 多项具有温州市检察院特色的执法办案群众工作制度机制，推动了该院机关群众工作的制度化、规范化，提升执法公信力。

2. 大力整治机关"四风"，切实提升执法亲和力。严格执行温州市检察院《关于改进工作作风密切联系群众的实施意见》，针对院机关作风建设方面的突出问题，制定出台加强和转变机关作风建设，大力整治"四风"，提升检察机关亲民形象。一是制定"关于进一步加强调研工作意见"，坚持求真务实，大兴调查研究之风。二是出台"关于切实改进机关会风文风的规定"，整治文山会海、检查评比泛滥之风。三是完善"'三公'经费管理使用制度"，厉行勤俭节约，整治奢靡之风。四是修订"考勤、请假、工作日志

制度"，完善"干部考核评价机制、处室和全员绩效考核办法"，落实从严治检，整治"慵、懒、散"机关作风。

3. 健全监督和考评相结合机制，切实提升机关执行力。细化并实施《检务督察工作细则》，开展检务督察和正风肃纪检查，对督查中发现的违反劳动纪律情况和违反执法办案规定情况，采取网上通报和发出检务督察整改意见书等方式加强警示与整改，营造风清气正、善作善成的机关氛围。同时，温州市检察院党组明确将作风建设作为领导干部述职述廉、领导班子总体评价和党风廉政建设责任制考核的重要内容，并将领导干部执行规定情况纳入领导干部廉政档案，督促机关领导干部率先垂范，认真执行各项规定，引领带动整个机关正检风、转作风。

深入贯彻落实"从严治党"要求
全面加强检察机关党的建设和作风建设

安徽省蚌埠市人民检察院　盛大友

习近平总书记指出:"世间事,做于细,成于严。从严是我们做好一切工作的重要保障。我们共产党人最讲认真,讲认真就要严字当头,做事不能应付,做人不能对付,而是要把讲认真贯彻到一切工作中去,作风建设如此,党的建设如此,党和国家一切工作都如此"。检察机关要贯彻落实习总书记"从严治党"要求,就要"严字当头"抓好党的建设和作风建设,以党的建设带动检察队伍建设,促进检察业务建设。不能从严要求,人心就会不思进取,组织就会软弱涣散。党的建设和作风建设只有坚持高标准、严要求,讲认真、认真抓,"三严三实"要求才能在检察工作中得到落实,检察机关才能出战斗力,出好形象,出好业绩。2014 年,蚌埠市院业务工作和党建工作在全省检察机关年度绩效考评中均荣获第一名;市院被评为安徽省文明单位;市院党组被蚌埠市委评为优秀班子和学习型党组;全市有 102 个集体和个人受到市级以上表彰,所辖基层院有 1 家被最高检记集体一等功。我们的主要经验和做法是:

一、勇于担当,严格落实管党治党主体责任

开展党风廉政建设,落实主体责任,是党中央对各级党委(党组)提出的政治任务。蚌埠市检察机关两级院党组把严格落实

管党治党主体责任，作为检察机关党的建设和作风建设的首要任务，坚持做到"五位一体"，建立了落实主体责任的完整责任体系。

一是自觉履行组织领导责任。党组负统一领导、直接主抓、全面落实领导责任；党组书记、检察长作为第一责任人，对于重点工作亲自部署、重大问题亲自过问、重点环节亲自协调、重要案件亲自督办；党组其他成员对分管部门的党风廉政建设负有直接领导责任，对分管部门的党风廉政建设进行"签字背书"。二是履行正确的用人责任。树立正确用人导向，大力倡导公道正派、科学用人的良好风气，坚决选用那些信念坚定、为民服务、勤政务实、敢于担当、清正廉洁的好干部，坚决防止和纠正选人用人上的不正之风。三是履行教育管理责任。两级院党组高度重视加强平时的教育管理，紧密结合有关典型案例，不断加强对干警廉洁从检经常性教育，不断提升检察干警自身拒腐防变的免疫力，使大家不愿为、不敢为。四是履行督查责任。党组非常重视和切实加强对党风廉政建设的督查，突出领导干部和执法办案两个重点，加大督查力度，发现问题，及时纠正，防止出现"破窗"效应。五是履行支持责任。党组旗帜鲜明、理直气壮地支持纪检监察部门履行监督责任，支持纪检部门深化"三转"（转职能、转方式、转作风）工作，及时研究解决"三转"工作中遇到的困难和问题，为纪检监察部门执好纪、问好责、把好关提供坚强保障。

在落实主体责任过程中，我们深刻认识到管党、治党的重点是要抓好党员、干警的思想政治工作，强化对党员、干警的思想政治教育。两级院党组的党组书记、检察长作为落实主体责任的第一责任人，经常以上党课、组织党组中心组学习等方式，来突出重点，加强对党员、干警的党性和道德教育，引导党员、干警坚定理想信念，坚守共产党人精神追求。对党员、干警的日常教育管理工作坚持久久为功，紧紧盯住作风建设出现的新变化新问题，及时跟进相应的对策措施，做到掌握情况不迟钝、解决问题不拖延、化解矛盾不积压。教育党员、干部把"三严三实"作为修身之本、为政之道、成事之要，深学、细照、笃行焦裕禄精神、沈浩精神和吴群精神，养成在遵章守纪中做好工作、在严格律己中担当责任、在清风正气中干事创业的习惯。2014 年，市检察院的党课材料在全市党课教育材料评选活动中被市委组织部、宣传部评为优秀党课材料。

二、遵规守矩，严明党的各项纪律

当前，铁面问责、刚性约束、严明纪律，让制度成为"带电的高压线"，让纪律成为不可逾越的红线，正在成为党内生活的新常态。检察机关作为国家法律监督机关，更需要带头模范遵法守纪。实践证明，重视和加强纪律建设，检察事业就能顺利推进；忽视和弱化纪律建设，检察事业就会遭受挫折。

蚌埠市院党组积极探索纪律教育经常化的途径，使党员、干警真正懂得党的纪律是全党必须遵守的行为准则，严格遵守和坚决维护纪律是做合格党员、干警的基本条件。一是严明政治纪律、组织纪律、财经纪律、工作纪律、生活纪律，要求党员、干警自觉净化自己的社交圈、生活圈、朋友圈，不能什么饭都吃、什么人都交、什么话都说。让党员、干警受警醒、明底线、知敬畏，主动在思想上划出红线，在行为上明确界限，在道德上坚守底线，做到心有所畏、言有所戒、行有所止。二是坚持"领导抓"与"抓领导"并重。领导带头，率先垂范，凡是要求别人做的、自己首先做好，要求别人不做的、自己坚决不做，带头贯彻中央八项规定精神、带头纠正"四风"、带头接受监督。督促两级院领导干部做到党组"不松手"、书记"不甩手"、班子成员"不缩手"。抓住领导干部这个关键，注重发挥示范作用，一级做给一级看、一级带着一级干。要求机关各内设机构主要负责人（通常又是各支部的支部书记）既要严于律己、管好自己，做到自身正、自身净、自身硬，又要敢抓敢管、勇于担当，做到主动抓、严格抓、经常抓，不当"老好人"，勇做"黑包公"，把倾向性、苗头性问题解决在萌芽之中。三是坚持"抓惩戒"与"抓预防"并重，以"零容忍"的态度严肃查处干警违法违纪，绝不姑息，同时注重预防，重视长久之效，持之以恒地开展警示教育、检务督察、谈心谈话等活动，有效提高检察人员遵纪守法的自觉性。四是坚持"抓落实"与"抓创新"并重，既扎扎实实地把教育、制度、监督、纠风、惩治各项目标任务落实到位，又与时俱进地推进改革创新，努力构建不敢腐的惩戒机制、不能腐的防范机制、不易腐的保障机制。五是坚持强化法律监督和强化自身监督并重。突出加强对查办职务犯罪的监察，加大对执法办案活动的巡视和检务督察力度，实行纪检部门对立案、撤案、不捕、不诉、改变强制措施的自侦案件进行定期或不定期监督回访制度；每年组织专人对各业务部门办理的所有案件从程序到实体进行全面复查，及时发现和纠正错案。

工作中，我们始终坚持严格执纪问责，以零容忍的态度，对检察人员违纪违法问题，发现一起，快速、严肃地处理一起。例如，我们突出重点，对一名公车私用的基层院检察长进行了严肃查处，果断处置，全市通报，责令深刻检查，有效化解了不良影响，得到了省检察院的肯定。市院党组以此为契机，进一步加强对公务车辆管理，将全市检察机关警车、公务用车全部安装 GPS，纳入市院 GPS 平台实行统一管理。市院还在检察院局域网设立曝光台，对检察人员违反八项规定的案件和严重违纪违法案件，及时查处，做到一案一曝光。

三、营造良好政治生态，严肃党的政治生活

一个班子强不强、有没有战斗力，一个领导干部强不强、威信高不高，同这个机关有没有良好的政治生态、有没有严肃认真的党的政治生活密切相关。营造良好政治生态、严肃党的政治生活贵在经常、重在认真、要在细节。

一是市院党组提出"5301 工程"("5301 工程"即牢固树立政治意识、大局意识、责任意识、纪律意识、创新意识五种意识，着力狠抓司法办案、强抓规范司法、紧抓作风建设三个抓手，坚持对错案、办案安全事故、违法违纪零容忍，创造一流业绩，建设一流队伍，进入全省第一方阵，争当排头兵)，大力弘扬"六种良好风气"，切实做到"五个严禁"，积极营造风清气正、干事创业的良好政治生态、政治环境。二是坚持严肃认真的组织生活会和民主生活会制度。党的政治生活和组织生活是党组织教育管理党员、对党员进行党性锻炼的主要平台。在日常组织生活会和民主生活会中，鼓励大家大胆使用、经常使用、用够用好批评和自我批评这个武器，经常性开展积极健康的思想斗争。市院党组带头开辣味十足的专题生活会和民主生活会，做到党性真锻炼，灵魂深触动，在2014 年群众路线教育实践活动中曾得到省委督导组、市委督导组和省检察院督查组的高度评价。通过常态化召开高质量的组织生活会和民主生活会，帮助党员、干警分清是非、辨别真假，积极营造"讲真话"的政治氛围，提高党内政治生活的政治性、原则性、战斗性。三是积极推进廉政文化建设。市检察院警示教育基地被高检院授予全国"百佳"警示教育基地称号，市检察院被评为省级廉政文化示范点，怀远县院和禹会区院被评为市级廉政文化示范点。全市两级检察机关把党风廉政教育作为各部门业务培训时的必修课，在加强业务培训的同时，切实加强廉政教育。平时经常组织干警开展推荐廉政格言警句活动，积极开展廉政贤内助评比、举办廉政知识竞赛、廉政书画展和廉政宣誓等活动。在机关局域网开设廉政建设专栏、廉政影视角，在院机关建立廉政文化长廊、廉政电子屏幕，在图书资料室设立廉政书架，着力营造廉政文化氛围，切实提高干警严以律己的意识，筑牢干警反腐倡廉思想防线。

诚如毛泽东主席提出的 8 字方针："团结、紧张、严肃、活泼。"在严肃党的政治生活的同时，党组和机关党委注重对干警做到严管厚爱，注重加强检察文化建设，注重丰富党员、干警的业余文化生活。例如，机关党委不仅组织党员干警开展"规范司法知识竞赛"、"五四经典朗诵"、"七一歌咏比赛"、到革命教育基地接受教育等系列活动，还经常组织开展丰富多彩的文体活动，经常举行拔河、登山、棋牌、文艺汇演、乒乓球等活动。通过开展各项活动，丰富了机关精神文化生活，凝聚了人心，焕发了精神，增添了活力。机关党委和工会发挥密切联系群众的优势，坚持做到生日喜事、生病住院、家遇丧事、生活困难必访制度。在党员、干部、职工中提倡互帮互助精神，凡是干警职工以及聘用人员遇到特殊困难时，机关党委和工会都号召党员、干警和会员伸出援助之手捐钱捐物给予帮助。做到为干警职工送去一份关心，送去一份温暖，把党的关怀送到每一名干警和职工身边，让党的阳光照耀到每一名干警和职工身上。

四、强化刚性约束，切实抓好制度建设

"严字当头"抓好检察机关党建工作，需要切实抓好制度建设。制度之要，在精在细；制度之效，在落实与执行；制度之威，在实用与有效。

蚌埠市检察机关结合本地工作实际，本着于法周延、于事简便、务实管用的原则，针对机关党建出现的新情况、新问题，大力推进制度创新，把制度建设贯穿于党建工作和检察工作的全过程。一是充分发挥信息网络手段对党风廉政制度建设的保障支持作用。例如，为了便于及时发现和查处检察人员违法违纪行为，我们设立了检察长信箱，向社会公布检察人员违法违纪办案举报邮箱、举报电话和QQ举报平台，进一步畅通控告举报渠道，主动接受外部监督。市检察院"制度加网络"的党风廉政风险防控模式的做法，曾得到高检院、省院、蚌埠市领导的充分肯定。二是着力于制度建设的精细化。市院党组把"建立检察人员违纪违法办案的发现机制"作为"党风廉政建设一把手工程"，通过建立自侦案件流程管

理、讯问犯罪嫌疑人同步录音录像制度、纪检监察备案审查等六项机制建设，进一步提高违法违纪发现和查办能力。此外，市检察院相继制定下发了：《关于进一步加强和改进工作作风的若干规定》、《厉行勤俭节约反对铺张浪费工作规定》、《公务考察及接待管理暂行规定》、《蚌埠市人民检察院机关财务工作监督办法（试行）》等。三是坚持和完善党的民主集中制。积极推行院务公开和党务公开，将党员干警关心的热点问题及党建工作和检察工作中的重大事项、重大决策，及时全面地公开，积极主动征求党员、干警的意见建议，既体现了党的民主集中制原则，扩大了党员、干警参与民主管理的途径，也是在自觉接受广大党员、干警和人民群众的监督。

　　在完善制度的基础上，我们切实抓好制度的贯彻执行，坚持制度面前人人平等，确保出台一个就贯彻执行好一个。对执行制度不到位的及时督促，对违反规章制度的严厉查处，以零容忍态度严肃问责，不搞"下不为例"，坚决纠正有令不行、有禁不止等问题。同时严格落实中央八项规定，深入开展专项清理工作，先后清理了党政领导干部违规建房和多占住房、"三公经费"支出、会员卡、超标准使用办公用房等。

从创新"五项建设"谈提升基层检察院党建工作科学化水平

安徽省六安市人民检察院政治部　汪凌鸿

　　党的十八大指出，党的基层组织是党的全部工作和战斗力的基础。基层检察院的党组织能否具有凝聚力和战斗力，是能不能建设一支党和人民信赖的检察干部队伍的关键所在。如何在新时期、新形势下提升党的基层组织建设科学化水平，以党建带队建，全面提高基层检察院的法律监督能力，成为基层检察院党建工作的一个重要课题。笔者结合舒城县检察院党建工作的主要做法及存在的一些问题，略陈管见。

　　近年来，舒城县检察院党组及机关党总支围绕"服务中心、建设队伍"两大核心任务，加强和改进党建工作，发挥党的建设带动队伍建设和推进检察工作科学发展的重要作用，取得了一定成效。先后荣膺全县目标绩效考核优秀单位、先进基层党组织，全市"五个好"机关（事业）单位党组织，全省创先争优先进基层党组织，省第九届、第十届文明单位，蝉联全国检察机关"文明接待室"等称号。保持重建三十多年来干警无错案、无事故、无违纪记录、无涉检信访的"四无"品牌。主要做法是创新"五项建设"：

一、围绕"一岗双责"，创新组织建设

　　实行党组成员联系党支部制度。该院现有在编干警64人，聘用人员9人，党员61人（占现有人员总数83.6%）。按照有利于

党员参加支部活动、有利于领导干部过双重组织生活、有利于增强党支部工作活力的原则设置党支部。实行同一党组成员分管的几个内设部门划为一个党支部、一个部门（或一个办案组）设置一个党小组的办法，将院 14 个部门设置为 15 个党小组，划归 5 个党支部，分别确定分管领导联系。

配强"业务型"党务干部。党小组长一般从年轻的业务尖子、办案能手中推选，党支部书记从部门负责人中选任，党总支委员由党支部书记兼任，党总支书记由党组成员、政治处主任兼任，还选任 2 名政治素质高、群众基础好、工作经验丰富、热心党务工作的老"科长"担任党总支副书记，形成了年龄结构合理、素质结构优化、贴近检察业务的党务干部队伍。

发挥年轻群体的生力军作用。该院现有 35 周岁以下青年干警 20 人（占干警总数 31.2%），其中 28 周岁以下 10 人。2010 年 10 月组建了团支部，通过实施团支部"十个一"品牌工程、出台《关于加强人才培养、促进争先进位"十项机制"》，让年轻群体先活跃起来，收到"党一号召、团即先行"的创争效应。以党总支牵头，团支部主办，工会、妇委会配合，先后组织开展了主题演讲、主题征文、廉政文化进家庭、青少年维权进学校、关注留守妇女进乡村、爱心奉献进敬老院等系列活动，赢得了广泛的社会好评。

二、围绕理论武装，创新思想建设

把强化理论武装作为思想建设的首要任务。纵向看，一年一个主题教育活动的扎实推进，使党员干警在理论学习中增强思维能力、在对照检查中增强辨别能力、在案例剖析中增强执法能力、在整改落实中增强执行能力；横向看，分层教育各有侧重。对领导干部，侧重政治理论学习，锤炼党性修养，不断增强角色意识和责任担当；对新进人员，侧重社会主义法治理念、核心价值观、艰苦奋斗精神教育，启发他们对检察事业政治认同、理论认同、感情认同，自觉抵制西方错误政治观点和法学观点的侵蚀；对执法干警，侧重执法规范、群众观念、守住底线教育，培养其对法律的情感和信仰，进而自觉遏制司法腐败、公正执法。

以学习型党组带建学习型党组织。院党组成员自觉做到带头学习、带头遵守制度、带头参与讨论、带头做笔记、带头写体会，促进了党组中心组和党支部学习制度的落实。近两年，党组成员先后发表党建理论文章 8 篇。其中有 1 篇在市委组织部、皖西日报联办的主题征文中获奖、1 篇在全省检察机关党建理论研讨会上交流、1 篇入选高检院政治部优秀文集、1 篇入选中组部网络征文。同时，坚持每周一次党支部例会、每月一期中心组学习、每季一期"道德讲堂"、半年一次"主题实践"制度，促进了学习型党组织建设；还规定每个干警全年在报刊发表有关检察工作的文章不少于 3 篇（其中检察论文不少于 1 篇），作为任命助检员、提请任命检察员、评选检察业务能手、申报检察业务人才的优先条件，作为申报检察理论人才的先决条件，营造出崇尚学习、全面学习、激励学习的浓厚氛围。

把会做思想政治工作作为党务工作者必备的基本功。通过加强理论学习、参加党务培训、开展岗位练兵、组织研讨交流等多渠道加强党务工作者素能培训，启发他们善于交心，能及时掌握干警思想动态；善于谈话，会用恳切的言辞讲透道理；善于自律，以身作则增强说服力。逐步形成人人愿做、人人会做、人人敢做思想政治工作的局面，有效防止和克服了思想政治工作"大道理"靠边，"小道理"附和，甚至用"歪道理"糊弄的庸俗作风。

三、围绕热点问题，创新作风建设

从加强和改进群众工作入手加强作风建设。近年来，在推进在职党员进社区认领公益岗、城乡党组织结对共建和党的群众路线教育实践等活动中，院党组创新"三联四推进"群众工作机制。党组联村：党组联系结对共建村、选派村，党组成员分别联系帮扶到项目，促进了帮扶任务的全面落实。先后有《检力下沉惠民生》、《"穷"在深山有远亲》等通讯见诸报刊。团组织联社区：通过与驻地三里河社区党组织开展"共创一个党建品牌、共设一个法制课堂、共扶一个公益项目、共帮一批困难群众"等"四个一"活动，让青年党员志愿者在"八小时以外"作奉献、展风采，亮身份、受教育。团市委、市文明办分别授予该院"优秀青年志愿者组织"、"全市志愿者服务优秀集体"称号。党员干警联户：每个党员干警联系 3 ~ 5 户低收入户、困难党员户、有残疾人户、上访户等不同类型户，确定联系目标，开展扶助活动。"四推进"是：推进民生检察联络点建设，推进青少年维权工作，推进社会矛盾化解，推进预防职务犯罪"六进"活动，均取得了一定成效。检察日报、文明风杂志分别以题为《做有温度的执法者》、《法制护航未成年人健康成长》对该院青少年维权工作作了深度报道。2014年 7 月 22 日，省人大常委会副主任陈先森来舒城督查"江淮普法行"活动开展情况时，称赞该院青少年维权工作有声有色，亮点多，效果明显。

从加强效能建设入手加强作风建设。出台《机关效能建设责任追究办法》，开展"五个绝不"和"十项严查"（绝不让工作事项在我这里延误，绝不让工作差错在我这里发生，绝不让不良风气在我这里出现，绝不让基层群众和外来客商在我这里受到冷遇，绝不让舒城发展的形象在我这里受到损害。严查无故超时办结和拖而不办，严查违规使用公车，严查上班时间上网炒股或聊天、打牌、玩游戏等娱乐等）活动，通过"日查、周评、月兑现（奖惩）"常态化督察和及时约谈，有效防治了庸、懒、散、软等"机关病"，使机关效能大大提升，服务基层、服务群众、服务发展的理念更加深入人心。

从加强民主监督入手加强作风建设。开好每年一次的党支部民主生活会，认真做好民主评议党员工作，充分尊重广大党员在机关工作中的"主体"地位、"主角"作用和"首创"精神，最大限度地保障广大党员对重大问题的知情权、参与权、建议权、决策权、监督权等各项民主权利。以"县党务公开联系点"为契机，推进9类65项党务、10项检务公开。人事变动、基建项目、大额经费开支等，院党组都能保障和尊重党员充分发表自己的意见。2014年2月，该院对8个部门副职岗位实行了竞争上岗的办法，由于用好的作风选人，选作风好的人，形成良好的用人导向，使选上的人服众，落选的人服气，激活了队伍活力。

四、围绕公正执法，创新廉政建设

从从严治"长"入手落实"从严治党"。严格执行党员领导干部过双重组织生活制度，高标准、高质量地组织召开领导班子民主生活会。严格遵守《廉政准则》，对照"三严三实"要求，落实好"八项规定"，强化对领导班子成员、部门负责人的监督。检察长以其自身正、自身硬、自身净，叫响"向我看齐!"对各部门负责人要求其对照先进找差距、盯着岗位查责任、结合问题定措施，开展年初承诺、年中述诺、年底评诺活动。其承诺的内容既要体现党组的要求、创争的态度和团队的决心，又要明确公正执法、尽职尽责、廉洁自律的举措，还在院局域网公开、公开栏公示，以便相互借鉴、相互监督、相互促进。

廉政风险防控全覆盖。以检务督察为抓手，通过建立健全完善《检察人员执法档案》、"一案三卡"、"流程监督"、"回访监督"等防范措施，强化对重点执法岗位、执法环节、执法人员的监督，构筑制度"防护墙"、"隔离带"。以学习贯彻高检院《检察人员八小时外行为禁令》为契机，采取明察暗访等方式，看看干警们的"时间都去哪儿"了，强化组织管控。以廉政文化为载体，通过学习养廉、办案践廉、实事示廉、查案评廉、文化育廉、家庭助廉、述职述廉等载体建设,使干警谨记"黑白分明隔一线,廉腐相克差一念",在任何情况下都稳得住心神、管得住行为、守得住清白。

以"零容忍"的态度严防检察人员违纪违法。凡违反廉洁从检若干规定,利用检察权以案谋私、贪赃枉法,滥用职权违法违规办案,严重损害人民群众利益等行为,一经发现,一查到底,以执法执纪的"刚性"确保检察队伍的纯洁性。对群众反映的苗头性、倾向性问题,及时组织政工、纪检部门会同分管领导对其约谈,做到早发现、早提醒、早纠正、早澄清,从而保持队伍的纯洁性和执法公信力。

五、围绕创先争优,创新制度建设

落实党建责任机制。贯彻落实《中国共产党党和国家机关基层组织工作条例》及省《实施办法》、《高检院关于加强和改进新形势下检察机关党的建设的意见》等,健全党组统一领导、党组书记负总责、分管领导具体抓、党总支综合协调、部门负责人"一岗双责"的党建工作责任体系。院党组每年听取一次机关党组织的工作汇报,专题研究一次机关党的工作,提出指导性意见。党组成员结合分工,支持并积极参加机关党的活动,虚心听取党员群众的意见,自觉接受党组织的监督。

系统联动联建与城乡结对共建并举。根据省院党组《关于开展"系统联动联建,深化创先争优"活动方案》,该院围绕"联",建立"四项机制":建立书记抓、抓书记的组织领导机制,抓党建、促业务"一岗双责"的责任机制,党务工作与业务工作同谋划、同部署、同考核的工作机制,以党建带工建、带团建、带妇建的互动机制。创新"七个载体":包括学习型党组织建设、党建带群建、文明创建、主题教育实践活动、全员教育培训和岗位练兵、党组织结对共建、检察文化建设等载体,把联动联建任务落实到每个工作环节。《皖检党建》以《联动联建在基层院的探索与实践》为题刊发了该院的做法。根据县委的部署，2012 年该院与南港镇东衖村成立联合党总支，开展为期 3 年的结对共建活动，2014 年 11 月该院又选派了 1 名优秀年轻干部到该村任第一书记。几年来，该院先后资助该村 10 余万元，争取项目资金近 100 万元，帮助村修复了两次洪灾造成的水毁工程、新建了高标准的"党群服务中心"、实施了美好乡村建设、资助了 8 名困难大学生上学、救助了十多户大病户等。该院为民办实事、解难事的事迹，曾在省电视台公共频道《廉政经纬》栏目播出。2015 年第 1 期《六安党建》也以题为《王友宝：群众需求是我的第一职责》作了报道。

突出业务考评党务。对照先进党组织"五个好"、优秀共产党员"五带头"的条件，突出"工作业绩好"、"带头争创佳绩"的要求，分别确定此两项分值占党支部、党员考评的 70%；并对"群众反映好"、"带头遵纪守法"两项分别列出三种"一票否决"情形。先进党支部"业绩"考评，取自所辖部门在年度全市系统考评中的位次得分；优秀党员"业绩"考评，与"责分解到岗，绩考评到人"的岗责考评结果相挂钩。党务工作者和联系党支部的党组成员的考评，与所在党支部考评相挂钩，同奖同罚。突出业务考评党务的办法，既使党建工作融入了检察业务，又使检察业务有了党建工作的先导与支持，还使党务工作与业务工作考评相一致，提升了党建考评的含金量。

当然，该院也清楚地看到存在的问题和不足：如对党建工作的认识参差不齐，党建工作有被"业余"的倾向，制度执行还有不到位的地方，少数党务干部积极性不高、业务不熟，缺乏必要的激励保障机制，等等。这些问题，尚有待于正视克服和解决。

通过党建工作的开展，该院的体会是"一二三四"：

贯穿"一条主线"。就是以"围绕中心、服务大局，教育党员、锻炼队伍"为主线，学习贯彻上级有关党建的新精神、新部署、新要求，尤其要学习贯彻《中国共产党党和国家机关基层组织工作条例》、《高检院关于加强和改进新形势下检察机关党的建设的意见》、上级年度党建工作要点等，以增强党建工作的科学性。

防止"两个倾向"。防止将党的建设仅仅局限在本机关层面上，忽视上下、左右联动的倾向；防止将党建工作与业务工作当成"一码事"或"两张皮"的倾向。

做到"三个坚持"。（1）坚持抓重点。党建工作纷繁复杂，要紧紧抓住制约发展的突出问题、普遍关心的热点问题和能够解决的现实问题。（2）坚持抓结合。要把党建工作与队伍建设、业务建设、检察文化建设、党风廉政建设、群团建设、精神文明创建等有机结合，找准结合点，注重在开展一项工作的同时取得多项收益的效果。（3）坚持抓特色。要体现检察机关的职业特色和专业属性，与地方党委抓党建形成互补。

处理好"四个关系"。（1）处理好主抓与主责的关系。主抓党建的同志要充分发挥主观能动性，加强党务研究，做到参得准、谋得实，以此赢得党组的重视，促进主责的落实。（2）处理好党建与群建的关系。党建工作要形成合力，就须健全政治处、纪检组、党总支等部门协作配合机制，才能避免某一个部门自说自话、曲高和寡、单打独斗。同时要坚持党建带群建，支持群众组织依照各自章程独立自主开展工作，并为他们开展活动搭建平台、提供舞台，才可收到"党有号召，群团即行"的效应。（3）处理好党务与业务的关系。从内部看，检察机关党的建设与履行检察职能的关系是"服从"、"服务"的关系；从外部看，党建工作从属于县委、县直工委的领导，开门搞党建、服务地方发展大局，又具有检察业务所不可替代的作用。因此，党建工作既不可跟着检察业务亦步亦趋，也不可游离于检察工作之外，更不可游离于地方党委领导之外。（4）处理好务虚与务实的关系。要加强日常党建工作的理论研究、活动影像资料的收集整理、先进典型事迹的宣传展示。只有这样，党建工作才能出彩，才能增强感染力、影响力，进而提升检察机关的执法公信力和社会美誉度。

浅议自媒体时代检察机关
思想政治工作创新

福建省厦门市人民检察院　叶茂文

近年来，"自媒体"一词被社会所热议，各种"自媒体"网站、APP等层出不穷、方兴未艾，舆论惊呼当今社会已经进入"自媒体时代"。那么究竟什么是自媒体呢？综合网上及专家意见，自媒体又称公民媒体或个人媒体，是指以公民个体为主体提供信息生产、积累、共享、传播的媒介方式。在自媒体中，每个人都是信息传播源，每个个体都可以通过QQ、博客、微博、微信等新媒体介质，成为信息的传播者和发布者。自媒体的突出特征是人人都有麦克风，人人都可以发布信息，从而实现信息即时传播、高度共享。自媒体的发展普及，给社会政治、经济、文化乃至人们的思想方式、行为方式、生活方式等都带来深刻的影响。司法尽管是作为相对保守的社会力量，但是包括检察机关在内的各级司法、行政机关同样应当主动适应自媒体时代带来的社会变革，充分利用自媒体手段，引导做好机关人员及社会公众的思想政治教育工作。

一、自媒体对检察机关思想政治工作建设的积极影响

1. 打破了思想政治教育的时空界限。由于受时间、空间的影响，传统思想政治教育的影响力和覆盖面都有待于进一步提升。自媒体时代，用户可以不受时间和地点的限制，自由地浏览或转载信息，分享各种观点，发表自己的看法。媒体的这种开放性，使信息

的传播不受地域和时空限制，借助自媒体这个平台，无论是对内开展机关党员干部的思想政治教育工作，还是对外引导社会公众积极拥护党的领导、宣传检察机关正面形象，相关工作人员都可以收集丰富的资源和信息，对其进行加工制作，通过微博、微信、QQ、视频网站等发送文字、图片、视频等，传播正确的思想、理论和政策。相关受众可以通过QQ、微博、微信等开展互动交流，这样就打破了传统教育方式的时空界限，使原来相对单一、狭窄的教育空间变得具有开放性。

2. 丰富了思想政治教育的手段和内容。一直以来，机关的思想政治教育以集中学习讨论、专家辅导报告、个人自学等方式为主。相对来说，教育的资源有限，学习的内容和手段比较单一，有时难以达到预期效果。而在自媒体时代，微博、微信、博客等社交媒介的出现，自媒体具有取之不尽的信息资源，极大地充实、丰富了思想政治教育的方式和内容。以高检院的微信为例，"正义网"的公众号除了每天推送高检院重大活动或决策的新闻外，还经常结合社会热点时事推出生动活泼、图文并茂、观点新颖的法律评论文章，在比较轻松、正面的氛围中引导受众树立正确的思想导向。

3. 增强了思想政治教育工作的实效性。传统的思想政治教育方式下，相关领导和工作人员有时难以深入了解机关干部特别是年轻干部的思想动态。在自媒体时代，中青年检察干部基本上都开通了微博、博客、微信等，在平时的生活、工作中或多或少都会把自己的困惑、烦恼和迷惘倾诉出来。同样，社会公众也经常通过这些平台，反应其对司法工作、检察工作的认知、关注和期待，只有及时、全面、准确地掌握机关干部的心理动态以及公众的司法认知、期待，从而提高教育的针对性，使思想政治的教育更深入和直接，并在工作中有所回应，才能提高思想政治教育的实效性。

二、自媒体对检察机关思想政治教育带来新的挑战

1. 负面消息的影响。自媒体为包括检察干警在内的社会公众提供了丰富的信息资源和便捷的交流方式，有些常用的 APP 如微信朋友圈等甚至逐渐成为青年干警获取知识和进行人际交往的重要途径。而自媒体具有平民化、低门槛、自主性等特征，不需要成立专业媒体机构来运作，也不需要相关部门审批，信息发布也没有规章制度约束。在自媒体时代，人人都是新闻传播者和制造者，这必然带来信息的良莠不齐、真假难辨、垃圾信息、"负能量"传播等问题，如在司法改革试点深入推开之际，微信朋友圈陆续曝出多地检察官、法官纷纷辞职等消息，难免造成人心浮动、理想信念动摇等，影响检察机关凝心聚力、奋发向上的工作氛围。同时，自媒体传播迅速、覆盖面广等特征，加快了不良信息的传播速度和范围，增加了思想政治教育工作的难度。

2. 可能加重司法信任危机。自媒体中涉法涉检信息的发布者，相当多是案件的当事人和其近亲属，其从自身利益出发往往只发布对自己有利的信息，有的甚至突破职业道德、伦理底线，如个别所谓"死磕派"律师发布虚假信息，并利用"网络推手"、"网络水军"恶意炒作、蛊惑和煽动，试图引导舆论导向。当社会公众所获取的信息是案件当事人或其律师根据自身利益随意剪裁、伪装过的不完整、不全面甚至有可能失真的信息，据此对事实的认知和判断往往与事实真相有较大的出入，由此而导致对司法公信力的怀疑。即使有关部门或者检察机关工作人员在事后出来澄清事实，而公众也更倾向于相信"非官方"的说法，从而也给案件承办人员带来巨大心理压力，感觉委屈和工作挫败感。

3. 官方媒体的权威受到冲击。在传统媒体时空中，官方媒体一直居于主导地位，由于理论和知识信息不对称，思想政工干部通过传统媒体开展宣传教育活动，有着天然的权威性和主导性。自媒

体时代到来后，社会公众获取信息的渠道在不断丰富，主动性也在不断加强，通过微博、微信等平台，社会公众可以独立地讨论各种问题，表达自己的看法，青年检察干部也纷纷开通各种微信群、QQ 群交流学习、工作、生活心得。在此情况下，官方媒体与自媒体的关系也发生了显著变化，在虚拟空间中，自媒体未必比官媒的影响力小，二者正逐渐形成一种平等的关系。

三、自媒体时代检察机关思想政治工作创新路径

1. 转变思想观念，提高对自媒体的认识。随着自媒体的不断发展，传统的学习辅导、宣讲教育已经不能完全适应时代发展的要求，思想政治工作者要充分认识自媒体带来的机遇和挑战，加强对自媒体及其传播规律的研究，探索自媒体在政治思想教育中的应用价值，在实践中不断提高运用自媒体的能力。可以充分把握和利用自媒体覆盖面广、传播速度快的特点，通过关注时事热点及时把握检察人员的思想动态，只有如此不断创新途径、拓展阵地，才能进行有效地思想引领，思想政治教育的实效性才能得到进一步提高。

2. 完善沟通渠道，构建信息收集反馈机制。由于门槛低、相关法律不够健全，不良信息容易通过自媒体肆意传播，再加上其速度快、影响大等特点，在第一时间获取信息成为关键。依托微博、微信等自媒体平台，平时关注检察人员特别是年轻干警的动态信息，只有保持信息畅通、准确掌握社会动态和干警的所思所想，才能有效地开展思想政治教育。此外，通过自媒体，第一时间发现涉检舆情状况，快速全面地收集相关信息，并向上级相关部门汇报，掌握网络信息传播的主动权，避免不良舆情的发酵给干警带来思想波动，提高网络舆情应急处置机制效率。

3. 新工作方式，建立自媒体思政教育平台。思想政治教育工作者要善于利用自媒体平台，实现与受众高效、快捷的沟通。可以利用自媒体建立思政博客或课堂，开辟面向检察干警和社会公众的

思想政治教育的舆情新阵地，改变目前检察机关官方的"两微一站"多但专门的思政教育自媒体平台少的现状，既实现了教育的全面覆盖，同时也避免了距离、空间的限制。在思政自媒体建设中，还要创造性地应用多种表达手段，使思想政治教育紧跟时代步伐。通过自媒体平台，领导与普通干警、检察机关与社会公众可以进行交流探讨、平等对话、答疑解惑、听取意见和建议。通过建立迅速有效的沟通渠道和反馈渠道，能够切实增强政治教育的实效性。

4. 加强教育培训，增强检察人员媒介素养。媒介素养就是认识、评价、运用媒介的能力，思政工作者和检察干部具备较高的媒介素养，才能善于运用群众喜闻乐见的方式，把党和政府、把司法机关权威真实的声音及时传送到包括微博、社区网等各种媒介的各个角落去，最大限度地增加舆论的正能量；才能悉心体察群众所思所想所盼，主动及时回应社会关切，有效疏导公众情绪。此外，还要提高对舆情的质疑和免疫能力，决不能让负面舆情干扰秉公办事的检察人员开展工作，从而维护检察机关的队伍稳定和良好形象。

贯彻落实《条例》的实践与思考

福建省龙岩市人民检察院机关党委

2010 年，中央颁布了新修订的《中国共产党党和国家机关基层组织工作条例》（以下简称《条例》），对新形势下机关党建工作的基本原则、职责任务、工作机制等作出了全面规定，是机关党的工作必须遵循的基本规章。近年来，龙岩市检察机关认真贯彻落实《条例》，围绕"服务中心、建设队伍"两大任务，努力打造"红土先锋"党建工作品牌，不断提升检察机关党建科学化水平。

一、龙岩市检察机关贯彻落实《条例》总体情况

1. 准确把握机关党组织职能定位，在服务中心、建设队伍上有所作为。《条例》明确要求机关党组织把服务中心、建设队伍贯穿始终。对检察机关而言，就是要找准党建与检察业务工作的结合点，建设高素质党员队伍，切实保障和促进各项检察任务的完成。围绕服务中心大局，我们出台《关于服务龙岩科学发展跨越发展的意见》，先后开展了"发挥检察职能，服务水土保持""解放思想、创先争优，推进闽西老区加快崛起"等主题活动，实现党建工作与服务大局的无缝隙对接，两级院探索建立的"专业化法律监督+恢复性司法实践"生态检察模式，相关经验做法在高检院论坛交流，全国人大代表来龙岩视察时给予充分肯定。围绕建设高素质党员队伍，我们以"两提升五过硬建设"、"创建学习型党组织"和"创先争优"等活动为载体，建立健全教育、管理、服务

党员长效机制，市检察院和武平、长汀、连城检察院党组织被确定为全市学习型党组织示范点，先后涌现出"全省优秀共产党员"、"全省检察机关执法为民典型"等一批先进个人。

2. 构建明确的机关党建责任体系，在指导工作、落实责任上有所作为。《条例》规定部门党组要建立机关党的工作责任制，我们坚持实行党组负总责，党组书记带头抓、分管领导具体抓、班子成员协调抓、机关党组织抓落实的责任体系。强化党要管党意识，院党组把机关党建工作纳入重要议事日程，每年至少两次听取机关党建工作汇报，及时给予指导，提出任务要求，帮助解决问题。开展党组织书记述职评议，党员领导干部抓机关党建工作情况纳入业绩考评和干部考核的重要内容，推动机关党建工作责任落实。健全激励保障机制，将党组织活动经费列入行政经费预算，对机关党员教育培训、党内表彰、党员活动阵地建设等给予充足经费保障，每年民主评议党员定格为"优秀"的，参照公务员奖励办法奖励。

3. 加强制度规范化建设，在夯实基础、焕发活力上有所作为。优化基层组织设置，按照"支部建在连上"的建党思想，市检察院把党支部建在处室局上，个别人员较少的部门则根据业务相近的原则合设党支部，支部书记均由内设机构正职兼任，做到管思想与管业务、管党员与管队伍相统一。认真执行按期换届，严格遵循换届工作程序，两级院党组织按期换届选举率达100%。严肃党内生活，"三会一课"、民主生活会、民主评议党员、领导干部过双重组织生活等制度得到严格执行，机关党组织会议记录、组织生活档案等工作台账健全。加强党建工作考核，变"软"任务为"硬"指标，制定《龙岩市检察机关党建"三级联创"活动量化考评表》，细化贯彻《条例》、推行落实"1263"机制考评内容，强化考评结果运用，根据每两个年度综合考评情况，评选党建"三级联创"先进单位。坚持以《条例》为基本遵循，逐步实现机关党建规范化、科学化，市检察院连续六届被市委评为党建工作先进单位。

二、目前贯彻执行《条例》方面存在的主要问题

1. 思想政治工作针对性、时代性有待加强。当前检察队伍结构不断变化，干警的年轻化、高学历带来了思想的多元化和个性化，对检察思想政治工作提出了新的要求，老一套的"我说你听、我做你看"的模式，已明显不适应时代需要。近年来，一些基层检察院偶有出现以主题教育活动包揽思想政治工作的现象，习惯沿用传统的灌输式教育方式，经常性的思想工作做得不够深入具体，不接地气，影响到实际效果。虽然两级院能积极探索利用微博、微信等新媒体开展思想政治工作，但在深化司法体制改革大背景下思想政治工作前瞻性不足，新颖性、感召力不强，尚未真正从"教育管理"向"引导服务"转变等问题日益凸显，难以充分发挥检察机关思想政治工作"生命线"的作用。

2. 机关党建工作方式方法创新不足。有的基层党组织对新情况新问题主动思考和勇于探索不够，党建工作的理念和思路比较传统，工作内容贫乏、方式方法传统单一，缺乏吸引力、凝聚力和感召力。特别是机关内设机构党组织自主活动能力较差，满足于完成上级党组织布置的任务，工作主动性、创造性不足。有的基层党组织开展机关党建工作过于虚化、泛化，工作缺乏针对性和实效性，有效抓手少，表面看起来轰轰烈烈，实际效果不佳。有的基层党组织工作创新存在"碎片化"问题，缺乏整体设计和统筹规划，没有整合资源、形成合力，有时只是以往做法的重新包装，缺少实质性的提升和拓展，有特色、有亮点的做法未能得到丰富发展。

3. 党务干部队伍尚未完全适应形势发展需要。专职党务工作人员配备不足，《条例》规定专职党务工作人员按照所在单位工作人员总数的百分之一至百分之二配备，而龙岩市检察机关只有市院、上杭县院、长汀县院配备专职党务干部或有专人从事党务工作。机关党务干部交流难，虽然《条例》规定有组织、有计划地

安排机关专职党务工作人员与行政业务工作人员的双向交流，但相应交流制度设计缺位，特别是司法体制改革后，实行检察官员额制，更容易造成"出口"不畅。兼职党务干部素质能力不适应要求，多数支部委员均为年轻党员兼任，平时检察业务工作繁忙，无暇顾及支部工作，不同程度地存在重业务、轻党务的倾向；另外，许多新当选的支部委员未做过党务工作，参加党务培训较少，党务知识缺乏，难以适应新形势新任务的要求。

三、坚持用《条例》规范机关党建工作路径思考

1. 推进思想政治工作与时俱进。在司法体制改革背景下，检察机关思想政治工作要继承和发扬古田会议精神，坚持思想建党、政治建检，以解决问题、贴近需求、引导服务为导向，及时研判思想政治工作新问题，充分利用微博、微信等新媒体，通过开展检察讲坛、道德讲堂、读书沙龙等活动，加强党员干警理想信念、职业道德、法治信仰教育；通过开展信访跟班、民情联系点实践锻炼、志愿服务等体验式教育，增强做好各项检察工作的自觉性；通过开展谈心谈话、座谈会等双向交流活动，及时了解党员干警的所思所虑，帮助解决问题，凝聚检察正能量。

2. 创新机关党建工作方式方法。丰富多彩、富有成效的活动载体是不断激发机关党组织生机活力的重要举措。要坚持党组织的要求和党员的需求相结合，切实找准机关党建工作紧贴中心、服务大局的切入点和着力点，设计特色鲜明、务实管用的活动载体，逐步推进党组织活动由单一性、阶段性向多元化、经常化转变，增强党建工作的活力和实效。坚持创新之举与务实之策相结合，按照符合时代特色、彰显单位特色、机关党员干部充分认可的要求，注重资源整合，认真总结执行好做法好经验，努力把特色做成亮点，把亮点做成品牌。

3. 抓好机关党务干部队伍建设。建设一支高素质的机关党务

干部队伍，是抓好机关党建工作的重要保证。要严格贯彻落实《条例》规定，推动各基层院按照机关工作人员总数 1% ~ 2% 的比例配齐专职党务干部，切实解决机关党建工作力量不足的问题。加强机关党务干部培训，重点围绕落实从严治党要求开展新任党组织书记、支部委员培训，提升机关党务干部队伍的能力素质。推动党务干部与业务干部的双向交流，把党务岗位作为培养干部的重要岗位，做到优化结构、增强活力、合理流动。

适应"四个全面"新常态 发挥党组织和党员的战斗堡垒和先锋模范作用 全面加强人民检察院党建工作

江西省人民检察院机关党委 胡 刚

随着司法体制改革和检察改革的不断深入，人民检察院党组织和队伍建设得到进一步加强和改进，在党的坚强领导下，努力建设一支信念坚定、执法为民、敢于担当、清正廉洁的检察队伍。但是，当前检察机关正值司法体制改革的关键时期，面对意识形态领域斗争尖锐复杂的新形势，面对社会主义市场经济条件下人们价值取向日益多元多样多变的新特点，面对信息网络深刻改变思想舆论环境的新趋势，面对国家和检察机关全面深化改革带来的新考验，面对检察使命任务拓展的新要求，面对检察人员结构和思想行为方式的新变化，人民检察院的党建工作也面临诸多问题，如党建工作不适应形势发展的需要，与检察工作结合不够密切，工作方式、方法缺乏创新；党组织的监督保证作用机制不灵、措施不力、监督不严，制度不够完善，措施不够落实等，从而导致党建工作在检察院工作的进程中的角色和作用下降，甚至被动滞后。在这种背景之下，如何适应贯彻"四个全面"战略布局推动各项检察工作新常态，加强检察院党组织建设工作，充分发挥党的坚强领导核心作用是一项常抓不懈的重要任务。

一、围绕一个主题，提高人民检察院党员思想觉悟

"四个全面"的提出，是我们党治国理政方略与时俱进的新创造、马克思主义与中国实践相结合的新飞跃，实现了理论、战略、实践三个层面的统一，而党的领导是最关键的根本保证，要锻造坚强的领导核心，必须加强党的执政能力建设和先进性建设，不断提高党领导经济社会发展能力和水平。检察院党务工作者必须时刻树立这种意识和观念，并在实际工作中不断探索和创新。新形势下检察院党建工作只有很好地与检察工作结合，紧紧围绕并服从服务于检察院的中心工作，才能真正有所作为。具体来说，就是检察院党建工作做到"三个服从服务于"，即要服从服务于党的中心工作在检察院的贯彻执行，服从服务于检察工作质量和公正与效率水平的不断提高，服从服务于全院干警文化生活水平和生活质量的不断改善。检察院党务工作者必须进一步解放思想、更新观念，用改革的精神，积极探索和研究检察院党建工作的新情况，新问题，不断改进党建工作方法和活动方式，努力寻找党建工作与检察工作的结合点和切入点。在新的党建形势下，要充分利用党建信息平台和有效载体，跟踪党建工作发展前沿，逐步实现党建理论的网上学习、讨论，党建动态信息的网上宣传，教育干警自觉服从司法体制改革和检察改革大局，正确面对利益调整，保持昂扬向上、奋发有为的精神状态，为推动检察工作全面健康发展注入强大的精神动力。

二、结合一个专题教育活动，形成良好党建氛围

深入开展"三严三实"专题教育活动，是巩固扩大党的群众路线教育实践活动成果，筑牢队伍理想信念和思想道德基础，对于激发各级党组织和广大党员生机活力、提高党的执政能力、保持和发展党的先进性，对于推动党的建设更好地服务中心工作具有十分

重要的意义。

一是坚持把"三严三实"活动与加强学习、建设学习型检察院相结合，充实干警图书阅览室，加强检察官培训工作。鼓励干警进行在职学习提升自身综合素质。院党组要率先垂范，带头学习，加强形势政策学习、法治理念学习、法律业务学习、综合知识学习等，建立健全多层次、全员化学习体系。二是要建章立制，从根本上解决"不严不实"问题。把思想建党和制度治党结合起来，建立健全体现"三严三实"要求、持续改进作风的制度机制。在严肃党内政治生活、加强党员干部教育管理、加强权力运行制约监督等方面，制定和完善相关制度办法。强化制度的刚性约束，坚决维护制度的严肃性和权威性。

三、加强五项管理，全面推进人民
检察院党建工作上台阶

（一）思想建设方面

要始终坚持党对检察工作的领导。坚持把党的领导贯彻落实到检察工作中，坚定政治立场和政治自觉，在思想上政治上行动上同党中央保持高度一致，维护中央权威，保持政令、检令畅通，严守党的政治纪律和政治规矩，做到对党忠诚，与党保持步调一致。在工作中，尤其是检察院工作，政治方向一定要明确，思想作风一定要正派。作为检察院党员干部要不断地培养自己的群众意识、服务意识和大局意识。检察院党务工作者要创新思想政治建设方式，把思想教育与检察文化建设结合起来，探索建立检察队伍思想动态定期分析通报制度，增强思想政治工作的吸引力和实效性。

（二）制度建设方面

院党组要带头坚持学习党章、宪法和法律的相关理论知识，做到每日有学习，每周有笔记，每月有总结。特别是要把学习贯彻十八届三中、四中全会和习近平总书记系列重要讲话精神，作为一项

重要政治任务，不仅院党组要认真领会和研读，还要组织全院干警进行学习，切实起到模范带头作用。一是要认真谋划学习内容。召开专题党组会，讨论理论学习内容。认真研究并及时制定年度学习计划。二是要及时完善学习制度。继续坚持党组中心组的学习制度，完善述学、评学、考学机制，做到学习时间、内容、人员三落实。三是坚持学习签到制度。由专人负责中心组学习的会议通知、开会签到、会议记录、学习资料等工作，确保学习有记录。

（三）司法作风方面

坚持党的领导，是社会主义法治的根本要求，是全面推进依法治国的根本保证。认真落实中央重大决策部署，建立健全对党中央和各级党委重大决策部署在检察机关贯彻落实情况的监督检查机制和重大事项报告制度，主动争取对检察工作的领导和支持。要把党建工作融入规范司法活动专项整治活动中去，在健全完善制度机制上下功夫，推进司法规范化建设常态化。探索建立临时党支部，对执法办案一线党员进行管理和监督，及时向党组织报告重大事项，争取支持。认真整治司法不规范问题，对职务犯罪侦查、批捕、起诉等关键岗位、关键环节出现的突出问题进行系统清理，在不折不扣落实高检院"规定动作"、解决"共性问题"的基础上，搞好"自选动作"，解决"个性"问题。

（四）组织建设方面

加强党的组织建设，就要坚持和健全民主集中制，加强和改善党的领导，提高党组织的战斗力，大力加强党同群众的密切联系，充分发挥党员的先锋模范作用和党组织的战斗堡垒作用。要牢固树立党的领导的理念，工作中主动争取党组的领导，对本院工作作出的重要部署、出台的重大改革措施、发现重大问题，及时向党组报告，确保党对检察院工作的领导落到实处。

（五）廉洁自律方面

深入开展党风廉政建设，严格落实党内政治生活制度，严格落实"两个责任"，依纪依法反对和克服"四风"。一是清醒认识当前检察人员违纪违法的严峻形势，切实增强自身反腐倡廉建设的责任感和紧迫感。二是坚持把党的纪律和检察纪律挺在前面，驰而不息抓好检察机关作风建设。持之以恒贯彻落实中央八项规定，坚决防止"四风"反弹。认真落实《领导干部干预司法活动、插手案件处理的记录、通报和责任追究规定》和《司法机关内部人员过问案件的记录和责任追究规定》。三是强化监督执纪问责，切实落实党风廉政建设"两个责任"。

如何强化检察院党建工作，发挥党组织和党员在检察院工作中的战斗堡垒和先锋模范作用，是新时期赋予人民检察院党建工作的新课题。我们应当站在深化司法体制改革和检察改革的新高度，按照"四个全面"的要求和"围绕检察抓党建，抓好党建促检察"的工作思路，全面加强检察院党的建设，更有力地促进机关党建工作的开展，开创检察院党建工作的新局面。

浅谈落实好"三会一课"
制度的几点思考

山东省人民检察院　许德刚

习近平总书记在党的群众路线教育实践活动总结大会上指出：党内政治生活是党组织教育管理党员和党员进行党性锻炼的主要平台，从严治党必须从党内政治生活严起。有什么样的党内政治生活，就有什么样的党员、干部作风。一个班子强不强、有没有战斗力，同有没有严肃认真的党内政治生活密切相关；一个领导干部强不强、威信高不高，也同是否经过严肃认真的党内政治生活锻炼密切相关。笔者认为，新形势下加强对党员的教育管理，最根本的是要坚持严格的党内政治生活制度，使党内政治生活制度常态化、规范化。"三会一课"（支部党员大会、支委会、党小组会和党课）是党支部建设的一项基本制度，是党内政治生活的重要载体，落实好"三会一课"制度，对从严治党，使党的基层组织和全体党员、干部都按照党内政治生活准则和党的各项规定办事，增强党支部的凝聚力、战斗力具有十分重要的意义。近年来，我们通过对 35 个支部的连续跟踪检查和调研，认为当前大多数基层党组织坚持了"三会一课"制度，开展活动正常、效果较好。但仍有部分支部存在不少问题，为此，我们有针对性地进行了党支部书记、组织委员的培训，有一定的起色，但是，还需要探讨从根本上解决问题的方法，值得深思。

一、当前在落实"三会一课"制度中存在的主要问题

1. "三会"的职责范围把握得不准确。有的把政策性的工作和事务性的工作混在一起；有的把中心工作与一般性工作相等同；有的是用行政会代替党务会；有的是必须召开支部党员大会来决定的事项，由支委会来代为决定；有的"三会"变成了专题学习会、工作安排会，任务布置会，活动动员会，影响了"三会"作用的发挥。

2. "三会"的职能作用发挥得不好。一是不按规定时间召开会议。有的一年开不了几次会议，正因为不能及时召开"三会"，所以巧媳妇难做无米之炊，会议记录成了"假、大、空"，一般都是一些学习记录，传达上级指示精神的会议记录等。二是解决自身问题的能力有待提高。对于有些工作中出现的矛盾，不能很好地开展批评与自我批评，存在隔靴搔痒的现象。三是会议流于形式。会议既缺乏实质性的决议，也难见具体的措施，更缺乏严格的检查督促，没有真正起到教育、管理、约束、激励党员的作用。

3. "三会"的民主气氛不浓。会前征求党员意见少，会上党员发展意见少，缺乏思想交流与沟通。在查阅的 35 个支部的党员大会记录中，相当一部分支部对提交党员大会讨论、决定的议题，没有党员发表意见的记录。基本上是"照本宣科，我读你听，我说你干，我定你办"。民主气氛不浓，个人发言表态较少，说明党员参与党内事务管理，讨论决定党内重要工作的基本权利没有得到充分尊重。

4. "三会"记录的要素不全面。虽然机关统一配发了"三会一课"登记簿，并进行了规范统一，但是，登记人为了省事，记录还是太简略，有的仅有标题，没有具体的内容，有的简短数语，没有说明问题，有的整篇会议记录不超过半页纸，没有实质性的内容，基本不能做到即时记录，事后整理补记的多，更有甚者，为了

应付检查，临时安排人员补记"三会"的现象仍然存在。

5. "三会"资料保管不好。有的支部没有专人保管资料，随意性大，有的支部安排非支部委员保管记录支委会会议，个别的会议记录存在裁剪粘贴等现象。对"三会"资料如何保管，没有严格的管理制度，仍然沿用传统的做法，由各支部自己保管，随着人员的不断流动，久而久之就很难见到以前"三会"的资料。

6. 党课形式单一，内容枯燥。党课是党支部对党员进行政治教育的主要形式。从我们了解的情况看，党课教育缺乏针对性、计划性、系统性，以及感染力和吸引力，成效一般化。在党课的组织上，一些支部缺乏认真充分的准备，教材运用存在较大的随意性。有的没有备课材料，流于形式，有的以政治理论学习代替上党课，没有主题，没有目的，不能结合党员的现实思想进行以理想、信念、宗旨教育和党的基本知识为重点的教育。泛泛而谈的多、面上的情况多、理论说教的多，与基层实际相去甚远，对解决基层实际问题帮助不大，对提高党员思想觉悟、增强党员发挥先进性作用的效果不明显。

二、"三会一课"存在问题的主要原因

1. 思想认识不到位，标准不高。部分党支部负责人对"三会一课"制度在党支部建设中的重要地位和作用缺乏足够的思想认识。觉得党建工作是空虚的，业务工作是实的，"三会一课"多了会冲淡检察中心工作，"三会一课"是费力、费时、费心的事，难见成效，难出成果。还有的怕降低自己行政领导的地位和威信，尽量以行政会代替组织生活会。有的嫌组织生活会太麻烦，不如行政会来得快，迅速果断。有的存在应付思想，组织生活如同走过场，执行不严格。有的对"三会一课"说起来重要、做起来次要、忙起来不要。这些偏见造成了支部"三会一课"制度执行不力，标准不高，质量下降。

2. 对党务工作不熟悉、不会做。一是传帮带作用发挥得不好。由于前任党务工作者对"三会一课"制度不重视，不熟悉，后任者也会受到一定的负面影响，难有新起色。二是缺乏上岗前的培训。不能做到对每个党务工作者上任之前都进行一次党务知识的培训，因此，组织"三会一课"的能力比较弱。三是自身不注意党务知识的学习和积累。即使组织过党务知识的培训，也如同猴子掰棒子，掰一个丢一个，限制了党务能力的提高。

3. "三会一课"制度执行不规范、不严肃。不能按照要求定期开展"三会一课"活动，间隔时间较长，甚至把支委会与处室行政骨干会、支部党员大会与处室全体人员会、党课与全体人员政治学习混为一谈，对无故不参加组织生活的党员，不补课、不批评、不教育，放任自流。

4. 对支部工作的考核检查不够严、指导乏力。有的单位虽然制定了《党支部工作考核办法》，但是在考核检查中，也仅限于看看登记、翻翻资料、听听汇报等，检查指导还存在不及时、不具体、不到位的现象。对发现的问题通常也是泛泛提要求多，采取有针对性的措施少，检查走过场多，解决问题少。上级党组织对检查情况缺乏有力度的情况通报，也缺少具体的指导意见，造成"三会一课"制度落实效果不佳。

5. 解决自身问题的能力、创新意识还不够强。能否解决自身问题是发挥战斗堡垒作用的重要保障，班长的模范作用不强，一班人软弱涣散是影响战斗堡垒作用和提高解决自身问题能力的主要原因。一些支部组织生活的内容、方式、载体，还仅限于开会传达文件、念报纸，形式比较陈旧，活动吸引力不强，致使党员不愿意参加组织活动。还有部分党务工作者创新能力不强，对新形势下提高"三会一课"质量的途径、方法研究探索不够，影响了"三会一课"的效果。

三、确保"三会一课"制度落到实处的几点思考

1. 提高认识，端正态度，是确保"三会一课"质量的思想保证。思想是行动的指南，提高认识是落实行动的基础。要提高"三会一课"的质量，首先要转变思想，充分认识坚持"三会一课"是加强党的思想作风建设，有效地实施党内监督，改进作风，增强团结，保证党的路线、方针、政策和决议有效贯彻执行的重要途径。因此，要从提高党的执政能力和领导水平的高度，加强对"三会一课"重要性的认识，才能真正重视"三会一课"；要从提高"三会一课"的质量，更有利于加强党员的教育管理，发挥党员的先锋模范作用来认识。要逐步努力形成支部、党小组一级抓一级、层层抓落实、齐抓共管的新局面。

2. 组织培训，增强素质，是提高"三会一课"质量的组织保障。党支部书记和党小组长的素质决定着"三会一课"质量。要把增强基层党务干部素质作为首要任务来抓。一要选准人。要把党性强、业务精、素质好、有能力，想当愿干的党员选拔到支部书记、党小组长的岗位上来。二要抓培训。坚持支部书记上岗资格培训制度，通过岗前培训、业务轮训提高支部书记、党小组长素质。三要交流"三会一课"的经验体会。通过介绍经验、理论研讨、参观学习等提高能力。

3. 纳入考核，归档管理，是增强"三会一课"质量的制度保障。一是根据《党章》及有关规定，结合党支部工作实际，制订"三会一课"质量评价标准，纳入单位绩效考核系统，作为创先评优的重要依据，形成科学的考核机制。二是对"三会一课"措施实、效果好，作用发挥好的支部，进行必要的表彰奖励，并与提拔使用挂钩，做到有为有位，形成良好的激励机制。三是将"三会一课"的有关内容作为责任追究的重要依据，作为长久性资料，纳入归档管理。

4. 加强管理，强化监督，是决定"三会一课"质量的纪律保障。一是要加强日常管理，落实支部书记例会制度、支部书记和党小组长工作档案制度，用制度管人，凭制度管事，逐步实现规范化、制度化管理。二是要维护纪律的严肃性，关键要提高纪律的执行力，纪律面前人人平等，制度约束没有例外，对于一贯不认真落实"三会一课"的支部要敢于通报批评。三是要建立逐级督察制度，各级党组织要根据各自的职责，形成融"三会一课"内在质量与有效监督为一体的督察机制。要坚持能者上，庸者让的竞争机制，敢于及时撤换不胜任的支部书记。

5. 改革创新，追求卓越，是提升"三会一课"质量的效果保障。要在创新管理上下功夫，要注意发挥党员的主体作用，把党组织对党员的管理与党员对党员、群众对党员的民主评议和监督结合起来，多听取党内外群众的意见，让党员自始至终处于党内外群众的民主监督之下。要在创新教育上下功夫。在强化素质教育的同时，科学利用现有的电教网点和广播电视、报刊杂志、互联网络等媒体拓展党员教育的主阵地。让党员不受时间、不受空间、不受个体素质差异的限制，时时都能接受到党的教育。要在信息化建设上下功夫。逐步探索"三会一课"向信息化发展的新模式和新途径，由传统的纸张记录向电脑记录、录音记录和同步录音录像方向发展的新尝试。通过"三会一课"制度的落实，既推进检察中心工作上水平，又促进"三会一课"质量再上新台阶。

积极适应新常态
探索基层检察机关党建工作新途径

山东省临沂市莒南县人民检察院

党的十八大以来，山东省莒南县人民检察院面对不断深化检察改革发展的新常态，适时担负起时代赋予的新使命，立足职能，不等不靠，主动作为，从抓基层党组织建设入手，确立了"以党建带队建，以队建促业务，以业务谋发展"的工作思路，俯身对接地气，立身不忘根本，谋划顾全大局，做事想着人民，探索出一条基层检察机关党组织建设的新途径，有力增强了党员干警队伍的凝聚力和战斗力，激发了干警创先争优的激情和潜力，有效推动全院检察工作的整体提升和科学发展。

一、新常态下基层检察党建面临的新课题

党的十八大召开以后，经济社会发展步入新常态，特别是"四个全面"战略布局的提出，给司法工作赋予了新内涵，更对当前检察工作提出了新要求、新挑战。作为处于改革深水区的检察机关，如何在新常态中保持好政治定力，找到业务发展的突破口，是我们一直在思考的问题。我们认为，适应新常态首先是队伍思想素质的适应，而队伍素质的提高首先是党员队伍素质的提高。不可否认，当前检察队伍现状与新形势的要求还有一定的差距。诸如，有的干警存在信仰淡化的倾向，甚至出现信仰动摇、精神迷失的危险；有的干警存在宗旨意识淡漠、组织纪律观念弱化等问题；有的

在工作中热衷于搞形式、做样子；有的在执法办案中存在司法作风简单粗暴，执法办案不规范等问题。这些不正之风长期存在，已经成为顽疾，如果沿用老一套的说教，势必还会流于形式，因此，必须因地制宜，利用党建工作渠道，发挥党组织和党员的引领作用，从提高干警党性觉悟的高度，实现教育的时效性，利用党纪党规的刚性约束，体现制度的严肃性。

二、基层检察党建工作适应新常态的探索

1. 健全组织，党建机构网络化。坚持在党组织机构设置和人员配备上做到横到边，纵到底。在纵向，成立机关党委，直接在院党组领导下开展工作，为机关党建工作的总牵头部门。党委下设党支部，并将支部建在一线，一直延伸到 7 个派驻检察室。在横向，党委下设工会、共青团、文联、女工委等群团部门，发挥党建工作的助手作用。为确保思想管理工作跟进到位，坚持在单独工作时间较长、3 人以上的办案组建立党小组，在外出考察学习的干警中设立临时党支部，实现了党建机构的网络化和党建工作的全覆盖，形成了党组统一领导、机关党委牵头总抓、各支部具体落实、群团部门合力推进的党建工作新格局。

2. 搭建平台，党建工作常态化。率先在全市检察系统和全县内成立中共莒南县委党校检察分校，内设办公室、教学处、党性教育教学基地办公室。分校根据培训需求，建有多功能党员教育室、党性教育活动室、党性教育实践室、案例式教学室、红色文化长廊、七彩空间等。在课程设置上，充分挖掘莒南红色元素，立足检察工作实际，分为"红色热土"、"藏蓝情怀"、"黄色预警"三个篇章，设置了包含党建理论、检察前沿、红色文化、廉政警示等内容的课程。在教学形式上，突出现场式、情景式、案例式、互动式的特点，创建了"6＋2"体验式特色教学模式。同时，着力整合配强分校师资，成立了由优秀检察官、特聘兼职教师等组成的教学

团队，并与县委党校实现无缝对接，资源共享，适时邀请各领域内知名专家开展专题授课。

3. 完善制度，党建机制规范化。规章制度是工作规范化的保证。我们在坚持党内通行的规章制度前提下，更突出党风廉政方面的制度建设，制定了《党风廉政建设和反腐败工作责任分工意见》，把党风廉政建设作为"一把手"工程抓紧抓实，形成了以《党风廉政建设责任制实施细则》为主体，以《谈心谈话约谈制度》《规范干警外出报备工作的若干规定》等为补充的党建工作机制。我们还把履行党建工作职责情况作为衡量干部综合素质和工作能力的重要内容，创新推行"干警干事档案管理系统"，将干警日常工作和业绩考评"台面化"，建立专门的台账资料，对各支部、各群团部门工作开展情况及时归档，并且与评先树优、干部提拔相挂钩。

4. 对接地气，教育内容实用化。莒南县作为革命老区，素有"山东小延安"和"齐鲁红都"的美誉。1945 年 8 月 13 日，山东省政府在这里诞生，山东人民检察事业在这里正式起步。因此，在我们确定以党建统领检察工作的思路之初，就坚持突出地域特色，用莒南丰厚的红色文化资源贯穿党建工作全过程，并依托山东省政府成立暨八路军 115 师司令部旧址、山东抗日根据地纪念馆、沂蒙根据地群众工作纪念馆、山东人民检察史展厅、中华抗日第一村渊子崖村等红色教学点及我院反腐倡廉警示教育基地、党员干警自警室两处平台，成功打造了独具地域特色的检察官体验式党性教育基地。该基地被临沂市院确定为全市检察机关"东点西线"党性教育线路中的"东点"教育基地。高检院、山东省院、临沂市院及威海市院、南京市秦淮区院等先后组织干警来我院检察官体验式党性教育基地开展党性教育。

5. 寓教于乐，教育形式多彩化。我们坚持"党组主导，党委主办，群团部门各自为战"的运作方式，依托党建阵地和平台，先后开展"星期乐学会"、"检察茶座"、"王璟法学社"等学习讨论活动 76 次，出版《星期乐学会》刊 29 期，开辟"莒南检察党建"和"星期乐学会"网上专栏，依托检察官文联与社会文学艺术界"联姻"，开展文化交流。依托工会、共青团等群团组织开展各类节日文体活动。通过一系列对接地气的传统教育和青年干警喜爱的文体活动，干警干事创业的活力得到激发，自信心得到提升，理想信念得到强化。

三、对今后基层检察党建工作的两点建议

一是党建工作变运动式为常态化。党建工作永远是进行时。党建工作要渗透到业务工作的各个环节，要覆盖到各个角落。要有组织来负责，有人员来担当，有制度来保证，有平台来支撑，有活动来充实，有奖惩来兑现。

二是虚工实做，力戒形式主义。习总书记告诉我们，基层的形式主义，根源不在下面，而是上行下效。避免形式主义还是要从上面做起，从三严三实做起，避免形式主义的考核、检查和评比；避免数字出官，官出数字；避免一刀裁、一个模式，要让各地发挥主动性和创造性，根据地情、人情探索自己的党建途径。

总之，党建是一项基础性、系统性工程，只有坚持在"新"字上做文章，在"实"字上下功夫，在"创"字上求突破，才能获得实效。

以"三严三实"为标尺
立身为政成事

河南省新乡市辉县市人民检察院　赵　莉

2014 年 3 月，习近平总书记在全国"两会"参加安徽代表团审议时，首次向各级领导干部提出了"三严三实"的要求。十八届五中全会中央，又向全党提出了"认识新常态、适应新常态、引领新常态，必须有新理念、新思路、新举措"。这与总书记对党员干部的系列要求既一脉相承，又高度凝练概括，指导性、指向性、现实性都很强，为党员干部修身立德、奋发立志、干事立行刻画了标尺、树立了标杆。检察机关是党领导下的国家法律监督机关，检察人员的政治素养、道德修养、能力作风反映和体现着党的形象，是群众感知检察机关作风最重要的一面"镜子"，一言一行都要严格以"三严三实"为标尺。

一、以"三严三实"为标尺立身，树立高尚人格

践行"三严三实"，首在修身。习近平总书记反复强调，"做人做事第一位的是崇德修身"，"修其心治其身，而后可以为政于天下"。对照"三严三实"要求修身做人，既要"立德"、培育道德品行，也要"立志"、胸怀崇高理想，更要"立行"、脚踏实地实践。

（一）"立德"是基础

"德"乃立身之本。在我们的队伍中，一些党员干部热衷于低

级趣味的事物，不能用严格的高标准要求自己，对"组织"没有概念，究其原因就是"立德"出现了问题。那么如何"立德"？一是要从传统文化中汲取营养。从传统文化经典、历史名人中汲取精华是我们党员干部，尤其是法律工作者应当做到的，要增强文化自信，培养自己学史明理的兴趣。二是向本地当代先进人物学习。我们身边有和焦裕禄同时代的原优秀县委书记郑永和，他率先垂范，带领全县人民战天斗地，谱写了一曲"辉县人民干得好"的奇迹。有一大批像裴春亮、范海涛、马海林等全国劳模和优秀共产党员代表，在平凡的岗位上，用大半辈子的生命诠释大爱，奉献人生。三是向身边先进典型学习。我们有"全国孝亲敬老之星"、"省、市五一劳动奖章"、"县级劳动模范"等各级先进人物，我们通过"道德讲堂"、"检察党课"等形式向干警宣讲、弘扬他们的事迹和精神，用"身边人"、"身边事"教育和引导干警。

（二）"立志"是导向

没有良好的志向，修不出良好的德行。"立志"有一个选择和放弃的问题，如何取舍？首当其冲的就是名利，如何取舍？想做到心态平和、心境淡定十分不容易。当前社会利益多变，我们必须头脑清醒地把握手中的权力，讲大局、讲政治、讲服从，保持本色才是最佳选择。再者就是慎友，最近在我们身边发生的一些案件，有些涉案领导原来的公众形象是正派的，但被下面别有用心的人拉拢、腐蚀，在金钱和利益面前，逐渐迷失了自我，丧失了三观，最后犯下触目惊心的罪行。因此交个好友受益终生，交友不当后患无穷，党员干部们要严格把控自己交友圈。最后是追求。追求是个人价值取向的表现，选择了检察职业，你的追求就必须和这份职业相匹配，远离功名利禄，抵制低级趣味，做一名志趣高雅的检察人员。

（三）"立行"是目的

中央"八项规定"出台以来，一方面是党员干部的法律意识、自我约束意识有了很大进步，另一方面却还有一些只做表面文章，懒政不为的"明哲自保"。朱熹说,"君子之心,常怀敬畏"。作为检察人员,要把握三个敬畏:一要敬畏"度"。"无规矩不成方圆",人只有在一言一行上遵守纪律与规矩的约束,才能真正做好工作。二要敬畏初始。人生贵善始,我们坚持对新进、新晋、新入(党)、新任(检察官)人员谈话、谈心和宣誓制度,即是从"源头"上洁流清源。如果从事检察工作之初思想就出现偏差,将享受特权和谋私利作为目标,将不遵守纪律和规矩成为习惯,那么就注定你不称职、不合格,不适合检察职业和检察官角色。三要敬畏口碑。遵守底线,锤炼党性、磨炼心性,思律己之益、思放纵之害,始终保持党员干部的政治本色,不要让闲言碎语禁锢我们的脚步,我们要用务实的形象和作风、具体的行动和成绩走进大多数同事的心里,让大家认可你,支持你。

二、以"三严三实"为标尺从政,锤炼过硬品质

穿上检察服的第一天,我们就成为百姓眼中的"官"。官,是公共权力的象征,权力的行使结果是建立在官品、官样、有作为的基础之上,具体有以下三点:

(一)规规矩矩当官

现在,我们的队伍仍存在不少问题,个别干警功利心过重,眼光过分盯着名利,认为自己在检察机关工作就是为了享受"检察院"这块牌子给自己带来的"荣耀"、"特权"和好处,处心积虑进行利益交换甚至是权钱交易。为了把好监督关,我院党组请每名干警家属为其写出"廉政亲情寄语"摆放案头,用亲人的关心和嘱托警醒干警。把高检院"检察干警八小时以外禁令"制成门禁胸卡,告诫干警须始终不渝地遵守;其次,要讲政治、守规矩,提高学习运用政策的水平,尤其是要及时学习新政策、新规定,严格按新规矩办事,保持与时俱进,这也是党员干部综合素质的重要体现。最近,我们利用党组会、支部会、周一学习例会等,组织机关

党员干部逐条、系统地学习《中国共产党廉洁自律准则》《中国共产党纪律处分条例》，尤其是对里面的新增、改条款逐一研究、分析，并拿出认识新常态、适应新常态的新思路、新举措，做到学习人员不留死角、内容不留死角，使广大干警对《准则》和《条例》政治性、高度性、严肃性的认识与执行做到内化于心、外化于行。

（二）公公正正为官

"公生明，廉生威"。"廉洁公正"是每位党员尤其是领导干部的行为准则和职业操守。做到"公"，就必须把"立党为公、执政为民"铭刻于心，事事出于公心、讲究公德、维护公平。我们每年年终都会评出"道德之星"、"廉洁之星"、"领头雁"等荣誉，并在机关公开展示他们的先进事迹，以模范的引领让每名检察干警高扬"公正廉洁"的旗帜，尤其是领导干部在用权、修身、务实等方面要为干警起积极的带头作用，引导全体干警自觉规范自己的言行，树立基层检察机关良好形象。

（三）坦坦荡荡做官

习近平同志在中央党校县委书记研修班学员座谈时强调：清清白白做人、干干净净做事、坦坦荡荡做官。如何做到坦荡？一是提倡什么、反对什么应旗帜鲜明，不能含糊其辞，不能妥协忍让，更不能把睁一只眼闭一只眼叫维护团结。二是对同事、对下属应以诚相待，坦坦荡荡，尤其是领导对下级不能当面一套背后一套。为官靠诚信立身，以善良为本。三是多讲组织作用、集体力量，不能讨巧卖乖。郑板桥有一句名言"吃亏是福"，领导尤其要顾大局，讲团结，不斤斤计较，不从个人、部门利益出发，多践行"吃亏"精神。

三、以"三严三实"为标尺成事，彰显担当本色

坚持原则、敢于担当是党员干部必须具备的基本条件。强调担当并不是一句虚话，需要的是切实的行动，这也是修身为官的出发

点和落脚点。

（一）想干事，激发工作热情

工作激情是想干事的动力源泉，干部如何使用和发展更是不可回避，主要体现在三个方面：一是新提拔、调整的干部怎么干。一名干部的提拔靠的是自身努力，更靠组织培养，新调整的干部应当激发更旺盛的斗志，珍惜领导给予的平台，激励自己，不辜负组织和干警期望。二是发展受限的干部怎么干。我们的干警基数在河南省基层院里排在前列，且身份复杂，受司改影响较大，且干部是"金字塔"型的，越往上走越是少数。但我们身边不乏一些已退居二线但是工作劲头始终不减的同志，在本职岗位上仍兢兢业业、尽职尽责，表现出很高的党性觉悟，这就是境界。三是遇到挫折的干部怎么干。受到过处理、走过弯路的干部应振作精神，要从哪里跌倒从哪里爬起来。任何时候都要牢记一句话：任何人可以放弃你，但自己永远不要放弃自己！以上三类干部中，不乏能力出众和素能特异者，院党组因人而异、量体裁衣，灵活选拔合适人员积极参与地方党委的扶贫、治乱、清欠等中心工作，取得了突出效果。扶贫开发是十八届五中全会确定的需要取得"明显突破"的十大领域之一，我院的扶贫工作小组，利用三年时间，为贫困村修路、架桥、整改电网、解决就业、引进资金和项目，倾心扶贫，使一个贫困村彻底脱贫，受到了群众的真心欢迎和赞誉，被省委、省政府评为"全省扶贫工作先进单位"，驻村干部也被评为全省十大"优秀第一书记"。

（二）干成事，辩证看待政绩

想干事、会干事、干成事，实际上是政绩观的问题。一是抓大事是政绩，抓实力、打基础更是政绩。抓软实力的培养，抓素质的提升，需要的是韧劲，必须具体抓、经常抓、反复抓，尤其是要注重加强检察文化"软实力"对检察工作、检察干警潜移默化的助推和影响。检察文化建设看似是虚的工作，其实作用不可低估，对干警的引导、融合、凝聚都有着很重要的作用。我们每年都以支部为单位举行"趣味运动会"、"迎新春"联欢会等文体活动，对干警紧张工作之余的减压、缓压、释压作用，对各党支部的号召力、凝聚力、向心力、战斗力等作用的树立和发挥都十分明显。辉县检察院虽然是河南省首批"检察文化建设示范院"，但仍然需在检察廉政文化建设道路上进一步探索和提高，我院将"中国书法之乡"的文化底蕴与"辉检廉政特色文化"结合并作为品牌经营的做法，就是一种深入的尝试，我们的经验和做法在全省检察文联会议上作为唯一基层院代表进行了发言交流，受到许多领导、单位好评和借鉴。二是不准干的不干是政绩，准干的干好更是政绩。各项纪律规定要做到，要把上级要求的本质工作想透、理清、抓到位，要下功夫干好事，不能以"不求有功但求无过"为由不干事，要在不出事的基础上干好事。近年来，我们的职务犯罪预防工作广泛、深入开展"送法进农村、进企业、进社区、进机关、进学校"活动，主动贴近群众、走进群众，并实行了"规范检察建议送达"做法，通过创新机制、积极作为，在树立形象、高效工作上取得了不俗成绩。

（三）不坏事，培养高度责任心

检察干警办案和共产党人办事一样，都要具有强烈的责任感和高度的事业心，要想努力做到、做好这两点，必须准确把握好三点：一是评估风险，不盲目乱干。干任何事都要有前瞻性、可行性，符合政策、法规，都要有风险评估，不能盲目拍脑袋决策，避免遗留历史问题。例如，在基层院建设上，我们就坚持按照高检院十二五规划纲要和基层院建设纲要，党组反复酝酿，群策群议，确定了长远、科学、合理的争创目标，从"全国先进基层检察院"到"全国模范检察院"，一步一个脚印，逐步实现检察工作的"四化"建设。二是自重自律，不掺杂个人因素。自身腰杆硬，说话办事才有底气，要想干成事不坏事，领导干部要的是公心。我们从维护群众利益出发，结合本地实际，创新发展，多年来坚持"点名接访"、"公开审查"制度，用公心赢得民心，受到了群众的赞誉，连续获得全国检察机关"文明接待示范窗口"和河南省"人民满意的政法单位"等荣誉。三是勇于担责，不怨天尤人。随着依法依规治党力度的加大，问责追责力度必然加大，班子发生问题的，党组必须担责，队伍发生问题的，按照一岗双责，该追究谁的责任就追究谁的责任，绝不姑息。

试论严肃检察机关
党内政治生活的现实路径

湖北省武汉市洪山区人民检察院　张拥军

习近平总书记提出"党内政治生活是党组织教育管理党员和党员进行党性锻炼的主要平台，从严治党必须从党内政治生活严起。"这一重要论述，深刻揭示了严肃党内政治生活对于从严治党的重要意义，体现了从严治党的战略谋划和使命担当，为锤炼过硬检察机关党员干部队伍指明了方向。检察机关应深刻学习领会严肃党内政治生活的紧迫形势及长远意义，进一步巩固和扩大检察机关党的群众路线教育实践活动成果，着力解决检察机关党员队伍中存在的突出问题，积极探索建立检察机关党内政治生活"新常态"。

一、充分认识严肃党内政治生活的重要性及紧迫性

严肃党内政治生活有助于共产党人精神补钙。"坚持党要管党、从严治党、正视并及时解决党内突出问题，始终保持党的肌体健康"，这是我们党保持和发展马克思主义政党先进性和纯洁性的根本要求。共产主义理想信念是共产党员崇高的精神追求，是共产党人安身立命的根本。促进领导干部党性党风方面存在问题的解决，必须坚决克服党内政治生活中的庸俗习气，开展积极健康的思想斗争。事实表明，理想信念动摇是最危险的动摇，理想信念滑坡是最危险的滑坡。部分检察机关党员干部出现这样那样的问题，说到底是信仰迷茫、精神迷失。正如邓小平同志所说：如果说要变

质，那么思想的庸俗化就是一个危险的起点。

严肃党内政治生活有助于执行好民主集中制原则。民主集中制是我们党的根本组织制度和领导制度，也是防止党和国家变质的根本制度，是关系我们党和国家命运的事情。所谓党内政治生活不正常，主要是指民主集中制中的民主被忽视、集体领导原则被削弱乃至破坏，权力过分集中于个人或少数人手里，多数办事的人无权决定，少数有权的人负担过重，必然造成官僚主义。《关于党内政治生活的若干准则》强调指出：发扬党内民主，首先要允许党员发表不同的意见，对问题进行充分的讨论，真正做到知无不言，言无不尽，要纠正一部分领导干部中缺乏民主精神，听不得批评意见，甚至压制批评的家长作风。严肃党内政治生活，要充分发挥好民主集中制的优良传统和政治优势，无论是民主到集中的决策形成过程，还是集中到民主的决策执行过程，都要做到个人专断能得到遏制，党员意见得到充分表达。

严肃党内政治生活有助于严格执行党规党纪。党内法规、纪律是对党组织和党员立的规矩，系统完善的党内法规是我们党突出的政治优势。经过近百年的实践探索，我们党已经形成了包括党章、准则、条例、规则、规定、办法、细则在内的党内法规制度体系。党的先锋队性质和先进性要求决定党规党纪严于国家法律。习近平总书记在指导兰考县委常委班子党的群众路线教育实践活动专题民主生活会时指出："各级党组织都要坚持党要管党、从严治党，认真贯彻执行党章和党内各项制度规定，努力提高党内政治生活的原则性和战斗性"。党的十八届四中全会强调党内法规是管党治党的重要依据。严肃党内政治生活，就是要严肃党规党纪，以严的标准要求党员、严的措施管住干部，确保党的纪律成为刚性约束，进而保持共产党人的浩然正气和高尚品格。

二、着力把握党内政治生活存在的主要问题

自党的群众路线教育实践活动开展以来，检察系统各级院通过运用批评和自我批评的有力武器，均组织进行了高质量的专题民主生活会、组织生活会和民主评议党员等一系列严肃高效的党内政治生活。通过为期一年的群众路线教育实践活动，检察机关党内政治生活的严肃性、政治性得以体现，党性原则得以坚守。但我们也要清醒地认识到，随着世情、国情、党情的不断变化，特别是在党的十八大四中全会提出全面推进依法治国的重要战略的新形势下，对检察机关党内政治生活的标准更高，要求更严，一些地方及少数单位党内政治生活还存在短板和不足。

（一）党内政治生活存在庸俗化倾向

一方面在党内政治生活中，部分党员干部讲轻不讲重，谈浅不谈深，不能拿起批评与自我批评的武器，批评他人轻描淡写，谈及自身避实就虚。不少党内政治生活不同程度上存在对问题视而不见，只谈现象不针对具体事情，不敢动真碰硬，不能切中要害。另一方面少数党内政治生活自由随意。有些党内政治生活，不是评论党性，而是讲工作谈时事，不能站在党性锤炼的高度出发，部分党员干部会上不讲，会后乱讲，甚至将党内政治活动开成工作交流会议，只谈工作实绩，避谈党性修养。

（二）党内民主选举存在形式化倾向

党内民主选举是党章赋予党员和党员代表的一项重要基本权利。但近年来，部分检察机关党内民主选举沦为形式化，存在走过场现象。主要存在三个方面问题：首先党内选举候选人提名形式化。部分地区候选人的确定无法体现全体党员意志，大多数情况下由上级党组织或相关领导直接指定或提出，党员干部意志无法得到体现。其次党员或党代表参与选举形式化。部分党员干部认为选举只是形式，在行使选举权时，随意投票，缺乏责任感，甚至直接借

故缺席投票。最后党内候选人差额选举形式化。差额选举最能体现民主选举的实质。部分地方党组织为确保内定人员当选，往往提前通过组织运作，向选举人提供相关信息，引导选举人与党组织保持一致。

（三）党内民主决策存在专断化倾向

党内民主决策机制是指规范党内决策的制度、规则和程序。但仍存在"以集体决策之名行个人专断之实"的现象发生，同样体现在三个方面。首先忽视党内"不同意见"。在一些党内决策过程中，"一把手"抢先发言定调子，为维护表面的意见统一，与"一把手"相异的意见往往直接忽略。其次"集体领导"有名无实。部分党员领导干部在民主决策过程中常常将个人意志强加其他班子成员，使"集体"领导有名无实。最后"会议决定"名存实亡。"会议决定"是民主决策中决定性环节，部分地区召开集体会议，但没有贯彻少数服从多数原则，导致会议决定变成少数人决定。

三、严肃检察机关党内政治生活的必然要求与实施路径

当前，我们正在进行具有许多新的历史特点的伟大斗争，"四风"病源还在、病根未除，防止反弹任务艰巨。检察机关必须进一步严肃党内政治生活，贵在经常、重在认真、要在细节。

（一）加强检察机关党内政治生活的基本原则

检察机关应当继续保持发扬党内政治生活的优良传统，并与当前国情世情、职能使命、工作实际相挂钩，增强检察机关党内政治生活的主动性、针对性和实效性，形成独具特色的检察机关党内政治生活的"新常态"。

1. 将加强检察机关党内政治生活与建设高素质政法队伍相结合。政法机关是中国特色社会主义事业的建设者、捍卫者。中央提出了建设过硬政法队伍的要求。政法机关党内政治生活应当始终从务实角度出发，将着眼点放在提高政法干警全面素质，特别是党性

修养上。努力通过党内政治生活培养造就一支政治立场坚定，思想素质过硬的检察队伍。

2. 将加强检察机关党内政治生活与践行职业道德规范相结合。党的十八大报告指出："抓好道德建设这个基础，教育引导党员、干部模范践行社会主义荣辱观，讲党性、重品行、作表率，做社会主义道德的示范者、诚信风尚的引领者、公平正义的维护者，以实际行动彰显共产党人的人格力量"。检察机关职业道德是社会主义道德的重要组成部分，在检察机关党内政治生活中，应当注重党性锤炼与社会公德、职业道德、个人品德、家庭美德教育，从而增强检察干警道德判断力和职业荣誉感，模范担当社会责任、家庭责任、职业责任。

3. 将加强检察机关党内政治生活与提升公正执法意识相结合。习近平总书记强调："实现社会公平正义是我们党的一贯主张；公平正义是中国特色社会主义的内在要求；促进社会公平正义是政法工作的生命线，司法机关是维护社会公平正义的最后一道防线。这些重要论述，将党员干部价值追求与检察工作核心价值有机结合。检察机关在进行党内政治生活时应当把促进社会公平正义的价值追求作为政治目标贯穿于始终，从而促进检察机关党员干部模范守法，严格执法，公正司法。

（二）加强党内政治生活的特色途径

习近平总书记明确指出"严肃党内政治生活必须具体地而不是抽象地、认真地而不是敷衍地落实到位。我们共产党人最讲认真，讲认真就是要严字当头，从严是我们做好一切工作的重要保障，不存在严过头的问题，在纪律上还要进一步严起来。"这些论述表明了中共中央从严治党的坚强决心。严肃党内政治生活，必须坚决克服党内政治生活中的庸俗习气，要严格按照民主集中制原则来设定和处理党内组织和组织、组织和个人、同志和同志、集体领导和个人分工负责等重要关系，使党内形成团结和谐、纯洁健康、弘扬正气的良好氛围。要坚持和发扬实事求是、理论联系实际、密切联系群众、开展批评和自我批评、坚持民主集中制等优良传统，调动各方面积极性，形成多层次、立体式解决影响严肃认真开展党内政治生活的各种问题，切实提高党内政治生活的政治性、原则性、战斗性。

严肃党内政治生活必须保持经常性和连续性。运动是绝对的，静止是相对的，任何事物的发展都是动态的而非静态的。严肃的党内政治生活，不可能一劳永逸、稳定不变，指望一段时间的集中性活动就能根治不切合实际。随着世情、国情、党情的变化发展，党内政治生活也会产生新的情况、新的变化、新的问题，需要保持久久为功的韧劲，保持抓铁有痕的力度，保持正风肃纪的高压态势，目前首先要让全党统一思想，形成合力。检察机关应当居安思危，增强忧患意识，把思想认识统一到党的十八届四中全会精神上来，将严肃党内政治生活真正落实到实处。正如习近平同志所指出的："严肃党内政治生活，是解决党内存在问题的重要途径。有什么样的党内政治生活，就有什么样的党员、干部作风。一个班子强不强、有没有战斗力，同有没有严肃认真的党内政治生活密切相关；一个领导干部强不强、威信高不高，也同是否经过严肃认真的党内政治生活锻炼密切相关"。

严肃党内政治生活必须落实严肃党内政治生活的责任主体。党的十八届四中全会指出：责任主体是否明确，关系到管党治党成败。责任不明确、不落实、不追究，一切都会成为空谈，已经取得的成果也有可能失去。十八大报告强调指出：各级党组织和广大党员、干部特别是主要领导干部一定要自觉遵守党章，自觉按照党的组织原则和党内政治生活准则办事，任何人都不能凌驾于组织之上。各级党组织要把严肃党内政治生活作为党建的重要内容，和中心工作一起谋划、一起部署、一起考核，切实做到真管真严、敢管敢严、长管长严。"一把手"要自觉肩负起严肃党内政治生活的责任。同时，要充分发挥党员主体地位。严肃党内政治生活是每个党员干部的事，必须使其增强角色意识和政治担当，在党言党、在党忧党、在党为党，把爱党、忧党、兴党、护党落实到工作生活各个环节，敢于同形形色色违反党内政治生活原则和制度的现象作斗争。

严肃党内政治生活必须牢固确立依法治党的战略思想。党的十八届四中全会做出了"建设中国特色社会主义法治体系和建设社会主义法治国家"的战略部署。检察机关作为国家法律监督机关应该明确，依法治国的关键在于公正司法，而推动司法公正的内源核心在于依法治党。一是进一步完善党纪党规。构建完善的党内法律体系，不仅关系到在依法治国背景下检察机关如何规范执法，同时也体现了检察机关司法权威性及合法性。二是进一步强化法治意识。检察干警是否对法治观念入脑入心，直接影响党内政治生活能否合乎规矩，严肃认真。检察机关党员干部应当强化党的规章制度就是党的法律的意思，充分认识到权力来自于人民，权力受制于法律。

检察机关落实从严治党
责任存在的问题及对策探讨

湖北省孝感市人民检察院政治部　黄小东

在"四个全面"中，全面建成小康社会是总目标，全面深化改革与全面依法治国是实现总目标的两个轮子，全面从严治党则是各项工作顺利推进、各项目标顺利实现的根本保证。从严治党历来是党始终坚持的优良传统，也是党做好一切工作的重要保障。结合"围绕'四个全面'战略布局落实从严治党政治责任"理论研讨活动，围绕检察机关从严治党责任问题，我们进行了专题调研，既深化了思想认识，又查找了问题，研究了对策，使调研成为抓党建促发展的过程。

一、当前检察机关落实从严治党责任存在的主要问题

治国必先治党，治党务必从严，但从实践来看，检察机关落实全面从严治党责任还存在一些不容忽视的问题。

1. 管党治党意识有待加强。一是对党建工作重视力度不够。有的基层党支部对抓党建认识不清，找不准基层党建工作在检察工作中的职能定位；有的对党建工作究竟抓什么、怎么抓心中不够有数；有的党性教育和典型示范工作缺乏针对性和实效性，有的党性观念弱化，理想信念淡化。加之还有的单位存在重业务轻党务，在业务方面要求得多，对党建工作开展得少，没有真正从思想上引起重视，致使检察职能发挥与检察机关党建存在"两张皮"的现象。

二是存在领导和推动党的建设的能力素质还不够高的问题。有的领导干部对党建规律研究不深、理解不透，把握不准；有的单位党务工作者整体素质不高，党建工作"乏力"，"一岗双责"没有落到实处。三是存在压力层层递减的现象。一些基层党组织习惯于"上传下达"，满足于"照搬照抄"，上级布置什么就完成什么，开展党建工作创新的主动性和原创性不够，出现了"上头热，下头冷"的现象。

2. 考核评责体系有待完善。一是考核比重偏"轻"。有的地方虽然将党建工作和党风廉政建设纳入考核考评体系，但所占权重太轻，对抓党建工作和党风廉政建设的激励作用不明显。二是考核内容偏"虚"。基层党建工作不同于检察业务工作，无法物化，难以量化，以致考核内容把成立了领导小组没有、发文了没有、开展活动了没有作为指标，难以客观公正地反映党建工作的实效，甚至一定程度上造成形式主义。三是考核方式偏"单"。目前检察机关考核通常只有年终考核，忽略对平时的检查监督和民意调查。这种年终报账式的评比使考核评价工作不到位，使检察机关缺乏压力，对党建工作不够重视。四是结果运用偏"空"。党建工作考核评价机制尚不完善，党建工作和结果合理使用缺乏与之配套的相关制度规定，由此导致为考核而考核，考核与考核结果的运用形成"两张皮"，检察干警的工资福利、职务晋升、培养选拔与考核结果完全脱节。

3. 敢管敢严力度有待加大。一是缺乏严抓的党性。有的基层党支部和党员干警存在"圈子"文化和"好人主义"思想，对违法违纪的现象和干警睁一只眼闭一只眼，存在失之于宽、失之于软的问题。二是缺乏常抓的韧性。对党建工作上级检察机关重视基层就重视，开展活动就紧一阵，不开展活动就松一阵，时紧时松，缺乏韧性。三是缺乏细抓的定力。对苗头性、倾向性问题重视不够，该提醒没有提醒，该批评没有批评，该约谈没有约谈，从严治党的责任没有真正落实。

二、检察机关落实从严治党责任存在问题原因分析

检察机关落实从严治党责任存在的问题既有体制编制方面的因素，也有形势任务发展变化方面的影响，但最根本的还是主观努力不够。一是思想认识缺乏高度。少数单位和领导对加强党的建设的极端重要性认识不足，没有站在确保党对检察的绝对领导、保证检察建设正确方向的高度来看待；有的对自身肩负的重大使命责任认识不足，没有站在维护社会稳定，保证司法公正、履行好法律监督职能的高度来看待。二是学习研究缺乏深度。党的建设内涵极其丰富，政策专业性很强，一些党务工作者研究不深，疲于应付。还有的认为党建工作是软指标、务虚性工作，很难看到立竿见影的效果，因此思想懒惰、兴趣不浓，忙于自己的专业和业务。三是推动落实缺乏力度。有的贯彻上级指示层层衰减，"上细下粗、上严下松、上实下虚"现象不同程度地存在。四是工作统筹缺乏精度。有的总体谋划不够"深"，缺乏全局和大局意识；有的具体安排不够"细"，缺乏统筹和统揽意识；有的组织实施不够"活"，缺乏开拓和创新意识。

三、新形势下检察机关落实从严治党责任的对策探讨

加强和落实从严治党责任，要从五个方面拧紧责任链条，强化责任担当，努力在检察机关内营造敬法畏纪、风清气正的政治生态。

1. 增强责任意识。抓党建目标，促检察业务，是检察机关党建工作的亮点。检察机关的党建工作必须以检察业务工作为中心，做到围绕中心抓党建，抓好党建服务中心，从而定好位、履好责，为检察业务工作的完成提供组织保证。为此，各级党组织要进一步强化管党治党"主体"意识，认真落实管党治党"主体"责任，

将党建工作摆上重要议事日程，与检察业务工作同谋划、同部署、同落实、同检查、同考核，使党建工作与业务工作"无缝对接"、有机结合，将软任务变成"硬指标"。党组织书记要把党建工作作为主业，即挂帅又出征，集中精力抓党建，亲力亲为抓党建，牢固树立"不抓党建是失职，抓不好党建是渎职"的理念，强化第一责任人的唯一性，增强主动意识、主角意识、主责意识。

2. 健全责任体系。党建工作影响力深、覆盖面广、工作量大，只有明确职责，各司其职、通力合作，才能富有实效、取得实效。各级检察机关要进一步落实党建工作责任制，建立检察机关党组书记为党建工作第一责任人、负总责，机关党委书记、党支部书记为具体负责人，机关人事、教育、监察、群团组织参与抓党建工作责任体系。把党建工作渗透检察工作的每一个环节，构建党员干警人人参与，各部门积极支持，党、团、工、妇密切配合的格局，形成领导动一般干部动，党员动群众动，上下联动、全员参与的浓厚党建氛围。

3. 狠抓责任落实。落实从严治党，就要把责任落到实处，始终要做到真管真严、敢管敢严、长管长严。一是严肃党内政治生活，始终贯彻执行民主集中制，坚持用好批评与自我批评武器，严明党的纪律，不断增强党内政治生活的政治性、原则性、战斗性，努力实现检察机关党内政治生活常态化、制度化和规范化；二是落实"两个责任"，持之以恒推进作风建设，切实落实党风廉政建设责任制，深入推进廉政风险防控机制建设，进一步加大违纪违法案件查办和预防力度；三是要持续改进检察机关作风，反对"四风"，坚持长抓、细抓、常抓，以改进作风的新成效取信于民。

4. 完善责任考核。考核是无形的"指挥棒"，考核的导向，直接影响干警努力的方向。要细化量化考核指标，明确各项指标的时间、标准、要求，化抽象为具体、化无形为有形。要加大考核权重，尤其是各级检察机关的党组书记考核，首先要看党建的实效，形成"抓好党建是最大政绩"的导向。要改进考核方式，尊重平时检查考核，尊重群众对党建工作的评价。要注重考核结果的运用，与评先评优、选拔任用真挂钩、真运用。

5. 严格责任追究。严格责任追究是落实从严治党的最后一道防线，守不住这个防线，从严治党责任就会流于形式、陷入空谈。我们要牢固树立查办案件是责任、是使命的意识，敢于办案、善于办案、办成铁案。在认真受理群众举报的同时，要善于从违规办案、涉检信访、网络舆情中发现检察人员违纪违法线索。对检察队伍中的腐败分子，发现一个，坚决查处一个，绝不能大事化小、小事化了。对查处的案件，加大通报曝光力度，增强办案工作的震慑力和影响力，让群众看到我们从严治党的决心和行动。对发生重大干警违纪违法案件的单位，既要追究当事人责任，又倒查追究相关人员领导责任和监管责任，切实落实好"一案双查"。

全面落实从严治党要求
切实加强检察机关党风廉政建设

党中央将"全面从严治党"上升为"四个全面"战略布局之一，体现了以习近平同志为总书记的党中央治国理政的战略谋划。全面建成小康社会、全面深化改革、全面依法治国，都要靠全面从严治党作保障。全面从严治党，就是要把我们的制度优势充分发挥出来，战胜面临的风险和挑战，实现我们党的自我完善、自我净化、自我革新。

党风廉政建设和反腐败斗争是全面从严治党的重要方面，是管党治党的有力支撑。人心向背是最大的政治，不正之风和腐败损害群众切身利益，侵蚀干群关系，动摇党的执政之基，人民群众深恶痛绝。检察机关作为法律监督机关和反腐败的生力军，要保持坚强的政治定力，以抓铁有痕、踏石留印的劲头，在检察队伍建设中全面从严治党，把党风廉政建设不断引向深入。

一、准确把握政治纪律和政治规矩，
更加严格地做到守纪律、讲规矩

习近平总书记指出，纪律是党的生命，党规党纪严于国家法律，必须严明党的政治纪律和政治规矩。我们检察机关作为党领导下的国家法律监督机关，执行党的纪律和规矩是我们党性意识、政治觉悟、组织观念的集中体现，是对我们党员干部的必然要求，也是推动检察工作顺利开展的重要保障。我们必须始终保持清醒头脑，做政治上的"明白人"，在遵守政治纪律和政治规矩这个核心问题上，绝不允许有半点杂音噪声，绝不允许自行其是，绝不允许做"稻草人"和"两面人"。要时刻对照警醒，高悬规矩戒尺，时刻把政治纪律和政治规矩作为"带电的高压线"，坚决摒弃多年来一些人形成的无组织、无纪律、无规矩的恶习陋习，真正让纪律严起来、把规矩立起来。一是要强化政治意识。要自觉用马克思主义中国化最新成果武装头脑、指导实践，牢固树立正确世界观、人生观、价值观，坚定共产主义信仰。要保持政治清醒、政治定力，深刻认识党的领导与人民当家作主、依法治国的有机统一，始终坚持党对法治建设、检察工作的集中统一领导，始终坚持党的事业、人民利益、宪法法律至上，旗帜鲜明地反对各种错误政治观点、法学观点，矢志不移地走中国特色社会主义政治发展和法治建设道路。二是要坚定理想信念。坚持把理想信念作为政治灵魂，打牢听党指挥、忠诚使命的思想基础。要深入学习马克思列宁主义、毛泽东思想、邓小平理论、"三个代表"重要思想、科学发展观和习近平总书记系列重要讲话精神，深刻把握贯穿其中的马克思主义立场观点方法，增强战略思维、辩证思维、系统思维、底线思维、法治思维能力。要加强职业道德教育，强化职业道德修养，带头培育和践行社会主义核心价值观，自觉做社会主义道德的示范者、诚信风尚的引领者、社会公平正义的守护者。三是要严守党的纪律。牢固树立纪律和规矩意识，严格遵循党章，严守党的政治纪律、组织纪律和政治规矩，做到"五个必须"，即必须在任何时候任何情况下都要维护党中央权威，决不允许背离党中央要求另搞一套；必须维护党的团结，决不允许在党内培植私人势力；必须遵循组织程序，决不允许擅作主张、我行我素；必须服从组织决定，决不允许搞非组织政治活动；必须管好亲属和身边工作人员，决不允许他们擅权干政、谋取私利。四是要坚守法治精神。遵守法律是守纪律、讲规矩的一个重要方面。检察机关作为司法机关，更应该在遵守法律、依法办事上做表率，这也是讲政治、守纪律的重要表现。我们要尊崇法治、敬畏法律，牢记法律红线不可逾越、法律底线不可触碰，做促进公正司法、维护法律权威的表率。要以正确的司法理念为引领，善于运用法治思维谋划工作，善于运用法治方式处理问题，全面提升检察工作水平。近年来，咸宁检察机关坚守法治、勇于担当，圆满完成了"1·10"专案等重大执法办案任务，打赢了重大复杂敏感案件的法律仗，得到中央、省委和高检院、省院各级领导的充分肯定，这就是最大的讲政治、守规矩。

二、准确把握"两个责任"，更加负责地 把党风廉政建设责任制落地生根

落实党风廉政建设责任制，党委负主体责任，纪委负监督责任。这"两个责任"是我们党在新形势下推进党风廉政建设的重大理论和实践创新，也是完善反腐败体制机制的关键性举措。我们各级党组和纪检监察部门要切实把"两个责任"当做分内之事、应尽之责，使其落地生根不动摇。一是履行主体责任要更加到位。习近平总书记在十八届中纪委五次全会上再次强调，党风廉政建设责任能不能担当起来，关键是看能不能抓住主体责任这一"牛鼻子"。落实主体责任，关键是党组，重点是党组书记、检察长，日常落实在于班子其他成员和部门负责人。我们要切实担负起党风廉政建设"第一责任人"的职责，管好班子、带好队伍、履好职责，认真落实"一岗双责"，加强对本院、本部门党员干部党风廉政建设的经常性教育、管理、督察和追责，重要工作亲自部署，重大问题亲自过问，重点环节亲自协调，重点案件亲自督办，切不可让自己的"责任田"出现腐败问题。二是履行监督责任要成为主业。监督是纪检监察部门最基本的职责。纪检监察部门要按照转职能、转方式、转作风的"三转"要求，进一步明确监督责任，聚焦监督主业，集中精力做好本职工作，协助党组抓好党风廉政建设。纪

检组长和纪检监察部门的同志要在只抓执纪监督问责这一主业的情况下，更加心无旁骛地认真思考、琢磨纪检监察工作，要对如何教育、如何监督、如何惩戒、如何问责做到心中有数，理清思路、制定措施、找准抓手、寻求突破，真正把功夫下在执纪、监督、问责上，真正在推进检察机关党风廉政建设和反腐败工作中有所担当、有所作为。三是追责问责要更加严格。当前检察机关自身反腐败的形势依然严峻。按照中央和高检院的部署，今年是"追责问责年"，党风廉政建设的工作重点就是抓追责。我们检察机关的纪检监察部门，要按照"零容忍"的态度不变、猛药去疴的决心不减、严厉惩处的尺度不松的要求，紧紧抓住司法一线和领导干部等重点领域、重点岗位和重点环节，严肃查处检察人员违法违纪案件。同时，也要落实"一案双查"制度，谁管的条线出了问题谁负责，谁管的部门出了问题谁负责，既要查处违法违纪者本人的问题，又要追究相关领导的主体责任和纪检监察干部的监督责任。

三、准确把握作风建设新常态，更加坚决地保持纠"四风"的韧劲和耐心

中央自出台"八项规定"以及开展群众路线教育实践活动整治"四风"以来，大家都感觉到，从原来的不适应到现在对各项作风规定、纪律禁令都能习以为常、自觉遵守，有一个明显的转变过程，这本身就是一种新常态。再加上，近年来我们每年都要持续部署开展各类主题教育实践活动，抓作风建设也成为一种新常态。正如习近平总书记强调的那样，作风建设永远在路上，只有开始，没有终点，不能松懈、更不能停顿，必须保持狠抓作风建设的新常态。全市检察机关必须横下一条心，保持常抓的韧劲、长抓耐心，在坚持中见常态，向制度要长效。一是要继续抓好整改落实。自党的群众路线教育实践活动开展以来，我们针对查找出来的突出问题制定了一系列整改措施。现在，这些措施有哪些落实了，有哪些兑

现了，哪些问题得到了真正解决，哪些整改措施还只是写在纸上、挂在墙上、喊在嘴上、放在桌上，没有真正落实到行动上，对这些问题，我们领导干部要认真地进行梳理自查，严格对照清单逐一消号，督促整改措施落到实处、见到实效，决不能老生常谈、"涛声依旧"。二是要防止"四风"现象反弹。纠风之难，难在防止反弹。当前，"四风"问题在面上有所收敛，但不良作风积习甚深，树倒根在，防反弹、防回潮任务依然艰巨。要加强对厉行节约、公车配备使用、公务接待、职务消费、办公面积等规定执行情况的监督检查，抓好检察人员八小时内外行为禁令等检纪检规的督察，对那些我行我素、顶风违纪的人员加大执纪问责力度，坚决处理绝不容忍。三是要加强长效机制建设。针对查摆出的突出问题，深刻反思现行监督制约机制运行中存在的不足和漏洞，在此基础上，进一步健全和完善作风建设各项制度。有疏漏的地方要及时补缺，不完善的地方要及时改进，"紧箍咒"要越念越紧，"笼子"要越扎越小，真正做到善于用制度管人、用制度管事，从源头上防止"四风"，包括各种隐形、变种问题的发生。

四、准确把握规范司法新形势，更加扎实地开展规范司法行为专项整治活动

党的十八届四中全会突出强调要规范司法行为，加强对司法活动的监督，努力让人民群众在每一个司法案件中感受到公平正义。高检院曹建明检察长在全国检察机关规范司法行为专项整治工作会议上，深刻阐述了新形势下规范司法行为的极端重要性。省院敬大力检察长也指出，规范司法行为，是实现司法公正、全面推进依法治国的必然要求；是促进检察工作长远发展的固本强基之举；是适应司法环境变化、解决当前检察工作和队伍中存在突出问题的现实需要。检察机关一定要清醒认清当前司法办案工作面临的新形势、新要求，从检察事业发展全局的高度，深刻认识规范司法的重要意

义，坚持问题导向，结合工作实际，扎实开展专项整治活动，从更高标准、更严要求上推进司法和监督工作规范化建设。一是要敢于直面存在的问题。这次规范司法专项整治活动总的指导思想就是问题导向，查找问题就是要小题大作、吹毛求疵、以小见大、以点带面。对问题我们不能回避无视、不能捂着盖着，要敢于自我揭丑，敢于自亮家底，只有亮出问题，才能有针对性地解决问题，为彻底的整改落实打下基础。二是要及时进行调研分析抓好整改。要抓紧对查找出的问题进行梳理归类，深入剖析问题存在的深层次原因，研究制定具有可操作性、行之有效的整改措施，坚持边查边改、立查立改，确保专项整治活动实实在在见实效、促规范。三是要在加强规范司法的自觉性和主动性上下功夫。当前，我们抓司法规范化建设，还主要靠"倒逼"、靠"外力"，这是针对目前存在突出问题的不得已之举。从更长远的角度来看，我们要以此次活动为契机，加强对全体检察人员特别是业务部门、办案一线人员的规范司法理念教育和业务技能培训，筑牢规范司法的思想根基，对岗位职责要求内的各种规定规范应知应会、入脑入心，使规范司法、文明办案成为一种职业习惯，从更高标准、更严要求上推进司法规范化建设。

着眼从严治党新常态
大力加强检察机关基层党的建设

广东省佛山市人民检察院机关党委

党的十八大以来，以习近平同志为总书记的党中央从坚持和发展中国特色社会主义全局出发，提出了全面建成小康社会、全面深化改革、全面依法治国、全面从严治党的战略布局。"四个全面"战略布局，体现了以习近平同志为总书记的党中央治国理政的新思路、新举措和新要求。在"四个全面"中，全面从严治党既是重要内容，又是根本保证，更是一种新常态。检察机关要牢固树立走在前列的使命意识，以强烈的政治责任落实从严治党的新要求，以改革创新精神扎实推进机关党的建设。

一、立足思想建党新常态，切实在 思想理论武装上有新提高

习近平总书记明确指出加强机关思想政治工作是机关党建工作的一项重要职责，是维护机关稳定、促进机关和谐、完成工作任务的重要保证；强调要积极发挥党的思想政治优势，坚持用科学的理论武装党员干部，坚定党员干部理想信念、补好精神上的"钙"，实现全党在思想上、政治上、行动上的一致。加强党的思想建设是党的建设新的伟大工程的基础工程。随着改革开放的不断深入，中西文化交流碰撞更加激烈、三权分立、司法独立等西方法制思想的渗透有增无减，互联网、微博、微信等现代媒体空前发展，西化分

228

化的影响无时不在。自媒体时代各种思想文化信息自由传播，但鱼龙混杂，良莠并存，对党员思想的影响各异。这就要求把加强党的思想建设作为新常态，在强化思想理论武装、维护党的集中统一上有新提高。

要进一步加强党的十八大、十八届三中、四中全会精神的学习，要在前一阶段学习的基础上，结合检察工作实际开展专题研讨，真正在学深学透上下功夫，切实做到在党言党、在党忧党、在党为党，不断增强道路自信、理论自信、制度自信。要进一步加强习近平总书记系列重要讲话精神特别是关于从严治党论述的学习，按照对党忠诚、全心为民、敢于担当、干净做事的要求，做新时期优秀的党员干部。要全面深入学习习近平总书记关于机关党的建设重要论述，充分认识"机关党的建设是机关建设的核心和灵魂"，强化主业主责意识，把抓好机关党建作为最大政绩。要充分发挥"三会一课"的作用，经常性加强党史党章和党的最新理论创新成果的学习，不断增强全体党员的党性观念和党员意识，确实做到心中有党、心中有民、心中有责、心中有戒，弘扬主旋律，传播正能量，以扎实有为的工作实绩践行党的路线方针政策，为实现中华民族伟大复兴的中国梦贡献力量。

二、着眼组织建党新常态，切实在组织建设上有新进步

检察机关党的基层组织是党在检察系统的组织基础，是党的工作在检察战线全部工作和战斗力的基础。重视和加强党的基层组织建设，是我们党的优良传统和政治优势。大力加强党的基层组织建设，对于检察机关全面贯彻执行党的路线方针政策，建设有中国特色社会主义司法体系，提高法律监督的质量和水平，具有十分重要的作用。检察机关必须把加强基层党的组织建设作为新常态，着眼提高凝聚力和战斗力，切实在组织建设上有进步。

要大力加强学习型、服务型、创新型党组织建设，教育引导党

员把学习作为一种政治责任、一种精神追求，以中心组学习为引领，以党课教育为主阵地，切实做到常学常新；要把服务保障检察中心工作开展作为抓好机关党建的出发点和落脚点，引导党员在各自工作岗位上建功立业，充分发挥模范带头作用，以完成检察工作的质量检验服务型党组织建设的成效；要突出检察工作特点充分利用检察专网、微博、微信等现代媒体开展工作，不断提高基层党组织的活力。要大力加强基层党组织班子的能力建设，通过集中培训、以会代训、专题研讨、列席党组会议、机关党委支部委员带头讲党课等多种形式，通过抓书记，书记抓，切实强化主业观念，全面落实主体责任，不断提高基层党组织特别是机关党委支部书记谋党建抓落实的能力。要高质量抓好民主生活会和基层组织生活会，敢于聚焦问题查摆原因，敢于开展批评和自我批评，增强班子的团结，促进机关党建工作提质增效。要广泛开展民主评议党员活动，把书面测评与面对面提意见结合起来，把党员个人评议与党组织评议结合起来，把评议结果与党员评功评奖、提拔任用结合起来，充分发挥民主评议的导向作用，鼓励党员立足各自工作岗位建功立业。要强化抓大党建的观念，充分发挥工会、青年团、妇委会的助手作用，切实在工作上统，在任务上分，在力量上合，发挥各个组织的政治优势、组织优势和密切联系群众的优势，为检察工作提供坚强的组织保证。

三、把握制度建党新常态，切实在制度建设上有新作为

机关党的制度建设，是机关党的建设的关键。加强基层党组织的制度建设，是从严治党要求在制度上的体现，应该成为基层党的建设的新常态。加强机关基层党组织的制度建设，最根本的就是以《中国共产党党和国家机关基层组织工作条例》为遵遁，在全面落实"三会一课"、民主生活会和组织生活会、民主评议党员等制度的基础上，要有新作为。

　　要建立党建年度工作计划制度，每年年初，机关基层党组织要围绕抓好理论学习、组织建设、党员教育培训、发展党员等搞好工作统筹，制定具体年度工作计划，增强工作的计划性。要建立向院党组报告工作制度，机关基层党组织要在工作上争取院党组的支持和指导，年初向党组汇报工作计划，重要问题及时提交党组讨论，年底要向党组汇报工作完成情况，形成抓党建的合力。要建立健全党员轮训制度，按照中组部关于党员培训的要求，通过自主培训、与市县（区）委党校联合办培训班、组织到省内外红色教育基地学习交流等形式，全面提高党员的党性修养，提升党组织凝聚力。要探索建立检察机关党建工作考核评价制度，依据《党章》和《中国共产党党和国家机关基层组织工作条例》，建立科学可行的机关基层党建工作责任制考核评价体系，结合机关年度绩效考评一并进行，使党建工作有地位有作为。

四、适应作风建设新常态，切实在作风建设上有新发展

　　我们党历来十分重视加强作风建设，把作风建设提高到关系党的形象，关系党的生死存亡的高度来对待。近年来，中央围绕加强党的作风建设，颁发并严格落实八项规定、在全党深入开展的党的群众路线教育实践活动，这些都极大促进了党的作风建设。加强党的作风建设已经成为新常态，作风建设没有完成时，只有进行时。机关基层党建工作要适应作风建设新常态，不断有新发展、新进步。

　　要深入开展"三严三实"专题教育实践活动，按照中央、省检察院和市委统一部署，认真抓好专题教育，力争比党的群众路线教育实践活动标准更高，要求更严，成效更实，结合教育实践活动全面整治"不严不实"和"为官不为"，促进党员干部践行"三严三实"，做到"为官有为"。要认真抓好"三官一师"直联村居工作，围绕推进基层社会治理法治化，把优秀党员检察官选派到问题

多、发展滞后、群众意见大的村居开展挂点直联工作，着力解决服务群众"最后一公里"问题。党员要带头参与人民满意检察机关社会评价体系建设，巩固群众路线教育实践活动成果，广泛收集办案关联单位和人员、"两代表一委员"、人民监督员、特约检察员和新闻媒体、社会公众等对检察工作的意见，党员带头转作风、改作风、强作风，带头查摆问题，带头改进工作，不断提高公正司法，司法为民的法律效果和社会效果，树立检察干警良好社会形象。

践行"三严三实"要求
构筑度量职业良知"五维五慎"标尺

广西壮族自治区人民检察院　常新征

检察职业良知是检察人员在行使检察权过程中逐渐形成的一种善良标准、义务规范和内心法则,是检察职业共同体对社会普遍道德良知、检察职业道德责任的自觉意识和自我认同。度量检察职业良知,考评检察职业认同,必须构筑理念、廉洁、法治、正义、民主的"五维"标尺,厉行"五慎"原则融入检察工作。

一、坚守理念标尺,坚持"慎独"原则

就中国特色社会主义检察制度而言,理念标尺的首要内涵即坚定政治信仰,坚定正确的政治方向,继而培育检察人员对公平正义的信仰和对法治的信赖。一个重品行的人任何时候、任何情况下都严格要求自己。东汉东莱太守杨震深夜拒收学生昌邑县令王密酬谢重金的精神明鉴后世。一个封建官吏尚且都能做得到"慎独",作为中国特色社会主义法治国家的法律监督职业者,每位检察人员更应培树自觉接受组织和群众监督的意识,做到襟怀坦白,表里如一;做到人前和人后一个样,无人监督和有人监督一个样;做到任何时候、任何情况下,始终坚持社会主义法治理念和中国特色社会主义检察制度不动摇。

二、坚守廉洁标尺，遵循"慎欲"原则

"壁立千仞，无欲则刚。"检察人员必须牢固树立正确的义利观，确保在功名利禄面前不心乱神迷；自觉遏制私欲膨胀，在工作和生活中把握好"参照系"，不搞横攀竖比。"物必先腐，而后虫生。"大量事实证明，贪腐之风，上行下效。腐败问题越演越烈，最终必然亡党亡国！"公生明，廉生威。"全体检察人员要始终保持内心清明、心静如水的心态，做到清心寡欲，耐得住寂寞，守得住清贫，始终保持一种平民意识、平常心态、平实作风，在纷繁复杂的社会环境中，专心致志，心无旁骛，干好事业；要用清廉这面镜子照照自己，纯洁生活圈、娱乐圈、交往圈，自觉净化环境，自觉过好金钱关、美色关、享乐关，时刻警惕糖衣炮弹、灯红酒绿的侵蚀和影响。

三、坚守法治标尺，践行"慎微"原则

检察人员在日常工作生活中遇到的大都是如影随形的小事。但小事不小，如果把好的小节、经验、做法积累起来，长期坚持下去就能养成好的作风和习惯，即所谓"微亦是道"；如果一些不良的行为、思想、毛病得不到及时改正而聚积起来，会养成坏的习性与作风，即所谓"微亦是祸"。北宋崇阳县令张乖崖查实一役吏每日从衙门偷一枚铜钱回家，据此判其五年徒刑。近"道"而免"祸"，在于防微杜渐。作为新时期的检察人员，更要坚持把法治精神当作主心骨，谨小慎微，将法治的评价尺度作为衡量职业良知的标准，在意志层面坚守法治信仰，在认知层面深化法治理念，在行动层面践行法治思维和法治方式，确保在复杂多变的社会生活中，保持政治上的清醒和法律上的理性，防微虑远，增强维护职业荣誉的责任担当与主体意识。

234

四、坚守正义标尺,恪守"慎行"原则

检察人员在司法活动中的一言一行,不仅体现司法文明,也直接影响司法公信。时任中央苏区工农检察部部长的何叔衡,敢于坚持真理,忠于事实法律,坚决与"左倾"教条主义作斗争,依法纠正了朱多伸反革命案等一批死刑案件,虽因查办财政部贪污窝案而遭批判撤职,但充分显示了工农检察优良的敬业精神。"坐得端,行得正","慎言行",长存浩然正气,才能维护检察人员良好形象。检察机关要坚持从细节入手,着力解决检察人员履职行为、职业作风、职业礼仪等方面不文明不规范问题;要树立法律意识,弘扬法治思维,坚决同一切破坏法律权威、践踏法律尊严的行为作斗争,确保法律统一正确实施,经受公平正义历史检阅。

五、坚守民主标尺,彰显"慎权"原则

人民赋权是检察权的来源。人民性是检验检察工作宗旨意识、大局意识的最好尺度。权力作为一把"双刃剑",既可以引人崇高,也可以使人堕落;既可用来伸张正义,亦可借助谋取私利。如果检察人员滥用权力,以权谋私,不仅严重损害检察机关的公信力、凝聚力和战斗力,同时还将使检察机关在人民群众中的威望大打折扣。从刘青山、张子善贪污公审大会,到薄熙来受贿、贪污、滥用职权案公开庭审现场直播,无不证明肃贪反腐必须坚持群众路线,始终保持同人民群众的血肉联系。坚持检察工作与群众路线相结合的原则,确保把国家法律和党的正确主张变成群众的自觉行动,把群众的意见集中起来,汇总成系统的检察方案,又放到群众中坚持下去,接受群众的考验,并及时校正方案。如此循环往返,才能使检察人员的认知更丰富、观点更正确、信心更坚定、执法更公信。

习近平总书记提出"三严三实"要求，充分体现了中央对持续推进全面从严治党的坚强决心，对加强领导班子和领导干部队伍建设的深谋远虑和坚持"作风建设永远在路上"、驰而不息抓作风的鲜明态度，对于进一步增强党的创造力、凝聚力、战斗力，推进全面建成小康社会、全面深化改革、全面依法治国、全面从严治党，具有十分重要的现实意义和深远的历史意义。

作为党领导下的国家法律监督机关，检察机关的作风反映和体现着党的作风。各级检察机关要加强经常性学习教育，把专题教育融入检察机关党的建设的各方面，不断丰富和创新学习形式，推动形成经常性学习教育的"新常态"，通过度量检察职业良知的"五维五慎"标尺，真正让"三严三实"精髓内化于心、外践于行。

一是按照"严以修身"的要求，着力提升干警品德修养。要认真开展核心价值观教育实践活动，对干警加强理想信念、群众观点、职业道德等教育，增强政治素质，以"创建学习型检察院、争当学习型检察官"为目标，把学习作为提升干警修养的重要途径，坚持"督学、导学、考学、评学"机制，抓好业余时间学习，努力营造全员学习、自觉学习、终身学习的良好氛围。要坚持在加强党性修养，坚定理想信念，提升道德境界，追求高尚情操，自觉远离低级趣味，自觉抵制歪风邪气上下功夫，着力解决理想信念动摇、信仰迷茫、精神迷失，宗旨意识淡薄、忽视群众利益、漠视群众疾苦，党性修养缺失、不讲党的原则等问题。

二是按照"严以用权"的要求，确保检察权在阳光下运行。要坚持司法为民，严格按照法律规定行使检察权，落实权利义务告知、重大疑难复杂案件公开听证、公开答复制度，创新"检察开放日"活动机制，完善检察"两微一端"和门户网站功能建设，确保人民群众对检察工作的知情权、参与权、监督权，全面深化人民监督员、专家咨询制度，建立健全与律师协会、人大代表、政协委员联络机制，自觉接受社会监督。要坚持在用权为民，按规则、按制度行使权力，把权力关进制度的笼子里上下功夫，着力解决滥用权力、设租寻租，官商勾结、利益输送，以及不直面问题、不负责任、不敢担当，顶风违纪搞"四风"、不收敛不收手等问题。

三是按照"严以律己"的要求，落实规范公正廉洁司法。要进一步完善检察人员违法违纪案件查处机制，紧紧抓住办案一线和领导干部等重点领域、关键环节，坚决查处办关系案、人情案、金钱案，以及索贿受贿、徇私枉法等执法犯法问题，要求干警严格遵守办案纪律、最高检"八小时外行为禁令"等有关规定，以"零容忍"态度处置检察人员违法违纪行为，加强司法办案风险评估，确保办案安全，确保人员和车辆不出事故。要坚持在慎独慎微、勤于自省，遵守党纪国法，做到为政清廉上下功夫，着力解决纪律松懈、意志颓废、贪图享乐，甚至作风简单粗暴、执行办案规范和纪律规定不严格、选择性司法、随意性司法，弄虚作假，违规办案等司法方面存在的问题。要树立"善禁者，先禁其身而后人"的观念，要求别人做到的自己首先做好，对党纪国法心存敬畏，言有所禁，行有所止，真正做到守得住清贫、耐得住寂寞，自觉而慎独、自重而慎微、自省而慎欲、自警而慎权、自励而慎行。

四是按照"谋事要实"的要求，实事求是谋划检察工作。要坚持一切从实际出发，密切联系当地实际，牢牢把握检察工作的主要任务，自觉维护社会大局稳定，把保障人民群众安居乐业作为根本目标，把促进社会公平正义作为核心价值追求，不断提升检察工作的公信力与亲和力。要始终坚持从实际出发，在谋划事业和工作上下功夫，使点子、政策、方案符合实际情况、符合客观规律、符合科学精神，着力解决工作飘浮、脱离实际，喜好形式主义、摆花架子，甚至弄虚作假、胡乱作为的问题。

五是按照"创业要实"的要求，营造务实担当进取氛围。要牢固树立进取意识、机遇意识和责任意识，以改革创新精神研究新情况、分析新形势、探索新办法、解决新问题，切实推进检察工作取得新成绩。要正确树立注重实绩的用人导向，教育引导检察人员脚踏实地、埋头苦干，让大家真正感觉到干与不干不一样，干多干少不一样，干好干坏不一样，引发心灵触动，在思变、思进、思创中进一步增强责任心、进取心和事业心，激发工作热情、奋斗激情和职业豪情。要坚持在脚踏实地、躬行实践、真抓实干，勇于直面矛盾，敢于担当责任，善于解决问题上下功夫，着力解决不敢监督、不敢担当、急功近利、好高骛远、政绩观偏离等问题。

六是按照"做人要实"的要求，树立公平正义的检察形象。要教育引导检察人员忠于党、忠于国家、忠于人民、忠于宪法和法律的职业道德，坚持说老实话、做老实人、干老实事，与人为善、公道正派，胸怀坦荡、心底无私，学会知足、学会感恩。要发扬谦虚谨慎、不骄不躁的作风，以甘为人梯、忍辱负重的品性和宽厚待人、严以律己的胸襟，真诚对待同事、真实对待工作、真心对待生活，谦虚接受别人的批评意见和建议，勇于修正错误，决不能以倚官仗势、盛气凌人、居高临下，积极维护检察官的良好职业形象。要坚持对党、对组织、对人民、对同志忠诚老实，在襟怀坦白、公道正派上下足功夫，着力解决无视党的政治纪律和政治规矩，对党不忠诚、做人不老实，阳奉阴违、自行其是，心中无党纪、眼里无国法等问题。

检察干警如何践行"四有"之思考

广西壮族自治区南宁市青秀区人民检察院　华冰霜

2015 年 1 月，习近平总书记在中央党校县委书记研修班学员座谈会讲话时强调，要做焦裕禄式的县委书记，始终做到心中有党、心中有民、心中有责、心中有戒。这既是习近平总书记对县委书记们的谆谆告诫，也是对广大党员干部的殷切希望。作为一名政法干线上的干警，如何联系工作实际，深刻领会总书记指示精神，努力践行"四有"要求，做党和人民需要的好干部，是摆在当前的重要命题。

一、统一思想和行动是践行"四有"的重要前提

思想是行动的先导，因此，在践行"四有"中，坚持思想行动到位至关重要。最高人民检察院检察长曹建明在 2014 年度省级院检察长向最高检述职述廉报告工作会上强调，各级检察院党组书记、检察长要时刻牢记作为检察长的神圣法律职责，更要时刻不忘和恪守作为党组书记的重大政治责任，始终做到心中有党、心中有民、心中有责、心中有戒。这是中央对各级检察院检察长的全面要求、起码要求和紧迫要求，更是为各级检察干警提供了遵循守则。每一位检察干警一定要时刻牢记自己姓"党"、时刻遵守党为民服务的宗旨、时刻不忘身上的义务和责任、时刻严守党纪国法，将"四有"要求贯穿到执法办案中、贯彻到行为准则上，做到思想与行动的统一。而从整个检察机关层面上看，在践行"四有"的道

路上，要做到思想和行动的统一，就要发挥党组书记、检察长的"领头羊"作用，党组书记、检察长的思想觉悟、精神状态、素质能力、纪律作风，影响和决定着整个检察机关的凝聚力、战斗力以及当地检察工作的健康发展，因此，党组书记、检察长应坚持以"四有"为标杆，始终保持强烈的事业心和责任感，以奋发有为的精神状态和务实的工作作风，认真履行抓班子、带队伍、促业务的职责，发挥模范带头作用。与此同时，中层领导干部也要发挥好表率作用，严格以"四有"为准则，为全院践行四有起到良好的理念引领和行为示范。

二、规范司法行为是践行"四有"的重要基础

检察机关是政法机关，执法办案是检察机关的核心任务。切实规范好司法行为，努力让办理的每一起案件都经得起历史和人民的检验，是每一位检察干警践行"四有"的基本要求。如何实现司法行为的规范化是一个大课题，而做好规范司法行为这篇大文章，应坚持"三结合"以提升司法规范化水平。一是坚持执法风险评估预警与办案相结合。在执法办案中，对检察执法行为是否存在执法办案风险进行分析研判、论证评估，对可能引发的涉检矛盾纠纷、涉检信访风险等，制定处置方案，主动做好释法说理、心理疏导、司法救助、教育稳控、协调联络、矛盾化解，以积极适应执法环境的深刻变化，进一步解决自身突出问题、提高执法公信力；二是坚持案件质量评查与办案相结合。充分发挥案件监督管理职责，建立日常评查、定期评查、专项检查相结合的常态评查工作机制，检察干警要配合案件监管部门开展的评查活动，发挥主体地位，加强自查，以深化案件质量评查为抓手，努力提高办案质量，进一步规范司法行为，提升司法公信力；三是坚持前后诉讼环节相结合。注重全程关注立案、侦结、起诉、判决各环节关键信息变化，通过贪污贿赂大案"缩水"、"瘦身"现象，研究案件质量效果；通过

刑事申诉变更处理决定、国家赔偿和有理涉检信访案件，反向审视前期办案质量，督促办案水平与司法规范程度不断提升。

三、注重强基固本是践行"四有"的重要保障

心中有党，是"四有"的灵魂，要践行"四有"，就是要自觉锤炼党性，坚定理想信念。锤炼党性、坚定信念不能光靠几句口号和几场会议，着力抓教育培训、抓队伍建设，是将党性"内化于心、外化于行、固化于制"的重要保障。一是抓党性教育。坚持民主集中制原则，组织开展各个层次的中心组理论学习会、民主生活会、组织生活会，不断加强检察机关班子建设；举办党员培训班、专题党课、干部讲坛等学习活动，不断加强对党员干部的轮训和培训。二是抓党性锻炼。组织党员干部开展学习焦裕禄、学习"群众最喜爱的检察官"的先进事迹，办案是检察机关的主战场，鼓励检察机关广大党员干部在办案一线做好本职工作，以规范的执法办案行为实现维护公平正义的目标。同时，积极拓展法律监督触角，深入开展检调对接工作室、驻派乡镇检察室、检察工作进楼宇、"结对共建"等工作，引导党员干部积极投身检察服务进企业、进社区、进乡镇，接受党性锻炼、提高思想觉悟，把"心中有党"落实在服务大局、化解矛盾、促进和谐的生动实践中。三是抓队伍建设。强化检察队伍专业化、职业化建设，尤其针对年青干警，要大力开展岗位练兵、业务竞赛、主题比赛等形式，激发干事创业激情，并鼓励年青干警参加司法考试和研究生学历教育，推进学习型检察院建设。

四、坚持群众路线是践行"四有"的重要举措

心中有民，是"四有"的宗旨，要践行"四有"，就是要执法为民、服务群众。检察机关要着力打造"六个平台"，不断提高服

务群众工作能力和水平，切实做到知民情、纳民意、与民便、排民忧、解民难、除民害。一是打造"一站式"平台，积极推进综合性检务接待大厅建设，努力构建"大控申"、"大信访"格局，在接访中做到带案下访、定期接访、预约接访、联合接访，更好了解群众诉求，做到"受理一件、办理一件、息诉一件"，切实依法维护群众合法权益；二是打造检务公开平台，一方面紧扣检察机关案件信息公开工作，主动、及时、全面地公开案件信息，增强检察机关执法办案的透明度；另一方面加强"两微一端"及门户网站建设，畅通检民联系渠道，实现检察工作与人民群众的良性互动。同时，通过举办"检察开放日"，邀请社会各界参观；落实人大代表、政协委员视察检察工作制度，加强与人大代表、政协委员联络沟通工作；聘请人民监督员、廉政监督员对检察工作监督、谏言等，调动一切可以调动的力量帮助改进和推动检察工作；三是打造主题服务平台，以职务犯罪预防宣讲为主题，探索"个案预防、系统预防、专项预防"相结合，与相关单位建立职务犯罪预防联系协调制度，发挥检察建议功能，促进发案单位健全规章制度；以检察工作进楼宇为主题，通过建立网络联系平台，提供"菜单式"服务，建立"一企一档"，为楼宇企业健康发展提供良好法治环境；四是打造乡镇检察平台，向基层延伸法律监督触角，积极适用调解手段，就地解决民生问题，主动把服务工作深入田间地头；五是打造司法合作平台，加强检警、检调合作，共同维护和谐，尤其是要积极运用检调对接工作机制，合力开展刑事和解工作，修复破损社会关系，减少社会对抗；六是打造执法为民平台，围绕群众最关心的公共安全、食品卫生、权益保障等问题，不断加大对群众反映强烈的刑事犯罪的打击力度，配合有关部门对社会治安重点地区和突出治安问题排查整治，增强群众的安全感、满意度。

五、强化诉讼监督是践行"四有"的重要途径

　　心中有责，是"四有"的本分，要践行"四有"，就是要履职尽责、敢于担当。检察机关是法律监督机关，肩负着宪法和法律赋予的监督职责，随着十八届三中、四中全会部署的各项司法改革深入推进，检察机关在法治建设中的责任更加凸显、履职要求更高，因此，检察干警要强化诉讼监督意识、勇担重担、敢于监督、敢于纠错、攻坚克难，把好维护社会公平正义的最后一道防线。一是在"细"上做文章，在审查起诉工作上，自觉强化不枉不纵的意识和严格执法、加强监督的观念，认真细致审查，确保及时准确打击犯罪，防止错漏。要加强对滥用侦查权的监督，绝不放过侦查机关移送案件中来源存在疑问的证据，注重排除非法获取证据。要严防打击不力，通过发出侦查建议书、提供法庭证据意见书等，建议公安机关对遗漏犯罪嫌疑人、遗漏犯罪事实进行补充侦查，依法追究刑事责任。突出追诉重点，尤其对共犯犯罪或团伙犯罪的共同犯罪以及侵财型犯罪中掩饰、隐瞒犯罪所得和犯罪所得收益的罪犯进行重点审查，深挖犯罪，有效打击侵财、侵权犯罪，遏制犯罪高发。二是在"严"上下功夫，坚持有罪必究、无罪保护原则，切实保护犯罪嫌疑人、被害人的合法权益。坚持程序监督与实体监督并重，严把案件证据关、定性关、针对每一份笔录、每一个事实、每一个环节进行严格审查，注意审查案件背后所隐藏的侦查违法行为及事实不清、证据不足等问题，通过检察建议，依法及时纠正；三是在"敢"上找出路，一要敢抗，在办理刑事抗诉案件中，对确有错误的刑事判决依法坚决提出抗诉。二要会抗，对抗诉工作，注重讲质量、求效果，保抗准，运用疑难案件研讨等制度，切实提高抗诉质量。三要抗准，找准抗诉点，注重说理，对法院错误判决案件进行全面审查，了解案情，从审判程序、法律适用、证据采信、量刑情节等方面认真分析，找准存在的错误，依法抗诉或提请抗诉。

六、严把监督制约是践行"四有"的重要抓手

心中有戒，是"四有"的规矩，要践行"四有"，就是要心存敬畏、遵纪守法。曹建明检察长指出，我们手中的权力直接关系到人民生命财产安全，关系到人权保障，关系到生死予夺，稍有不慎就可能铸成不可挽回的大错。因此，作为政法干警，对待权力始终要如履薄冰、如临深渊，任何时候都要坚持依法用权、秉公用权、廉洁用权，做到心有所畏、言有所戒、行有所止。检察机关必须加大监督管理力度，促使干警严以修身、严以用权、严以律己。一是要坚持严管"治未病"，在制度机制中规定从严管理措施，把落实党风廉政建设"两个责任"作为重中之重统筹推进，通过建立纪律作风制度建设、执法办案制度纪律、案件管理制度建设等，不断完善教育、制度、监督并重的惩治和预防腐败体系，筑牢不敢腐、不能腐、不想腐的防线；二是要坚持严查"治小病"，注重抓苗头、抓小节，在规范执法办案方面，注重对办案程序、涉案财物监管、诉讼参与人权利义务保障情况的专项检查力度，及时纠正办案瑕疵，努力把每一起案件都办成铁案；在干部考核方面，以集中调整干部、换届时期、节假日为重点节点，加强日常管理监督，绝不能抱有"小病不断、大病不犯"的心态；三是要坚持严督"防大病"，充分发挥纪检督察、检务督察机构的监督作用，加大巡视检察力度。持续巩固党的群众路线教育实践活动成果，持之以恒纠正"四风"顽疾，着力塑造"公正、廉洁、务实、高效"的检察团队形象，实现无违法违纪、无责任事故、无冤假错案、无自身腐败问题。

新形势下基层检察院党的建设
工作面临的新问题与对策

海南省陵水黎族自治县人民检察院　陆善山

　　党的十八大尤其是本轮司法体制改革开展以来，基层检察院队伍中出现了一些新的问题，这些问题有的是旧有问题的新呈现，有的是小问题的量变，有的是改革进行中暴露出来的。无论是什么问题，只要在我们的机关组织队伍中出现，我们就得正视，认真研究，探讨对策。

一、新形势下党建工作存在的主要问题

（一）对党建工作重要性认识不足，指导不足

　　改革开放三十年来，经济建设取得了令人瞩目的成绩，同时思想领域尤其是党的基层建设和基层党组织的建设工作在某些方面已经松懈了。检察机关的基层党组织对加强自身建设的重要性和必要性缺乏应有的认识，"说起来重要，做起来次要，忙起来不要"的现象还普遍存在。基层党支部建设在一定程度上还缺乏强有力的指导，对新形势下加强基层党建工作重视不够，存在重检察业务轻党建、重形式轻效果等问题。同时，基层检察院缺乏专职党务干部，基本上都是兼任党务工作，并且兼职党务工作人员变动较大，对党务工作不熟悉。极个别支部书记和支部委员上任时间短，不熟悉党务知识，不会做党务工作，支部会议记录简单、不规范，内容不翔实，对一些重大问题的研究，没有详细记录，记录成流水账；存在

245

补记、漏记现象；影响了党员整体合力的发挥。党组织对年轻人的吸引力正在减弱，这点必须引起重视。尽管我们的党员逐年都在增加，但是党的组织生活存在形式化、僵旧化、表面化的倾向，走过场的现象普遍存在。一个组织如果不能吸引年轻人，不能对年轻人产生影响，那么它从思想上、体制上、躯体上的老化僵化是十分可怕的，尤其是对我们这样一个长期执政的大党来讲，尤其是对作为维护国家法律统一实施的法律监督机关来讲。

（二）组织活动开展较少，缺乏针对性

由于检察业务的特点，基层党组织支部书记忙于应付检察工作，普遍认为抓检察业务是硬杠杠，其他工作都是软指标，大事小事眉毛胡子一把抓，不是商量了之，就是沟通完事，很少召开党支部会议，加上基层检察院单位人员编制少，机构设置与所担负的检察任务不相适应，开展组织活动少，组织生活制度落实不够全面，没有将组织教育纳入支部重要议事日程，存在重检察工作、轻学习、"以抄代学"的现象；满足于照本宣科，学习的针对性不强，没有把学习同本单位实际和个人思想改造紧密相结合。没有激发出检察干警的活力，使他们乐于参加组织活动，以至于提起组织活动都是应付的态度。对于党的宣传习惯于大话空话，难以做到入眼入心入脑，基本上是走过场，过后即忘。

（三）制度不完善、工作脱离实际

党的文件是不缺乏的，基层组织也相继建立和健全了一些党组织制度，但一些地方采取的是应付上级的做法，只是满足于有，没有真正发挥组织作用。当下外国的基督教，本国的儒、释、道等在年轻人中都会引起某些思考，但是对共产主义、对党的处境和发展的思考在年轻人那里反而不多见。有些领域我们不去占领，就会有其他东西去占领。个别支部没有按照有关规定，建立和完善党建工作相关制度，工作责任制不明确，保障机制不完善，激励机制不健全，党建工作权责不清，管人、管钱与管事相脱节，没有很好地结合起来。其次是制度不落实不到位。对党内生活制度没有很好地坚持和执行。没有层层建立和健全配套的制度加以认真落实，缺乏严厉的考核奖惩措施，导致制度难以达到规范党组织建设和党员管理的目的。最为主要的还是党的思想理论和组织活动对年轻人，特别是检察干警缺乏足够的吸引力。组织生活对老党员来讲已经是按部就班照本宣科形式了，对年轻人来讲不过是为了一个党员身份的应付而已，那种思想的碰撞交流，那种团体的精诚合作精神，奋发有为的同志精神少了。从信仰来说，我们的同志之间不要说比不上宗教中的教友那样团结互助、互相支持、互相促进，就连商业活动中互惠互利的伙伴关系都不如。

二、增强党组织活力的对策和建议

基层检察院的党组织建设是业务工作的基石，只有把这个基石打牢，才能在检察工作中充分发挥党的政治优势，才能为做好各项检察工作奠定坚实的基础。党支部是党员队伍建设的领导核心，上级党委工作部署的执行、日常党务工作的开展、新党员的发展、党员队伍的建设都是支部工作的重要职能，而作为法律监督机关的人民检察院，党支部的建设就显得尤为重要。在日常工作过程中，做到公平正义、无私奉献，把党员先进性贯穿于检察工作的全过程，积极投入，扎实做事，真正发挥先锋模范作用。要结合检察工作的特点，做到组织活动有针对性、吸引人、充满活力不是靠按着文件照抄照搬就能行的。

（一）党支部是党组织的基础，必须抓住这个基础增强组织活力

党支部是中国共产党最基本的细胞，通过党支部这一组织形式，将检察院每一个党员紧密地组织起来，形成一个具有统一意志、统一纪律、统一行动的整体，从而为我们开展党建工作奠定基础。在开展党组织生活中，检察院党支部不仅担负着对党员进行管理教育的重任，还肩负着吸收新鲜血液，执行党的纪律的重要

职责。

面对目前新老同志互相隔阂，同志之间与一般同事甚至路人之间在思想上、行为上并无很大差别的情况，应该开展卓有成效的组织活动，增强党员对组织的认同感，以及党员之间的同志情，从党史中、从党在现阶段的各种成就中吸取团结合作，精诚忘我的精神，一个党员为什么能够兢兢业业？除了对职业的喜爱外，还有在价值上的认同。组织带来的温暖，都是个体融入集体的最为直接有力的原因。如果一个人能从宗教上获得价值的认同、获得友爱团结，那么他为什么要选择只是照本宣科的党课党的教育。我们的组织活动，以往更多地关注于党员对组织意志的贯彻，从而忽略了党员作为个体所需要的集体温暖、同志情谊、思想自足、价值认同。我们通过重温党史知道在革命时代，我们的先辈作为组织中的个体是非常有个性的，也非常有活力，高度认同组织的价值和思想意识，主动地将个人的生活、工作和组织高度结合起来的同志情谊非常坚固而感人。这种可贵的同志情感，现在少了，除了时代的原因，组织活动缺乏灵活性、针对性、时代感不可忽视。

（二）党支部是党在社会基层组织中的战斗堡垒，更应该是党员的精神家园

我们习惯于强调中国共产党是执政党，是社会主义现代化事业的领导核心，忽略了党员的重要性，抓组织建设不抓党员，终将守得住青山，守不住山上的树木。实现党的领导，固然要正确领会党中央的方针、政策的真正内涵，"纸上得来终觉浅，绝知此事要躬行"，正确的领会还需付诸于行动，从实践中需要把握检察工作如何执行党的路线、方针、政策。这就需要通过检察院党支部的积极主动地开展大量充满吸引力、焕发活力的工作，使之变为广大党员和群众的实际行动。在此，我们可以参照我们党在历史上对待党员的方式和组织活动，甚至可以借鉴一些文化、宗教、政党和其他组织的团体活动，虽然目前新一代的党员、干警都是各有特点，标榜个性的，但是这并不妨碍作为个体对集体的认同和向往。这就要探索，能够焕发中国共产党这个伟大的集体所具有的魅力和价值，激发基层党组织对党员的吸引力、向心力。人终归是群居的动物，无论多么有个性的人，他都需要集体需要组织，组织开展活动，要着眼于关心党员个体的冷暖，才能将他们凝聚起来，才能建设共同的命运体，从而高效率地执行组织意志。

（三）党支部是党联系群众的桥梁和纽带，党支部扎根于群众之中，必须是党员扎根于群众中

党员是人民群众认识党、了解党的具体窗口，一个群众眼里的党员是怎么样的，他眼中的党就是怎么样的。党支部是党的各级领导机关了解人民群众的愿望和要求的重要渠道。党支部肩负着上情下达的重要职责，如何加强党支部的桥梁和纽带作用，时刻考验着基层院的党建工作。我们目前的党建工作，除了同志间的隔阂，党群之间也有了隔阂。要增强党组织对群众的了解和领导，那就必须发挥每个党员的作用，让党员深入了解群众、帮助群众、引导群众。以往我们组织建设注重于抓书记、抓委员，现代必须注重抓党员。

检察工作是具有比较强的专业性工作，检察机关尤其是基层党组织的建设有自己的特点，同时也有一般共性。从特点来讲就是要兼顾组织工作和检察业务工作的协调发展，组织工作的有效开展既是检察工作的保障，也是检察工作目标，因为检察工作始终是党的事业之一，两者相辅相成，必须两脚同长，检察机关才能正常走路，走好路。

检察机关基层党建工作主体责任制落实问题研究

重庆市人民检察院第二分院　　林国强

当下检察机关在落实党建工作责任制方面，已经形成了较成熟的制度、经验，对党领导检察工作打下了牢固基础。随着主任检察官责任制、内设机构大部制的试行，各试点单位的内设机构被精简、整合，原有的组织结构被打乱调整，以处、科、室为依托形成的党建工作机制的效用会有所下降，造成检察院"基层"① 党建责任主体不明确，以致党建工作责任制难以落实。

一、检察机关基层党建工作责任制的现状分析

党建工作是针对人思想和心灵建设的工作，是一项长期的、复杂的工作。检察机关为落实党建工作责任制，构建起了比较成熟的制度，如对党组、党总支、党支部之间责任的划分，"三会一课"制度、谈心谈话制度及相关的考核制度等。这些制度的形成为检察机关党建工作奠定了牢固的基础，增强了党对检察权运行的领导力。检察机关党建工作责任制度落实结构是，党组班子对基层院党建工作起着主导和决定性的作用，各个党支部起着发挥堡垒作用，

---

① 我们首先需要明确一下，本文所讲的基层并非指基层检察院，而是指以检察机关内设机构为依托设立的党支部，如研究室支部、公诉处（科）支部等。

每个党员则挥着先锋作用，后两者是党建工作的落脚点和关键。

二、检察机关党建工作将面临的困难和挑战

在大部制改革思想的指导下，各试点单位根据检察业务的需要，将内设机构整合至 6～8 个部门，① 且配齐配强检察业务部门。一般检察人员在主任检察官的带领下从事检察业务工作，部门负责人不再享有对案件的审批权，只进行一些事务性的管理工作，其中包括党建工作。制度设计时明确部门负责人的党建工作责任，是在强调党建工作重要性。而实质上这里面存在几个需要明晰的问题。

一是部门整合后，出现的"两减两增"问题。一是内设机构数量减少，每个部门的人数增加；二是部门负责人的数量减少，部门的党建任务增加。在全院的党建任务总体没变的前提下，对于每个业务部门负责人来讲，党建任务实质上是加大了。首先，为达到"去行政化"的目的，将业务相近的部门集中到一起，减少了内设机构负责人的数量，而减少的这些负责人是改革前基层党建工作责任的主体。业务部门整合后，每个部门的人数倍增，但基层党建责任主体数目却减少了。分母未变，分子却增加了数倍，尽管根据改革方案可能会配有助手，但落到部门负责人头上的党建工作任务会比改革前重很多。具体到落实上也会出现一些新问题，如人员增加后组织集体学习、集体讨论的难度增大；部门负责人不能及时了解每个干警的思想状况等，使得党内生活可能会流于形式，导致基层党建工作责任制的落实堪忧。

---

① 如重庆市渝北区将内设机构整合为 8 个部门，渝北区人民检察院设置职务犯罪侦查局、刑事检察局、诉讼监督局、政治部、检察长办公室、检察事务部、未成年人刑事检察局、监察室"四局两部两室"；武隆县人民检院将内设机构整合为院务部、政治部、检务部、刑事检察局、职务犯罪侦查局、诉讼监督局、司法警察大队、派出检察室等 8 个部门。

二是基层党建阵地的虚化。与大部制同步进行的主任检察官责任制改革，将部门负责人的事务领导权和主任检察官的业务主导权分离，部门负责人将不享有业务审批权，这使得主任检察官及其助理人员成为一个相对独立的办案组织，在以业务为先的考核模式下，部门负责人的党建工作会变得无足轻重，很有可能导致部门负责人被虚置，进而使检察机关基层党建工作被虚化。而基层党建工作是党的领导力和战斗力的集中体现，是党建工作的重中之重，基层阵地的虚化必然导致党对检察工作领导力的弱化。

三是新制度的构建缺少有力的理论支撑。党建工作制度构建的理论研究在本轮检察改革中没有形成热点效应，与热闹异常的大部制、主任检察官责任制、检察官员额制的讨论相比，党建责任问题只是在讨论"去行政化"问题时捎带论述，没有深入的研究。这使得党建工作责任制的构建在本轮检察改革中处于停滞状态。在全面推进依法治国的背景下，此处的停滞不前值得我们反思。

四是检察干警在党建工作主体责任制中的缺位。当下，"80后"干警逐渐成为检察工作的中坚力量，据相关统计显示，重庆市检察机关"80后"干警占到了45%左右，在一些基层院"80后"干警所占比例会更大。"80后"干警的优点是学历高、业务能力强，但其缺点也比较明显，与上几代检察人相比接受传统党建教育相对少一些，受西方法学思维的影响更大一些，具体表现如对检察工作的理想化，容易脱落社会实际；个人本位主义导致的大局意识不强，等等。因此，党建工作责任不仅仅是院党组、党支部的责任，最终的落脚点应是每位奋战在检察工作岗位上的党员干警。检验党建工作的成效也不仅仅是上了几节党课、看了几本马列著作，更重要的是干警本人思想素质的提高和党性的增强。

三、落实检察机关基层党建工作主体责任的几点建议

一是从思想层面上提高认识。对内要加强思想引导，要深刻认识到检察改革对现有党建工作机制产生的影响，引导广大检察人员积极参与改革、推进改革，形成改革合力；并积极发动试点单位检察调研力量，针对党建工作中出现的问题进行深入的调查研究，为制度创新提供理论支撑。

二重新定义检察机关党建基层的范围。根据上文分析，以处、科、室为党建基层单元的工作模式，将不能很好地适应检察改革后的党建工作需要，因此我们需要重新定义党建基层的范围。在业务部门实行大部制后，主任检察官办案组织成为行使检察权的基本单元，主任检察官对本组其他检察官和检察官助理在业务上具有绝对的权威，同时也行使部分的管理权。也就是说主任检察官将成为本办案组的实际负责人，在检察业务上形成一个相对独立的王国。

从一定程度上看，主任检察官不再是一个自然人，而是一个机关。因此我们有必要将党建工作基层的范围扩大到主任检察官，将主任检察官作为落实检察机关基层党建工作的责任主体之一，实行"一岗双责"。主任检察官既要干好业务工作，也要切实落实党建工作主体责任制。这样既扩大了基层党建工作的范围，解决了改革后检察机关基层党建工作人员缺口，避免了基层党建工作的虚化，同时也可以很好地解决党内集体生活流于形式等问题，可谓一举多得。

三是丰富考核党建工作主体责任制的内容。如开篇所讲，党建工作是思想建设工作，而人的思想建设是通过个人的行为表现出来的。具体到检察工作中就是要求检察官忠于法律、要坚持司法为民，改进司法工作作风，要努力让人民群众在每一个司法案件中都

感受到公平正义。① 因此，我们在考核党建工作主体责任制时，不能将目光停留在几页纸的学习心得体会上，而应更加实事求是，从以下几点来丰富考核内容：（1）将党建考核纳入对员额检察官的考核评价；（2）构建、完善与大部制办案模式相适应的党建工作责任制；（3）结合检察机关特点，有针对性地完善考核标准，使之更加符合检察工作规律。

① 参见习近平：《努力让人民群众在每一个司法案件中都感受到公平正义》，载新华网，2013 年 2 月 4 日，网址：http：//news. xinhuanet. com/politics/2013 - 02/24/c_ 114782198. htm。

新形势下检察机关党建
工作机制创新路径研究

重庆市渝中区人民检察院 张辛秋

"四个全面"是党中央对新形势下治国理政的新的战略思考、战略要求、战略部署，是新时期开展党建工作的根本遵循。检察机关作为法律监督机关，在新形势下开展党建工作，必须找准定位，明确新形势，构建新格局，服务于"四个全面"的战略布局，为"四个全面"夯实基层基础。

一、当前检察机关党建工作面临的新形势新挑战

（一）司法体制改革日渐深入对党建工作提出更高要求

党的十八届四中全会对检察机关加强法律监督提出了一系列新的要求，以司法责任制为核心的司法体制改革为检察工作科学发展提供了前所未有的机遇，也给检察机关党建工作提出了更高的要求。检察机关必须充分认识党在现阶段的历史使命，更好地履行检察机关的职责和任务，积极推进党建工作，增强党员干警的责任意识，落实检察改革的各项要求。当前，必须把机关党建工作和司法体制改革工作同步谋划，狠抓党建工作责任制落实，扎实推进学习型党组织建设，培养造就一支高素质、服务型的检察队伍，才能为全面深化改革提供有力的组织保障和人才支撑。

（二）检察队伍结构发生变化给党建工作带来新挑战

近年来，检察机关对人才队伍建设高度重视，一大批具备高学

历的年轻人才通过公务员招考、选调、遴选等方式进入检察机关，青年干警队伍比重不断增加，干警队伍结构不断向年轻化方向转变。虽然青年干警具有学历高、知识新、创新意识强等特点，但同时也存在思想根基不牢、党性观念不强、实务经验不足等问题。如果检察机关党建工作故步自封、停滞不前，始终还是老套路，开展工作时一定是阻力重重，难以收到好的效果。因此，当前亟须探索贴近实际、贴近工作、贴近党员的党建工作机制，提高以党建带队建的水平，才能打造一批忠诚可靠、执法为民、务实进取的过硬检察队伍。

（三）司法公信力建设倒逼党建工作有所作为

习近平总书记强调，司法体制改革归根到底要看司法公信力是不是提高了。检察机关的司法公信力源于人民群众对检察机关的认同、信服和满意。检察机关必须密切联系群众，认真倾听群众呼声，真实了解人民群众的新要求、新期待，才能准确把握法律监督的着力点，维护好广大人民群众的合法权益，才能有效提升司法公信力。为此，检察机关开展党建工作，必须回应人民群众对司法工作的新需求、新期待，问计于民，问需于民，以公正执法保障民权，以优质的服务减轻民负，才能真正将党建工作落到实处。

二、当前检察机关党建工作存在的问题

近年来，检察机关始终把党建工作在建立组织机构、制定工作制度、组织开展活动、实施考核评比等方面做了很多工作，取得一定的效果。但面对新形势、新任务，我们更需要反思当前检察机关党建工作中存在的问题和薄弱环节，才能对症下药，在今后的工作中加以改进和完善。

（一）党员理论教育模式因循守旧

目前一些检察机关党员理论教育学习的形式仍停留在读报纸、念文件、开会传达会议精神、一人讲大家听的"老路子"，形式呆板乏味、缺乏新意，不能够很好地贴近党员实际，难以调动党员尤其是年轻党员的参与热情和积极性，党组织理论教育学习吸引力不够，部分党员对理论学习存在"怠学"、"厌学"现象，理论学习收效甚微。

（二）机关党建工作统筹谋划不够

一些检察机关的党建工作相对检察业务工作来说处于薄弱环节，虽然每年都会制定机关党建工作计划，但往往"换汤不换药"，缺乏应有的高度和指导力度，缺乏根据新形势调整工作重点和任务的创新意识。党务工作人员主观上也常有"业务工作是硬指标，党建工作是软任务"的思想，主观能动作用发挥不够，对党建工作满足于现状，不思突破。

（三）党建机制体制建设创新不足

一些检察机关党组织对新形势下机关党建工作的特点缺乏深入系统的分析，对如何落实"四个全面"创新发展机关党建工作的方法、路径探索不够，党建工作理念不能与时俱进，工作方式方法陈旧，缺乏亲和力和感召力。有些检察机关党组织没有找到机关党建工作与检察工作的契合点，党建工作方法载体缺乏生命力，致使一些机关党员参与组织生活积极性不高，服务群众效果不佳，使党建工作流于形式。

三、新形势下创新检察机关党建工作机制的思路

检察机关党建工作是做好各项检察工作的内在要求和重要保证，面对新形势、新任务，必须在党建工作观念、内容、形式和机制等方面敢于创新，敢于打破陈规旧俗，赋予机关党建工作以新颖、活泼、务实的内容，取得实实在在的效果。

（一）创新党员理论学习机制，变"填鸭式"为"互动式"

检察干警日常业务工作繁忙，如果党员理论学习仍局限于以往的"三会一课"模式，不进行探索和创新，容易使理论学习沦为

形式，难以收到预期的效果。新时期检察机关党组织要结合检察工作实际和检察干警的思想状况，改进传统的教育模式，探索符合时代特点和党员需求的教育内容和形式。笔者认为，当前检察机关党员思想理论教育学习，不能再囿于以往单一的"一人讲、大家听"这种传统"填鸭式"模式，应当多采取"大家讲、一起学"的互动模式。建议推广"微党课"，时间改短，精简授课内容，压缩党课时间，提高学习效能；内容改精，变"单一型"为"多样化"，把抽象的理论转化为具体的事例，让每名党员有所收获；形式改活，可采用干警宣讲、专题讨论和多媒体展示等多种授课方式开展学习，使理论教育的内在要求转化为党员群众的实际需求。

（二）创新党建宣传教育机制，变"大文章"为"微平台"

目前，以互联网为代表的新型媒体已经成为深入影响社会政治经济生活各个方面的重要媒体，微博、微信等网络平台作为当前覆盖面广、用户人多、操作便捷的新媒体，颠覆了传统媒体的传播方式，使信息的传播更加迅速，更加有效。检察机关党组织应当创新党建宣传教育机制，充分利用微信、微博等新媒体即时传播、广泛传播、点击率高等特点，搭建党组织"两微一端"平台，宣传党的路线、方针、政策，宣传党建特色工作，发布机关党建工作动态，推进服务型党组织建设，提供契合检察机关实际、受党员群众欢迎的精品阅读内容。同时，在党组织微信、微博平台的运行中，应注重将工作重心放到与受众的互动和交流上，在参与互动和交流中发声和传声，拓宽信息互通平台，畅通意见建议沟通渠道，进行思想引领和舆论引导，让社会公众了解检察机关，传递正能量。此外，还可以探索利用新媒体增设党务公开、党内监督专栏，将党建工作置于阳光之下，打造"透明"党支部，主动接受社会监督。

（三）创新党员服务群众机制，变"等上门"为"沉下去"

群众路线是党的根本政治路线、组织路线、工作路线。检察机关作为法律监督机关，应当主动思考如何深化群众工作、维护民生民利，使检察工作更加贴近群众，更好地服务群众。当前，检察机关应当健全直接联系服务群众机制，改变以往"等群众上门访"的被动服务模式，让党员干警深入群众中，倾听群众呼声，解决群众的困难，推动党员干警在下基层、接地气中展示作为。选择政治素质高、业务能力强、服务意识强的党员干警，针对不同类别的群体，组成多支服务队伍，设定不同的服务内容，按需提供司法服务，使检察机关党建工作更"接地气"，提升检察机关的司法公信力。以重庆市检察系统为例，当前有一些服务群众机制取得了良好的效果，如"莎姐"进校园、职务犯罪预防进企业、检察官"社区工作日"、驻点检察官工作室等，这些创新举措密切了检群关系，提高了群众对检察工作的认知和认同，值得进一步推广和完善。

"变则通，不变则亡"。时代在发展进步，社会体制机制在变革，党建工作的方式方法也要不断随之革新。检察机关党组织唯有顺应新形势，紧紧围绕"四个全面"，大胆探索，勇于创新，确保党建工作抓出特色、抓出实效，才能为全面深化改革、推进检察事业科学发展提供坚强的组织保障。

坚持"两个融入、两个紧扣"
用党的建设成果推进检察事业创新发展

四川省人民检察院直属机关委员会

近年来,四川省人民检察院直属机关党委坚持党建工作"强化服务,改进方法,突出实效"的工作思路,融入司法改革、融入检察业务、紧扣群众呼声、紧扣党员需求,扎实工作,开拓创新,用党的建设成果服务检察中心工作,推进检察事业创新发展。

坚持党建工作融入司法改革,打牢干警投身改革的思想基础。针对深化司法改革内容多、涉及面广,对广大干警切身利益影响大的实际情况,直属机关党委围绕干警反映出的思想认识问题,积极做好针对性的教育引导工作,努力为司法改革营造良好的环境。一是开展司法改革专题学习教育,确保司法改革的正确政治方向。邀请专家分别对十八届三中、四中全会精神进行辅导,组织学习习近平总书记系列重要讲话精神"大学习大讨论",开展"增强党性、严守纪律、廉洁从政"和"三严三实"专题教育,参加省直机关"争当改革先锋、服务两个跨越"主题演讲活动,引导干警正确对待改革、支持改革、参与改革,自觉抵制西方所谓"司法独立"等错误思潮和错误观点,旗帜鲜明地坚持党对检察工作的集中统一领导,自觉在思想上、政治上、行动上同以习近平同志为总书记的党中央保持高度一致。二是开展分类和个性化日常教育,提高教育效果。结合分类管理、人财物由省级院统管等改革带来的干警千差万别的思想问题,机关各党组织利用专题教育实践活动、组织生活会及检察文化活动等契机,广泛开展日常谈心谈话活动,了解大家的思想动态。直属机关党委坚持每半年收集汇总机关干警思想情况，及时回答大家提出的问题，帮助解决实际困难，并确定直属机关党委委员、纪委委员定点联系思想问题较多的支部，共同做好重点干警的思想工作。各党支部和机关青年组织创新日常教育方式，强化教育的针对性，不断提高干警对改革意义和任务的认知，凝聚大家参与改革的合力。组织广大干警参加司法改革座谈、撰写心得体会等改革实践活动，在亲身经历中加深对司法改革的理解。机关青工委召开机关青年"青春勇担当"座谈会，开展"书韵青春中国梦"书评征文和"我的青春我的梦"青春感言活动，引导广大青年干警努力为司法改革贡献青春、智慧和力量。公诉二处党支部针对青年党员多的特点，通过开展创建全国、全省"青年文明号"集体活动，重温报考检察院时的梦想，积极融入司法改革等开放式党员教育活动，强化党员干部政治意识、责任意识和服务意识，增强了干警参与改革的思想自觉和行动自觉。

坚持党建工作融入检察业务，推进检察工作新发展。针对长期以来机关部分党支部存在的党建工作和检察业务工作"两张皮"现象，我们采取在年度绩效考核中加入党建工作服务中心工作加分项目、开展服务中心工作创新案例征集评选活动、先进支部在全院党员大会上介绍经验等方式，引导各党组织自觉将党建工作的任务部署贯穿到检察职能要求中去，确保党建工作真正融入检察业务。在近年检察机关开展的打击危害食品药品安全、电信诈骗等刑事犯罪，查办和预防发生在群众身边、损害群众利益职务犯罪专项活动，深化"两法衔接"工作，推进司法改革，规范司法行为专项整治工作等重大活动中，党建工作均积极跟进：指定院党组成员、机关内设机构支部书记分别联系督导全省22个市分州院的重大活动，开展党组成员带队到基层联系点、偏远山区、藏区调研，直属机关党委书记参加所有重大活动领导小组工作，在办案点成立临时党支部，组织业务骨干参加党校政治理论培训等，使党建工作深入到检察工作的方方面面。如在开展的规范司法行为专项整治工作中，直属机关党委派员全程参与方案制定、征求意见座谈会、督导市级院、指导各级党组织班子查摆问题等工作，确保了党建工作贯穿专项整治工作全过程。党委办公室与人民监督工作办公室共同组织"检察开放日暨省直机关青年文化列车（检察院站）活动"，与法律政策研究室共同开展以"推进两法顺利实施，护航伟大中国梦想"为主题的省院机关青年论坛论文征集活动，使党建工作有机地融入业务工作，促进了业务工作健康发展。

坚持党建工作紧扣群众呼声，推进作风持续改进。深入开展党的群众路线教育实践活动，督导机关各党组织班子及党员干部个人坚持以问题为导向，集中整改群众最需要、最不满意的问题，推进作风持续改进。

一是立足检察职能，深化问题整改。结合深入开展教育实践活动和规范司法行为专项整治工作，机关各党组织采取"开门评风"和"百姓听音"收集群众意见，并结合检察职能，积极抓好问题整改。深入开展查办和预防发生在群众身边、损害群众利益职务犯罪专项工作和危害民生刑事犯罪专项立案监督活动，积极参与打击危害食品药品安全专项整治，开展查办食品安全监管渎职犯罪专项行动和依法保障与促进安全生产督导检查，依法严厉打击危害食品药品安全、环境污染等犯罪，严惩个人极端暴力犯罪、集资诈骗、网络诈骗等严重影响群众安全感的犯罪。抓住群众反映强烈的违法扣押冻结款物、职务犯罪轻刑化等检察机关执法办案中的突出问题，对执法突出问题深入开展专项整治。制定深化检务公开办法，将检务公开延伸到检察执法办案过程，保障人民群众对检察工作的知情权、参与权、表达权和监督权。针对存在的冷硬横推等不良现象，引导检察人员牢固树立理性平和文明规范的执法观，做到真诚、平等地与群众打交道。开展规范司法行为专项整治工作，完善执法考评体系，进一步规范执法行为，不断提升检察机关执法亲和力和公信力。

二是完善党员服务群众体系。把联系群众、服务群众作为开展争创先进党支部、争当优秀党员活动的重要评比内容，并确立 12 个示范党支部、17 个示范党小组和 38 个党员示范岗，充分发挥典型引路的作用。制定《四川省人民检察院机关"三亮三比三评"制度》，在案管大厅、来访接待室等群众窗口部门党员中开展"三亮三比三评"活动，切实纠正在个别同志身上存在的"庸懒散浮拖"问题，努力提高群众满意度。坚持党员干部直接联系群众制度，积极开展对口扶贫工作。组织机关 90 余名副处级以上党员干部深入地震重灾区芦山县开展联村帮扶活动，为一个村 5000 余名村民解决了饮用水问题。深化对宣汉县"挂包帮"工作，组织 32 个党支部对口帮扶贫困农户，先后协调和投入 2 千余万元帮扶资金用于道路建设、饮水工程、农田改造、养殖业和种植业。加强叙永县"双联"帮扶工作，牵头协调其他 9 个省直机关完成了水潦中心校和坛厂九校扩建、"彝家新寨"规划设计等任务。

　　坚持党建工作紧扣党员需求，做好关心激励工作。坚持把关心激励党员作为做好党建工作的基础工作抓紧抓好。围绕党员政治需求，认真贯彻落实党内法规，编写《四川省人民检察院机关党务工作实用手册》，深化党务公开，制定机关基层党组织党务公开指导目录，明确了 9 大类 61 项公开内容，并在机关局域网上开设党务公开专栏，积极保障党员的民主权利。同时，设立机关优秀党员示范岗，评选年度机关优秀党员、优秀党务工作者，做好党员发展工作，不断激发党员干部创先争优热情。围绕党员的文化需求，充分发挥群团组织作用，组建机关合唱团、舞蹈队、足球队、篮球队、羽毛球队、乒乓球队，开展太极拳、插花艺术和西餐糕点、川菜制作等培训，组织参加气排球、篮球、摄影、绘画和书法等比赛，营造了机关良好的文化氛围。围绕青年党员励志、担当和成才主线，开展户外拓展，组织"学习雷锋精神争当有为青年"座谈会和读书征文，选派青年干警参加"走进基层一线"调研实践活动，引导青年党员立足岗位，干事创业。公诉二处女子办案组被团中央授予全国"青年文明号"称号，机关团支部被团省委评为

"五·四红旗团支部"。围绕党员工作、学习和生活上遇到的问题，直属机关党委协调党员所在支部尽力帮助解决，同时将带有倾向性的重要问题报告院党组。针对公诉部门同志提出的面对死刑案件心理压力大等问题，邀请心理学教授来院为干警进行专门心理辅导；针对干警反映的体检针对性不强、幼儿入托难、无住房等问题，及时调整体检项目，帮助干警适龄幼儿解决入托指标，为年轻干警申请公租房，为住院干警报销互助医疗费并协助女干警购买女职工大病互助保险。机关工会连续 19 年被省直机关工委评为"先进职工之家"。

强化思想引领 坚持制度创新
实现党建工作与检察业务同发展

四川省成都市人民检察院机关党委

全面提高党的建设科学化水平，是党的十八大对党的建设提出的总要求。近年来，成都市人民检察院紧紧围绕"服务中心，建设队伍"总目标，坚持党要管党，从严治党总要求，切实做到业务工作与党建工作同发展，为争创全国一流检察机关提供了坚强有力的思想保障和组织保障。

一、坚持思想教育为基础，强化思想
引领，扎实推进思想建设

一是突出思想教育重点。坚持主题教育活动与检察官职业道德建设紧密结合，强化党性教育和职业操守教育。近年来，我院相继开展了以"读懂成都发展梦、助推检察一流梦、成就个人成才梦"为主题的"实现伟大中国梦"教育活动；以"扩大检务公开，密切联系服务群众"的主题活动，深化党的群众路线教育实践活动。在今年开展的"三严三实"专题教育中，我院切实将严以修身、严以律己、严以用权的要求与规范司法行为专项活动相结合，强化执法公信力意识。将检察官职业道德教育贯穿于主题教育中，树立大局观念，铸造"忠诚"品质；推行阳光检务，坚定"为民"宗旨；强化自身监督，树立"公正"意识，加强作风建设，守住"廉洁"底线，将检察官职业道德要求转化为检察人员的自觉

265

行动。

二是突出理论学习成效。强化院领导在理论学习、课题研究中的示范引领作用。我们清楚地认识到，理论学习是思想建设的基础，也是增强行动自觉的充分保证。建立党组中心组理论学习带动支部会和处（室）务会学习制度，院领导深入分管部门党支部，进行学习辅导，确保中心组学习内容及时全面传达到支部和每名党员。注重学习成果交流和转化。中心组学习成员、各部门主要负责人、各基层院检察长围绕专题学习开展经典法律著作阅读活动，坚持每两个月撰写一篇读书心得，在局域网上进行交流，两年来交流的读书笔记已达360篇90余万字。强化学研结合，近年我院承担的检察改革调研、专题调研、决策调研课题均收到显著成绩，每年完成各类调研文章300余篇，绝大多数被国家、省、市级采用。

三是拓展思想教育形式。一是开展思想政治工作"五个一"活动。按照活动要求，院领导每月参加一次分管部门组织生活会和处（室）务会，每两月督导一次基层院，每年与分管部门干警谈一次话，处（室）主要负责人每年对本部门干警进行一次家访，召开一次家属座谈会，力求将思想政治工作做深做实。二是强化先进典型引领示范作用。近年来，我院先后推出了将耐心、细心、将心比心"三心"工作法运用到控告申诉工作中的全国模范检察官、荣登"中国好人榜"、"守望正义——群众最喜爱的检察官"控申处处长童勤，以及全国优秀公诉人、四川省"我最喜爱的政法干警、省劳模等一批先进典型，通过举办先进事迹报告会，制作HG视频，运用"两微一端"新媒体进行宣传，激发了检察干警立足岗位干事创业的积极性和创造力。三是发挥检察文化建设的支撑作用。充分发挥我院陈列室"传承检察精神、激励检察队伍"教育基地作用。开展"一年一主题"文化活动，通过举办书画摄影展，微影视、微写作、微广告"三微"作品评比展，与高检院、省检院文联联合举办"国庆·中秋诗歌基层行"系列活动等，达到文以载道、以文化人的效果。马光剑同志创作的巨幅油画《1931 年·瑞金·工农检察委员部成立》获中国检察制度创立 80 周年书画展一等奖，油画《热血忠魂．川军血战藤县》成为四川省纪念抗战胜利 70 周年重大历史题材作品，油画《信仰之路》载于《精神文明报》，并被《成都日报》作为公益广告整版刊载。

二、立足服务中心建设队伍，发挥党组织整体功能，加强组织建设

一是强化主体意识，履行主体责任。建立院党组、机关党委、党（总）支部主体责任负责制。在整体谋划、统一部署中，院党组坚持把业务工作和队伍建设中的难点和薄弱环节作为党建工作的切入点，紧紧围绕发展和稳定两大工作重点，强化在服务中心、执法为民中的责任担当意识，着力在打击暴恐犯罪、新型金融犯罪和新型毒品犯罪，预防经济犯罪和职务犯罪等方面发挥作用。

二是围绕中心工作，发挥组织保障作用。坚持把思想政治建设与深化检察改革同部署、同推进，引导干警认识改革、顺应改革和支持改革，确保我院承担的检察改革试点工作顺利推进。围绕规范司法行为，从执法办案层面和作风层面查找问题，开展党员承诺践诺，制定支部整改措施，举办"规范司法行为，做忠诚卫士"主题演讲比赛，推动规范司法行为深入进行。

三是把提高队伍素能与满足党员干警成长成才需求相结合。推进"塔尖式"、"领军型"人才建设，每季度组织一次对全市检察人员的业务测试，开展小规模、多时段、多样化业务实战训练，建立"导师制"骨干人才培养机制，选拔全国检察业务专家、知名法学教授进入导师库，开展对年轻业务骨干个性化培养。建立电子图书馆，加强国外检察理论和实务研究，有效提升检察工作水平。

四是建立关爱慰问机制。针对干警生日、身患重疾家属和困难家庭进行慰问，开展评选优秀干警家属活动，召开表彰会对优秀干

警家属进行表彰慰问，制作《光荣册》、宣传展板，对优秀干警家属的事迹进行宣传，在全院营造和谐进取的浓厚氛围。

五是强化制度保障。规范党组织的基本组织和民主制度、学习教育制度、思想政治建设制度、党内关爱互助制度、党风廉政建设制度等五个方面15项制度，并修订完善《党务工作实用手册》，进一步明确了党支部、支部委员会、党员在党建工作中应履行的职责和要承担的工作。

三、坚持服务基层，加强作风建设，推动检察职能社会化

一是开展密切联系服务群众"五个一"活动。院班子成员、支部书记和基层院检察长每年联系一名涉检上访上诉群众、一个企业、联系一个村或社区、一户困难群众和一名青年业务能手。与此同时，市院27个党支部结合"挂包帮"、"双报到"、"双联"等活动，深入44个村社开展"党员义工日"志愿者服务，帮扶基础设施建设，提供法制文化服务，慰问留守儿童、孤残老人、困难退伍军人，切实把转变作风与做好群众工作紧密结合起来。

二是做好法治服务工作，发挥服务型党组织的社会辐射作用。近两年来，全市检察机关集中查办社保、教育、医疗、劳动就业等民生热点领域的犯罪，在全市国企、政法、国土、人社、卫生、教育等六大重点领域深入开展预防职务犯罪、经济犯罪专项预防活动，共开展预防警示教育100余次，参加人数40000余人，收到良好社会效果。预防工作形成经验材料被省委办公厅《每日要情》转发，得到省政协领导肯定性批示。着力构建检察、校园、家庭"三位一体"的法治宣传"细胞工程"。今年7月，我院联合成都市教育局、成都市妇女联合会，针对留守儿童，组织开展了首届"小小检察官—法治夏令营"活动，获得较大反响，《人民日报》等报纸、电视、网络等媒体对该活动进行了深入报道。省委常委、

省总工会主席李登菊对此项活动作出肯定性批示。

四、贯彻从严治党要求，加强党风廉政建设，为检察事业发展提供保证

一是创新开展处置不合格党员试点工作，强化党员意识。2013年，市院机关创新性地开展了处置不合格党员试点工作，规范了16种不合格党员表现形式，制定出台了《处置不合格党员试点工作方案》和《处置不合格党员实施办法（试行）》，全体党员按照《党章》要求，结合检察工作实际，以"党性之问"为专题，对照不合格党员具体表现，开展一年一度的民主评议，有针对性地引导党员保持自我警醒。

二是加强廉政风险防控体系建设。建立党风廉政责任监管平台，实现责任落实在线监督、检查考核在线实施。目前，正在完成《成都市人民检察院岗位廉政风险信息化防控系统（V1 版）》升级改造，通过拓展平台功能，实现对办案流程、办案环节和"三重一大"工作有力监督，逐步形成风险预警、纠错整改、内外监督、考核评价和责任追究一体化的廉政风险防控体系。

成都市检察院以党建带队建，以队建促检察事业发展，各项工作取得显著成效，为争创全国一流检察机关提供了坚强有力的思想保障和组织保障。2013 年，市检察院被全国总工会授予"全国模范职工之家"称号，2015 年被中央文明办授予"全国文明单位"称号，被团中央授予全国优秀"青少年维权岗"；被高检院、省院记集体一等功、二等功各一次，被四川省委宣传部确定为"四川省践行社会主义核心价值观示范单位"，市检察院机关党委被成都市委授予先进基层党组织称号。近三年，市院干警受市级以上表彰奖励 682 人次，集体奖励 472 项次。

党的十八大提出全面推进党的建设新的伟大工程，加强和改进

检察机关党的建设，是检察工作持续健康发展的根本保证，我们将认真学习贯彻此次会议精神，学习借鉴各地检察机关党建工作先进经验，努力把我院党建工作进一步做实做深，推动检察事业不断取得新发展。

"五大阵地"夯基础
"三条路径"促发展

——浅析基层检察机关如何加强党员教育管理

四川省内江市人民检察院机关党委

检察机关是推进平安中国、法治中国建设的重要力量，检察干警特别是党员干部则是这一艰巨历史使命的最终执行者。从落实从严治党的宏观角度来讲，只有强化检察机关党员干警教育管理，在严明政治纪律和政治规矩的基础上，不断探索教育管理路径，才能提升检察干警的综合素质，从而提升检察机关的整体战斗力和执行力。本文结合内江检察党员教育管理实践，总结近年来的做法和取得的成效，分析存在的隐忧，并对今后的努力方向做出展望。

一、主要做法和成效

1. 打造"评学阵地"，激发党员学习动力。以打造"学习型党组"为龙头，依托"知识大讲堂"、"政法讲堂"、"道德讲堂"等载体，每月由检察长和中层以上干部轮流上台为干警授课，范围涉及业务、修养、历史、文化等诸多方面；每年开展"六个一"读书活动，即每年为每名干警订阅一份《检察日报》和10本书籍，鼓励和要求干警"日读一篇、周听一课、月看一书、季写一文、年研一题"；有序打造"学习型机关党委"、"学习型党支部"、"学习型标兵"等学习型细胞工程，将学习效果进行评比，结果列入对各支部、各部门和干警的目标考核，营造了浓厚的学讲氛围。

2. 打造"训练阵地"，开阔党员视野。请进来、走出去，借助各种资源和力量，帮助干警拓宽视野、获得新知。先后邀请了北京大学教授韩菁、中国政法大学教授阮齐林、西南政法大学教授龙宗智等 33 名全国知名专家、教授来院授课，培训干警 1269 人次。2009 年组织全市 200 余名党员干部远赴北京国家检察官学院集中素能培训，2011 年到延安、井冈山等地接受革命传统教育，2012年又集中组织到国家重点高等学府——浙江大学进行素能培训。今年下半年还将组织市院全体党员和基层院中层以上党员干部到复旦大学进行为期半个月的集中培训。

3. 打造"文化阵地"，凝聚党员内在潜能。大力推进文化强检战略，根据党员需要，建立了书吧、图书室、文化休闲吧、太极馆、羽毛球馆、瑜珈馆等基础设施，内江市院形成了富有特色的太极文化、书吧文化、责任文化、荣誉文化、瑜珈文化品牌，结合丰富的文体活动，逐步引导干警向"文化自觉"、"文化自信"、"文化自强"的层次转变，形成了"勇争一流的拼搏精神、奋发有为的团队精神、与时俱进的创新精神、追求公正的法治精神"的强有力的内江检察核心精神。

4. 打造"警示阵地"，提升党员拒腐防变能力。在扎实开展群众路线教育实践活动、"三严三实"教育活动的同时，充分利用内江本地资源，与内江师范学院合作建立全省首家职务犯罪预防研究所，开展范长江故居重温入党誓词等特色教育活动，组织党员干警到内江看守所、金堂监狱、宜宾监狱接受实地警示教育 300 余人次，促使其始终保持政治上的坚定、思想上的清醒。近年来，全市检察机关未发生干警违法违纪事件，保持了检察机关的良好形象。

5. 打造"服务阵地"，坚定党员宗旨意识。坚持"走基层、惠民生"，先后对口帮扶内江市东兴区破马村、资中县清平村、威远县十字村，联系市交通局、教育局、旅游局等先后投入 100 余万元帮助修缮公路、村级办公场所、改善生产条件等。深入开展党员志愿服务活动、"党员义工日"，全院 5 个党组织、95 名党员全部到所在社区党组织报到，组织干警走近敬老院、留守儿童、空巢老人家庭，为困难家庭献上检察机关和检察干警的爱心、开展义务服务活动。开展"天使在路上"志愿服务、"栋梁工程"助学等学雷锋志愿服务 30 余次，帮扶农户和藏区共建，向甘孜州炉霍、色达两县检察院捐赠资金达 50 多万元。

通过打造"五个阵地"，全院党员和干警的综合素质得到明显提高。在院党组的正确领导下，近年来，取得了骄人的成绩，涌现出全国优秀侦查员、全国优秀反渎局长、四川省十佳公诉人等一批先进典型，市院被中央文明委表彰为"全国文明单位"、被最高人民检察院授予"全国基层院建设组织奖"称号、被省文明委授予省级最佳精神文明单位称号；连续八年进入全省检察机关目标考核先进行列，连续八年荣获市委综合目标考核"一等奖"，近 4 年来连续荣居全省地市州检察院前两名；市院机关党委先后被表彰为"市直机关先进基层党组织"、"作风优化"工程建设先进单位和"市直机关走廊文化建设先进单位"，市院书吧被评为示范书吧。

二、存在的主要问题

尽管取得了良好成效，但在党员教育管理路径的探索中，还存在一些问题，制约了党员教育管理工作的发展。

1. 党员教育管理观念不新。大多沿用过去的党员管理路径开展工作，针对当前年轻党员干警的新需要、新诉求适时调整方式方法不够，尤其是在载体选择上，不够活泼、生动，教育培训方式显得较为刻板，由于技术和培养管理力量有限，不能适应"互联网＋"时代的新要求。

2. 党员监督管理不够严格。对照"三严三实"的工作要求做得还不够，对少数干警身上存在的"庸懒散浮拖"现象，尽管也有批评教育，但解决办法不多，不够有力。对部分党员思想上的苗头性问题掌握不细致，主动约谈干警较少，未能掌握部分干警的思想动态。

3. 党支部对党员干警的凝聚作用发挥不充分。探索新形势下如何开展支部活动、凝聚党员干警的方式方法不够，导致出现部分党员干警意识变弱，党员的自豪感变弱。由于检察院工作的特殊性，关注业务工作和办案效果多，了解党支部问题、难题少，基层党组织建设显得薄弱。

三、促进发展的"三条路径"

结合开展党员教育管理工作的一些初浅的经验，针对我们在党员教育管理中存在的问题，下步将着重从以下三方面入手探索党员教育管理工作路径：

1. 创新观念，探索党员教育培养模式。一是在培训内容上要紧密结合基层检察机关的工作实际，围绕提升思想素质、业务能力、写作能力、综合管理能力等主题，增强党员综合能力。要着重解决好"两个点"：针对部分党员党性观念薄弱、自豪感缺失，解决党员思想上的"疑点"；本着"干什么、学什么"，解决工作中的"难点"。二是在培训方式方法上，要做到"三个结合"，即集中教育培训与骨干结对教育相结合、典型教育与自我教育相结合、组织培训与支部生活相结合，灵活用好网络、媒体等平台，使党员教育管理变得更加生动、贴近现实生活。

2. 激励约束，强化党员监督管理。一是激励方面，具体做法上，继续推行如我们一直开展的"内检之星"评比活动，每季度评选两名工作出色的干警，予以通报表扬，受到了干警的一致好评；工作模式上，探索推行检察机关党员干警设岗定责管理模式，按照党员从事的工作性质、年龄、文化程度以及担任党内职务等情况，设立公诉标兵岗、侦查专家岗、习作能手岗、综合人才岗以及党务监督岗、文明新风倡导岗等岗位，并结合党员先进性标准，制定每个岗位的具体评价标准，结合党员评议，准确评价每个党员作用发挥情况，使每个党员能够在最适合自己的岗位上施展一技之长。二是约束方面，探索不合格党员处理机制，通过民主评议、组织考察等形式，对一些不正确行使权利、不认真履行义务、不发挥党员作用的"三不"党员，根据其错误的性质、情节轻重，分别采取组织谈话、批评教育、诫勉、劝退和除名处理，保持党的健康肌体。

3. 夯实基础，发挥基层党组织对党员的凝聚号召作用。一是明确基层党组织工作目标。明确基层党组织的主要任务就是凝聚和号召党员参加党的活动，统一党员思想，增强党员党性。二是强化基层党组织配置。以市院为例，我院五个基层党支部工作人员全部配备齐全，并充分考虑到支部工作人员的工作能力、性格特点等，从而搭配形成了工作合力，推进了基层党组织工作的开展。三是探索基层党组织开展党员活动的方式方法。在遵守"八项规定"和各项纪律规定的前提下，找准载体，适当地组织党员开展一些生动的党内活动，既增进了党员间的相互交流，也能起到凝聚党员思想的作用，从而推动党建工作的持续发展。

为有源头活水来

——贵州省人民检察院党组
中心组学习探索与实践

贵州省人民检察院机关党委

近年来，在省委、高检院的领导和省直机关工委的具体指导下，贵州省检察院党组中心学习组严格按照中央提出的"科学理论武装、具有世界眼光、善于把握规律、富有创新精神"的总体要求，紧密结合贵州改革和发展实际，创新抓好机关党组中心组学习，成功打造了具有贵州检察特色的中心组学习品牌，有效推动了检察工作的科学发展，整体工作得到了高检院、省领导充分肯定。

一、坚持领导带头，以领导示范带动全员学习

领导带头是抓好中心组学习的关键。一是领导带头坚持先学。领导班子成员坚持以身作则，带头先学，力求先学一步、学深一层，始终做到在科学理论武装上走在前列；二是领导带头遵守学习制度。制度的生命在于执行。党组领导坚持带头执行学习制度，每次学习始终做到与其他中心组成员同考勤、同考评，不搞特殊化；三是领导带头作辅导报告。党组书记、检察长坚持每年带头给全院干警职工上党课和作辅导，其他领导同志也结合自身工作实际带头给党员干部作辅导报告；四是领导带头撰写心得体会。所撰写的学习心得体会和理论文章分别被《当代贵州》、《贵州日报》和《贵

州机关党建》等报刊杂志刊发；五是领导带头下基层调研。院领导班子每人确定一个基层检察院、一个挂帮联系县和一个企业作为联系点，每年带头到联系点调研不少于一次，每次调研都带头撰写调研报告。

二、优化学习内容，结合形势扎实抓好学习教育

贵州省检察院党组中心组在学习内容上始终做到规定内容不走样，自选内容有特色，不折不扣地抓好中心组学习。一是坚持突出重点，切实加强政治理论学习和检察业务学习，及时把中央、省委重大决策部署、重要会议精神和新出台的法律法规、司法解释、法治理念纳入中心组学习内容，不断丰富学习内容、把握工作规律，努力成为检察工作的行家里手。二是做到兼顾全面，切实丰富各方面知识储备。中心组成员有针对性地填补自身知识的"短板"，坚持缺什么补什么原则，广泛学习经济、文化、哲学、科技等方面知识，不断优化知识结构、丰富知识储备。

三、创新学习方式，让思想在碰撞中产生智慧的火花

创新学习方式是增强中心组学习吸引力的有效举措。贵州省检察院始终把中心组学习作为思想交锋的重要平台，让思想在碰撞中产生智慧的火花，凝聚共识。一是坚持走出去观摩考察。先后组织中心组成员到遵义会址、息烽集中营、贵安新区等革命传统教育基地和经济建设一线学习观摩，让中心组成员与领导干部、专家学者和群众进行面对面交流。二是坚持请进来宣讲辅导。充分利用"周末大讲坛"、"道德讲堂"等平台，邀请省内外单位领导、专家学者等为全院干警职工作辅导。2014 年以来，共邀请欧阳自远、顾久等国内专家学者 50 余人为中心组成员作辅导报告，有效丰富和充实了中心组成员在经济、文化、国防、军事和哲学等领域知识。

三是坚持实行主题中心发言学习。党组班子成员坚持每年在中心组学习组作一次中心带头发言，每次集中学习都由院主要领导亲自确定中心发言人，明确发言主题。2014 年以来，共有 12 人次带头作中心发言。四是实施处级干部集中分组学习研讨。结合党的群众路线教育实践活动，将全院处级干部集中分成了六个研讨小组，各小组在集中研讨中相互启发提高。

四、健全学习制度，以制度落实促进学习规范化

重视制度建设，创新形成了一套有效管用制度。一是完善学习制度。结合检察机关实际，研究制定了《中共贵州省人民检察院党组中心学习组理论学习制度》，规定每季度集中学习不少于 1 次，每次学习不少于 3 天，做到学习内容、学习时间、学习人员、学习效果四落实。二是建立领导负责制度。省检察院建立了中心组学习主要领导负责制度，明确"一把手"为中心组学习第一责任人，中心组每次集中学习内容、时间、目标任务都由党组书记或党组副书记亲自审定，不能参加学习需要请假的由"一把手"亲自审批、亲自督促。三是坚持"三级联动"机制。始终坚持党组中心组学习带动支部学习，以支部学习带动个人学习的"三级联动"机制，发挥党组中心组的龙头示范作用，分层次组织机关党员干部学习，切实把学习落到实处。

五、注重学习实效，以学习助推检察工作科学发展

坚持学以致用、注重实效原则，充分发挥中心组学理论、谋思路、议大事、促共识、聚合力、促发展的作用，扎实推进中心组学习，在武装头脑、指导实践、推动工作上不断取得新成效。2014 年 7 月 1 日，中央国家机关工委副书记邵旭军同志到贵州省检察院调研工作时，对省检察院党组中心组学习工作给予充分肯定。2014

年 10 月，中央国家机关工委主管的《紫光阁》杂志刊发了省检察院党组中心组学习经验交流文章《学习为工作注入"源头活水"》。在 2014 年度贵州省机关党建创新成果评选中，省检察院中心组学习实践与探索经验《为有源头活水来》被评为二等奖。一是检察业务工作有新发展。2014 年，全省有 10 多项检察业务工作走在全国前列，督促起诉专项工作名列全国第一，多项检察业务在全国举行的业务评比中取得重大突破，获得历史最好名次，查办职务犯罪、预防职务犯罪、防止冤假错案等工作取得显著成绩。二是争先创优氛围更加浓厚。建立了年轻干警正常晋升工作机制，搭建了干部良性成长平台，形成了争先创优、干事创业的良好氛围，全省检察队伍整体素质大幅提高，一批业务尖子入选全国办案人才库。三是作风建设明显好转。通过中心组示范引领，"当日事当日毕、谁主管谁负责"理念逐渐深入人心，机关作风明显好转，工作效能显著提高。2014 年，高检院巡视组对贵州省检察院巡视后，向省委反馈意见时对省检察院班子作出 4 个方面的高度评价："一是大局意识强"；"二是工作思路清"；"三是队伍作风硬"；"四是党风廉政建设抓得实"。

六、新形势下加强和改进检察机关党组中心组学习的启示和思考

省检察院党组中心组通过不断加强理论学习的探索和实践，积累和提炼了一些宝贵经验和科学做法，对新时期新形势下加强和改进党组中心组学习具有些许启示：一是提高认识是抓好中心组学习的前提。要充分认识到中心组学习的极端重要性，认识到中心组学习是加强领导班子思想政治建设的重要举措和提高科学决策、依法行政的重要途径，中心组学习只能加强，不能削弱。二是党组书记履行职责是中心组学习的重要保证。党组书记是中心组学习的组织者、推动着和实践者，要突出发挥示范带头作用，切实履行第一责

任人职责，带头营造学习氛围。三是创新学习形式和丰富学习内容是搞好中心组学习的有效举措。要创新采取走出去学习考察、请进来辅导、集中研讨等学习形式，增强中心组学习的吸引力、趣味性和时代性，着力解决"两张皮"现象，坚持缺什么补什么、用什么学什么，提高学习效果。四是严格制度落实，强化督促考评是中心组学习的重要保障。要建立完善中心组学习制度和督促考评机制，严格执行制度，强化督促考评，发挥制度的激励和约束作用，着力解决中心组成员学风不端和"学与不学一个样、学好学坏一个样"问题。五是注重学以致用是中心组学习的根本目的和动力。中心组学习的根本目的在于推动工作，要把学习理论同研究解决本单位改革发展中的重大问题结合起来，坚持在学习成果转化和落实上下功夫，使科学理论真正成为指导工作和推动科学发展的强大动力。

司法改革视野下的基层党建工作

云南省人民检察院直属机关党委　史亚凤

　　我国新一轮司法改革工作正在进行分层设计，云南省检察机关已在 2 市 4 县区先行试点。作为一名检察院的基层党建工作者，我对司法改革既很关注，充满期待，同时又对在全面加强党的建设，司法改革紧锣密鼓的背景下，如何加强检察机关党建工作深感任重道远。机关党建工作是党的建设工作的重要组成部分，在司法改革的新形势下，认真对待中国现行司法体制下党建工作存在的真实问题，从解决这些问题入手并将其融入司法改革中，达到真正落实党建责任制，激发机关党建活力，建立行之有效的党建管理体系，是需要我们理性而且慎重思量的问题。

一、司改中检察机关党建工作面临的主要问题

（一）党建队伍人员大幅减少

　　目前云南省检察机关省院及州市两级院，仅政治部、纪检监察和计财局三个部门的人员比例已经达到 25.9% 和 18.68%，司改后，按照已有方案，具体的员额比例，昆明、普洱两市院的改革方案基本框定了办案检察官系列员额最高不超过 40%，司法行政人员比例控制在 15% 内。司改后作为司法行政人员的党建工作者人数必将大幅削减。

（二）增加"一岗双责"党建制度的内涵

　　我省检察机关司改方案基本原则是实行办案组织扁平化管理，

281

各级院可以探索精简检察机关办案层级，将内设机构按"大部制"整合为若干部（局），具体设置由试点院根据办案任务、人员状况自行确定。各部（局）长可以由分管院领导兼任，原各内设机构的负责人可以担任副部（局）长，协助部（局）长履行日常行政管理等职能，确保不弱化业务工作管理，但不再对检察官所办案件进行审批。正、副部（局）长担任主任检察官的，同时还履行司法办案职责。各部（局）下设若干办案组，直接对检察长或副检察长负责，实现办案组织的扁平化、专业化。由此可以看出，司法人员专业配置导致办案组织扁平化管理，原有支部配置已经不能适应基层党建要求。

以上问题的存在，势必影响基层机关基层党组织有效发挥战斗堡垒作用，影响党员充分发挥先锋模范作用。加强司改中基层党组织建设，不断改进和创新基层党组织工作方式和活动内容，切实解决好薄弱环节，使基层党组织真正成为团结带领党员群众前进的坚强堡垒是十分必要的。

二、加强司改后检察机关党建工作的构想

人类社会从来就没有过"标准"的或者"完美"的司法。某一种司法制度是否适当，应该看其解决纠纷的功能发挥和显现得如何，也就是司法解决纠纷的效率与实现公正的程度如何，能否达到社会公正的基本要求。因此司法改革视野下的党建工作，就是要认真对待司法改革后复杂的社会环境，综合、全面地思考司法改革带来与现实因素，以及政治的、经济的、社会的、伦理道德的、文化的、宗教的等物质性的与精神性的各种因素，将党建的焦点对准依法治国，从严治党。

（一）坚持党的领导，着力加强党建干部队伍

云南检察机关在司法改革方案中强调"坚持党的领导和中国特色社会主义方向，按照符合司法工作规律、体现司法职业特点的

要求，以突出检察官办案主体地位为核心，以建立权责明确的办案组织为基础，以强化检察执法责任为重点，依法有序、积极稳妥推进检察人员分类管理、完善司法责任制、健全检察官职业保障、建立省以下检察院人财物统一管理体制等改革试点工作，着力推动体制机制创新，解决司法行政化、地方化问题，形成符合检察工作规律、检察职业特点的责任体制和运行机制，确保检察机关依法独立公正行使检察权"。这是司法改革总体目标，同时表达了司法改革目的在于树立司法权威，最终是树立法律权威，提高司法效率，实现司法公正。我们不是为改革而改革，更不是为作秀而改革。我们必须正视司法改革是司法观念、制度、组织的自我完善与进一步发展，不是颠覆性的司法革命，更不是要彻底推翻现行司法，重建司法。因此，此轮的司法改革必须首先尊重并认真对待司法规律，这就要求我们必须认真对待中国的历史与现实国情。中国的历史告诉我们，没有共产党就没有新中国，因此从司法改革的策略与方法上，必须明确此次司法改革必须让司法工作中党的领导地位更加巩固，党的领导力量更加加强，党的领导方式进一步改进，而不是削弱党的领导。在这样的司法改革视野下，必须依靠基层专职党务干部来贯彻落实好习近平总书记提出的"把抓好党建作为最大政绩"的新思想、新要求，把"一心一意谋发展"与"聚精会神抓党建"统一起来，建立符合司法规律，符合中国检察特色的党建体系，在全面树立法律的权威过程中巩固党的领导。

（二）改革创新，着力健全和完善司改后的基层党建工作机制

重新构建司改后党的基层组织，以符合新形势党建需求。现行检察机关基层党组织是依托行政编制，以行政编制为单位按照党章规定成立支部或总支，以行政负责人为支部书记，实现"一岗双责"。司改后，由于行政人员比例限制，可以由主任检察官兼任本办案单位的党务工作，更可以考虑在办案系列中设立支部，专设党务干部，党务干部可以与行政人员职务实行"一岗双责"，提倡和引导专设党务干部。同时，各级院可以整合包括政治部、纪检监察等部门力量，将有限的人员充分利用，可以几块牌子一套人马，将机关党建与政治部工作有机结合、融汇。既实现省以下人事、财政统管，又实现加强党建工作的双赢，从分工上突出职责，解决司改后人员压缩的困难，实现统管后加强党建的意图；改变过去讲重视靠增设机构加人员的老观念，实现靠科学配置人力资源加强党的基层组织建设。

（三）明确职责，着重解决党建工作落实不力问题

1. 严格机关党委及机关党委书记机关党建工作责任。机关党委是机关党建工作的实施主体，对机关党建工作负直接责任，要围绕服务中心、建设队伍核心任务，加强对所属基层各级院党组织和党员的教育、管理、监督和服务，落实好机关党建工作各项任务。机关党委书记是机关党建工作的组织者、落实者，是机关党建工作的直接负责人，要抓好机关党建工作全面落实，督促、推动所属基层各级院党组织完成党建工作任务。机关党委要承担好直接责任；机关党委书记要履行好直接责任人责任。

2. 细化党支部（总支）及党支部（总支）书记机关党建工作责任。党支部（总支）是党的全部工作和战斗力的基础，对机关党建工作负具体责任，要发挥党的组织优势，宣传和执行党的路线方针政策，对党员进行教育、管理、监督和服务，确保党的各项工作任务在本党支部（总支）贯彻落实。党支部（总支）书记是机关党建工作的具体责任人，是机关党建工作任务的具体执行者，要切实履行职责，抓好所在党支部（总支）党建工作落实，动员和团结党员、群众做好本职工作。党支部（总支）要落实好具体责任；党支部（总支）书记要落实好具体责任人责任。

3. 严格监督，严肃党纪和制度的贯彻执行。一是进一步健全党建责任追究机制。坚持健全和完善党建工作目标管理责任制，形成党组统一领导、党组书记负总责、分管领导具体抓、机关党组织抓落实的工作机制。明确各级党组织"一把手"为党建工作第一责任人，主抓党务的副职为主要责任人，具体党务干部为直接责任人，分解目标，自上而下落实相应责任，形成一级抓一级，一级带一级，层层抓落实的工作责任体系。把抓党建工作的情况作为考核干部的重要依据，确保党务干部抓党务，促进党建工作的落实。二是建立全方位监督体系。进一步强化监督工作，加大制度执行情况的检查力度。坚持党内监督和党外监督相结合。在监督主体上，积极发挥党委自身和人大、政协、群团组织的监督作用，建立起上级监督、平级监督、下级监督和群众监督四位一体的监督体系。三是严格落实奖惩。有制度，有监督，有评比，有奖惩。党建工作好的，该奖就奖，毫不犹豫；党建工作不力的，该批评的要严厉批评，该处理的要严肃处理，决不姑息。对不合格党员要畅通"出口"，对违纪党员要按照规定严肃处理。要保证党务工作的地位，树立党务干部的威信，确保党建工作任务的完成。

强化主体意识　坚守责任担当

云南省保山市人民检察院　孙甸鹤

党的十八届三中全会明确提出："落实党风廉政建设责任制，党委负主体责任，纪委负监督责任。"这是党中央站在党要管党、从严治党战略高度，创新反腐败体制机制的新举措，对检察机关深入开展党风廉政建设具有十分重要的意义。保山市两级检察机关要强化责任意识，坚定责任担当，务实推进"两个责任"落实，推动过硬队伍建设，确保检察权依法正确行使。

一、要深刻领会落实主体责任的重要意义，确保认识到位

检察机关是国家法律监督机关，又是反腐败的重要职能部门，加强检察机关自身党风廉政建设尤为重要。

1. 党的性质决定了必须落实党委（党组）主体责任。坚决反对腐败、防止党在长期执政条件下腐化变质，是党必须始终抓好的重大政治任务。明确党委（党组）的主体责任，就是要强化党委（党组）在管党治党上的职责和义务，保证党组织始终保持先进性和纯洁性；就是要求党委（党组）抓党风廉政建设的责任意识要进一步加强，推进力度要进一步加大。党委（党组）尤其是党委（党组）主要负责人要居安思危，增强忧患意识，常怀忧党之心，恪尽兴党之责，善谋治党之策，做党风廉政建设的清醒人、局中人、明白人、带头人。

2.《党章》赋予党委（党组）必须落实主体责任。《党章》规定，党的各级纪律检查委员会协助党的委员会要加强党风廉政建设和组织协调反腐败工作。中央《关于实行党风廉政建设责任制的规定》明确要求，实行党风廉政建设责任制要坚持党委统一领导。这充分表明，各级党委（党组）抓党风廉政建设的主体责任是法定责任。实践证明，一个地方、一个部门的党委（党组）认真履职尽责，党风廉政建设形势就好，反腐败的力度就大；反之，不正之风就会潜滋暗长，腐败案件就会频发。

3. 反腐败斗争的严峻形势要求党委（党组）必须落实主体责任。当前滋生腐败的土壤依然存在，反腐败形势依然严峻复杂，一些不正之风和腐败问题影响恶劣，亟待解决。就保山市检察机关近三年来查办的职务犯罪情况看，2011 年立办 64 人，2012 年立办 70 人，2013 年立办 80 人，年均上升 8.3%，呈现易发多发态势。实践证明，反腐败的形势越严峻、任务越艰巨，落实党要管党、从严治党的要求就要越严格。各级党委（党组）要深刻认识反腐败斗争的长期性、复杂性、艰巨性，切实担负起抓党风廉政建设的主体责任，把思想统一到中央对当前反腐败形势的判断上来，把行动落实到中央部署的各项任务上来，用猛药去疴、重典治乱的决心，以刮骨疗毒、壮士断腕的勇气，坚决把党风廉政建设和反腐败斗争进行到底。

4. 解决自身存在问题必须落实主体责任。重业务轻队伍、"一岗双责"落实不到位、党风廉政建设责任形式化、主体定位缺信、责任定位不清、监督管理不到位等问题的存在，严重制约了检察工作的健康发展。两级院党组只有落实好主体责任，才能确保在解决自身存在问题时有人抓有人管，抓落实，管到位。

二、要切实找准落实主体责任的着力点，确保工作到位

1. 要突出选好用好干部。党的事业成败关键在人，关键在各

级领导干部。面对当前的党风廉政建设和反腐败斗争，选好用好干部至关重要。从检察机关查办和预防职务犯罪的实践看，用好干部，可以促进一方风清气正；用错干部，就会导致一方歪风邪气上升。两级院党组要严格按照新修订的《领导干部选拔任用工作条例》和好干部"五条标准"，把信念坚定、执法为民、勤政务实、敢于担当、清正廉洁的检察干部选拔出来，坚决防止和纠正选人用人上的不正之风，夯实党风廉政建设和反腐败斗争的组织基础。

2. 要着力查处损害群众利益的行为。立党为公、执政为民是党的性质和宗旨决定的，也是党风廉政建设和反腐败工作的出发点和落脚点。两级院党组在为民执法、维护人民群众利益方面，要切实发挥反腐败斗争重要职能部门的作用，结合第二批党的群众路线教育实践活动中查找出来的在执法为民中存在的问题，既要严肃查处发生在领导机关和领导干部中的大案要案，又要严肃查处发生在群众身边的腐败问题，建立健全维护人民群众切身利益的长效机制，以实实在在的工作成效取信于民。

3. 要积极支持执纪执法工作。两级院党组要加强对内部纪检监察部门执纪执法工作的领导，及时听取汇报，专题研究部署，加强跟踪问效，切实解决重大问题。要为监督部门开展执纪执法工作撑腰壮胆，尤其是要支持查办案件，对腐败问题敢于亮丑、敢于亮剑，切实做到发现一起、查处一起，绝不姑息迁就。要为纪检监察部门开展工作创造条件、提供便利。要高度重视纪检监察干部队伍建设，打造一支坚持原则、刚正不阿的内部监督队伍。

4. 要切实加强源头治理。院党组在惩治和预防腐败工作中要敢于担当，更多地承担领导责任，把预防腐败的要求体现和落实到各项改革和制度建设中，构建决策科学、执行坚决、监督有力的权力运行体系，形成科学有效的权力制约和协调机制，推进权力运行的程序化、规范化和公开化。要结合群众路线教育中查摆出的"四风"问题，进一步加强廉洁从检制度建设，使制度管理覆盖到方方面面，最大限度地堵塞制度漏洞。同时，要强化制度执行和责

288

任追究，防止制度成为"纸老虎"、"稻草人"。

5. 要带头廉洁自律。廉洁从检、干净做事是检察领导干部挺起腰杆、敢抓敢管的底气，更是落实党风廉政建设责任制的基本要求。两级院领导干部要当清醒人，决不能把党和人民赋予的权力作为谋取私利、收敛钱财的资本和工具；要当明白人，在遵守廉洁自律相关规定上行动要更快一步、标准要更高一等、要求要更严一点，发挥示范引领作用；要当局中人，牢固树立法律面前人人平等、纪律面前没有特权、制度约束没有例外的意识，不越"雷池"、不踏"红线"。通过"一把手"以身作则、以上率下，形成贪耻廉荣的文化氛围，营造风清气正的干事环境。

三、要勇担党风廉政建设主体责任，确保责任到位

1. 要勇于承担组织领导的责任。不断健全检察机关内部"党组统一领导、部门齐抓共管、纪检监察组织协调、处室各负其责、依靠干警支持和参与"的领导体制和工作机制，构建各司其职、分解落实，各负其责、分担奖惩，纪检专责、切实负责的责任网络体系，形成科学定责、具体明责、严格考责的落实链条。党组要统揽全局，把党风廉政建设作为党的建设和检察队伍建设的重要内容，与检察业务工作同部署、同落实、同检查、同考核。两级检察院党组要按照中央和省、市委的要求，切实履行党风廉政建设的主体责任。

2. 要勇于承担教育管理的责任。要针对落实党风廉政建设责任制中存在的问题，加大教育引导力度，切实增强领导班子、领导干部落实党风廉政建设责任制的思想自觉和行动自觉。要加强对主体责任内涵、实现路径的宣传教育，引导领导班子和领导干部知责、明责、负责。要采取以案说纪、知识测试等方式强化教育，尤其要加大对责任追究典型案件的宣传力度，促使领导班子和领导干部真正承担起教育管理的责任。

3. 要勇于承担检查考核的责任。要在实、准、效上下功夫，不断增强检查考核的针对性和有效性。实，就是分解责任要实，执行责任制检查考核的制度要实；准，就是检查考核要准，把平时检查和年终检查结合起来，把全面检查和重点检查结合起来，把定性考核与定量考核结合起来；效，就是通过检查考核促进党风廉政建设责任制有效落实。

4. 要勇于承担责任追究的责任。如果一个地方和单位问题成串，腐败案件频发，主要领导即使自己廉洁，仍脱不了干系，脱不了主体之责，必定要被严肃追责。要把实施严肃有力的责任追究作为落实党风廉政建设责任制的重要保障，以严明的纪律促进领导干部责任意识进一步提高。要建立完善"一案双查"制度，坚持有错必究、有责必问，不仅追究当事人责任，还要追究相关人员的领导责任。

四、要切实履行"第一责任人"的
政治责任，确保组织到位

1. 要树牢"两手抓、两手硬"的责任观念。要始终坚持党风廉政建设与检察业务工作"两手抓、两手硬"，做到检察业务工作拓展到哪里，党风廉政建设就跟进到哪里，以风清气正的环境促进检察工作、保护干部健康成长。要强化抓好党风廉政建设是本职、抓不好党风廉政建设是失职、不抓党风廉政建设是渎职的责任意识，切实把推进党风廉政建设和反腐败工作作为应尽之责、分内之事，抓领导、领导抓，抓具体、具体抓，切实种好自己的"责任田"。

2. 要秉持敢抓敢管的斗争精神。切实担负起抓党风廉政建设的政治责任，做到立场坚定、态度鲜明，坚持原则、敢抓敢管，保持共产党人的浩然正气。要在其位谋其政，对职责范围内的事情该抓的要抓、该管的要管，碰到问题第一时间解决，遇见矛盾第一时

间化解，不当"老好人"，不做"太平官"，不仅要自律，而且要律他。要抓好班子、带好队伍，对下级和身边工作人员严格要求、严格教育、严格管理、严格监督，对存在苗头性、倾向性问题的要"扯扯袖子"，甚至"大喝一声"，督促纠正。

3. 要发扬身体力行的务实作风。党委（党组）主要负责人要做到"四个亲自"、"四个带头"，即党风廉政建设工作亲自部署、重大问题亲自过问、重点环节亲自协调、重要案件亲自督办，带头讲廉政党课、带头作出廉政承诺、带头参加民主生活会、带头参加责任制检查考核，自觉当好党风廉政建设责任制的践行者、引领者、推动者和示范者。

围绕"四个全面"战略布局
落实从严治党主体责任
创造性地履行检察机关职责使命

云南省文山壮族苗族自治州人民检察院   周和玉

党的十八届三中全会指出,落实党风廉政建设责任制,党委负主体责任,纪委负监督责任。五中全会又将全面从严治党提到了前所未有的高度。检察机关是党领导下的国家法律监督机关,要认真学习领会中央精神特别是习近平总书记关于党风廉政建设和反腐败斗争的一系列重要论述,切实把思想统一到中央对形势的分析判断上来,真正担负起全面从严治党、全面从严治检的主体责任,把从严治党的各项要求落实到检察业务和检察队伍建设之中,将从严治党和建设"政治过硬、业务过硬、责任过硬、纪律过硬、作风过硬"检察队伍相结合,打造一支对党忠诚、个人干净、敢于担当的检察队伍,为推动检察事业科学发展提供坚强政治保证。

一、严格落实从严治党主体责任

作为边疆少数民族地区的检察机关。近年来,文山州院党组始终坚持"聚精会神强队伍,一心一意抓业务"和"抓党建、带队建,促工作、求发展"的工作思路,把从严治党、从严治检工作放在检察工作的全局中来谋划和推进,充分发挥党组织战斗堡垒作用、党员先锋模范作用,以改革创新的精神全面加强机关思想、组

292

织、作风、制度和党风廉政建设,为检察工作科学发展提供坚实的思想保证和组织保证,推动各项检察工作迈上新台阶、取得新成绩。全州检察工作自 2009 年起在考评中综合成绩连续六年名列全省前三名,反贪工作自 2010 年起连续五年名列全省第一,反渎工作自 2009 年起连续六年名列全省前三名。侦查监督、公诉、职务犯罪预防、控告申诉等多项业务工作跻身全省先进行列,整体工作平稳健康发展。一批先进集体和个人受到最高检、省委、省检察院和各级党委的表彰,州检察院被高检院授予"全国检察机关基层检察院建设组织奖";全州 8 个基层院有 7 个院荣获全国先进表彰,1 个县院被高检院荣记"集体一等功"等,我们的工作得到了高检院曹建明检察长、省委李纪恒书记等领导的充分肯定和高度评价。

当前和今后一个时期,院党组要深刻领会、准确把握中央关于加强领导干部队伍建设的严格要求,牢固树立"不抓党风廉政建设就是失职、抓不好党风廉政建设就是渎职"的观念,种好党风廉政建设的"责任田",不当"甩手掌柜",从全面从严治党的战略高度,全面落实从严治检要求,把落实主体责任作为重大政治任务,坚决做到守土有责、守土尽责,切实当好本院党风廉政建设的领导者、执行者、推动者。党组班子要以身作则、率先垂范,继续向检察人员展示出"学习向我看齐,工作向我看齐,团结向我看齐,廉洁向我看齐"的风范,带头遵纪守法、廉洁自律,带头落实全面从严治党、推进党风廉政建设的主体责任,当好标杆,树好形象,用自己的言行向下级传导廉洁从检的正能量,以自身的榜样和示范作用,带动和影响整个单位风清气正。

二、严守党的政治纪律和政治规矩

在中央纪委五次全会上,习近平总书记鲜明地指出严明的纪律和规矩是党的团结统一的重要保证,并多次强调,全面从严治党是实现党的历史使命的必然要求,加强纪律建设是全面从严治党的治本之策；严明纪律，要把严守政治纪律和政治规矩摆在首要位置，坚持纪在法前，纪严于法。我们要充分认识纪律建设的极端重要性和紧迫性，把纪律建设作为从严治检的治本之策，摆在更加突出的位置抓紧抓好。一要突出遵守政治纪律和政治规矩。牢固树立党章党规党纪意识，坚持以党章为遵循，用严明的纪律维护党章权威。把严守政治纪律和政治规矩放在首位，任何时候都与党同心同德，始终保持高度的政治敏锐性和政治鉴别力，看得清大势、站得稳立场、辨得清方向，自觉维护党的集中统一、维护中央权威，做到政治上坚定自信、思想上同心同向、行动上高度自觉，自觉同以习近平同志为总书记的党中央保持高度一致。发挥好"关键少数"的表率作用，带头维护党规党纪的严肃性和权威性，带头敢于担当、敢于较真、敢于斗争，带头接受监督制约，坚持以更强的党性原则、政治觉悟、组织观念要求自己，严格党内政治生活，带头遵纪守法、廉洁自律，自觉做到政治上的"明白人"，始终做到总书记强调的"五个必须"和"五个决不允许"。二要严格执行检察机关办案纪律。始终绷紧办案纪律这根弦，切实把铁规禁令作为规范检察人员行为的安全带、隔离墙和高压线。不折不扣地落实中央和最高检有关办案纪律规定，尤其是要狠抓最高检《职务犯罪侦查工作"八项禁令"》的落实，让"八项禁令"在每名办案人员中入脑入心，真正做到心有所畏、言有所戒、行有所止。针对司法不规范的突出问题，对照相关法律和办案制度，划出"红线"，标出"雷区"，对超越法定权限、违背法律程序、违反法律规定的司法行为，敢于动真碰硬，坚持"一案双查"，从严纠错问责，切实维护法律和办案制度的严肃性和权威性，坚决防止以权谋私办关系案、人情案、金钱案，坚决防止违规扣押冻结处理涉案款物，坚决防止利用职权违法插手经济纠纷，确保严格、公正、文明、规范办案。三要严格遵守检察机关工作纪律。教育和引导广大检察人员自觉在廉洁自律上追求高标准，在严守党纪上远离违纪"红线"。坚持理想信念"高线"，守住纪律"底线"，自觉做守纪律、讲规矩的模范，从强化纪律观念、树立规矩意识抓起，为自觉维护和遵守党的纪律打下坚实的思想基础。既要在办案中做到依法公正行使检察权，也要在日常工作生活中严格遵守各项工作纪律，特别是要认真执行"检察人员八小时外行为禁令"、"廉洁从检若干规定"以及云南省检察人员"七严守七严禁"等纪律要求，规范一言一行，确保清正廉洁。

三、驰而不息地加强作风建设

近年来，文山州院党组高度重视加强队伍建设，坚持从严治检，特别是经过党的群众路线教育实践活动，机关作风建设有了新气象、新变化，检察队伍的纪律作风有明显转变，涌现出一批心系群众、执法为民、爱岗敬业、清正廉洁的先进个人和集体。但是，我们也清醒地看到，仍有个别检察人员无视铁规禁令，顶风违纪，以身试法，影响了司法的公正和廉洁，损害了检察机关的形象和权威，防止不良作风反弹、回潮的任务依然艰巨。一要持续纠正"四风"，以常抓的韧劲、长抓的耐心，驰而不息地加强作风建设。紧盯"四风"新形式、新动向，密切关注检察机关作风建设出现的新变化、新问题，持续整治"四风"和司法作风突出问题，严肃整治各种"隐形"、"变种"问题，坚决遏制"四风"变种滋生蔓延，打好作风建设的持久战。坚持抓早抓小、寸步不让，惩前毖后、治病救人。要突出抓好检察人员八小时外行为禁令和检察人员七严守七严禁的执行和检查，深入了解和分析队伍状况，要求检察人员坚决做到谨慎出入社交场所，严格社会交往行为，纯洁朋友圈，严格执行纪律，并进行有针对性的教育、提醒、警示谈话和诫勉谈话。对那些我行我素、顶风违纪的严肃处理，坚决防止不良作风反弹回潮。二要着力整治为官不为等现象。把治理慵懒散作为加强机关作风建设的突破口，深入查找慵懒散的各种表现，以治慵提能力、以治懒增效率、以治散正风气。三要深入开展专题教育和专项整治，打牢忠诚履职、严格司法的基础。深刻认识开展专题教育和专项整治的重要性、必要性和紧迫性，坚持以专题教育为载体不放松，坚持以专项整治为抓手不放松，把开展专题教育、专项整治工作与检察工作融合起来，把抓好专题教育作为筑牢检察人员公正司法、司法为民思想基础的有力抓手，把规范司法、"严以用权"的要求贯穿于专项整改工作的始终，确保专题教育与专项整治统筹结合、同步推进、相互促进，进一步提升检察机关领导干部的党性、品格、境界和素质，进一步规范司法行为，维护司法公正。

四、始终保持惩治自身腐败高压态势

打铁还须自身硬。检察机关作为国家免疫系统的重要组成部分，必须大力加强自身建设，发挥检察职能作用，营造良好的政治生态环境。一要强化对检察权运行的监督制约。近年来，州检察院党组把制度建设放在更加重要的位置，不断健全和完善党风廉政建设的相关制度，先后制定了《改进工作作风密切联系群众实施细则》、《检察人员办案说情报告制度》、《加强对检察人员八小时外监督管理的意见》、《党风廉政建设工作定期汇报制度》、《厉行节约反对铺张浪费规定》以及《党风廉政建设联席会议制度》等制度，推动形成用制度管人、管事、管权。二要加大对检察人员违纪违法案件的查处力度。这是落实从严治党最直接有力的手段。曹建明检察长在今年年初全国检察机关党风廉政建设和反腐败工作会议上强调，检察机关承担着查办职务犯罪和诉讼监督职能，是查别人、监督别人的，如果反腐败机构自身腐败，监督别人的机构自己却在办人情案关系案金钱案，对别人加大监督力度却对自己有案不查、"灯下黑"，那我们的公信力从何谈起？曹建明检察长在讲话中同时指出，对当前党风廉政建设和反腐败斗争形势，党中央的总体判断是依然严峻复杂，这一判断同样符合检察机关的实际。我州检察机关去年共受理举报检察人员违纪违法情况 4 件 6 人，全部按规定进行了初核，虽然没有发生因违纪违法问题被立案查处的情况，但对违纪问题我们坚决严肃处理。对这些违纪违法行为的查处，充分表明高检院和省州院党组坚持从严治检的坚强决心，敢于"亮剑"，敢于"亮丑"，决不听之任之、姑息迁就，坚决查处检察人员违纪违法，纯洁检察队伍。三要充分发挥纪检监察部门的监督力度。准确把握运用监督执纪教育、警示、挽救、惩治的"四种形态"，进一步加强检察人员违纪违法问题举报工作，认真清理反映检察人员违纪违法问题的所有线索，摸清底数、分析研判，提出分类处置意见，决不能大事化小、小事化了。敢于自揭家丑，敢于以"刮骨疗毒、壮士断臂"的勇气和狠劲严肃查处检察人员特别是领导干部违纪问题，始终保持从严治检的鲜明立场、"零容忍"的坚决态度，坚决惩治自身腐败问题，坚决防止"灯下黑"。

　　落实从严治党、从严治检是正确履行职能、提升队伍素质和公正执法水平的重要保障。文山州院党组将团结带领检察人员深入贯彻党的十八大、十八届三中、四中、五中全会精神以及习近平总书记系列重要讲话精神，自觉把检察工作置于"四个全面"的战略布局和文山工作大局中来谋划和推进，发挥党建功能作用，忠实履行检察职能，为促进文山在全省建设民族团结进步示范区、成为生态文明建设"排头兵"、打造面向南亚东南亚辐射中心的进程中发挥更大作用，作出更大贡献。

新形势下检察机关党内监督工作面临的现实问题及对策

甘肃省人民检察院　　路志强

　　党内监督是指依据党的章程和其他党内法规，从思想、组织、作风、纪律等方面，对党组织和党员执行党的路线、方针、政策和党规党纪情况进行的监察和督促活动，是党的自我约束和自我完善。当前，在全党贯彻"四个全面"战略布局的新形势下，检察机关作为国家的法律监督机关，如何对党内监督工作进行战略预判、作出战略部署、把握战略重点、保持战略定力，构建起教育、制度、监督、改革、惩治的党内监督体系，充分利用执法监察、巡视和检务督察平台，为检察事业发展提供坚强的政治和纪律保障，是迫切需要研究解决的课题之一。

一、当前检察机关党内监督工作存在的现实问题

　　1. 监督动力不足，不愿监督。党内监督机制的启动、运转、调控以及机制自身形式上的完善，都有赖于监督主体。但从检察机关党内监督工作的现状看，监督主体的监督动力不足是检察机关党内监督工作的一个薄弱环节。一是主动性不够。最直接的表现是，一些党员干警对检察机关党内存在的错误现象，不能主动、自觉地揭批和制止，而是视而不见，能躲则躲。二是彻底性不够。一些党员干警在实施监督中一旦触及实质问题，特别是来自上级领导的干预或者监督客体的强烈抵触时，存在畏难情绪，缺乏把监督进行到

底的决心和勇气，导致监督半途而废。三是严格性不够。在治标上，不敢硬碰硬，对错误行为不能坚决果断地绳之以党纪，而是"绕"着走，"虚"着做；在治本上，只追求经验的总结和制度形式的完善，没有把经验和制度付诸实践。

2. 监督机制不健全，不能有效监督。一是监督运行机制不畅。从目前检察机关党内监督的运行现状来看，自上而下的下行监督运行良好，也较为有力，而自下而上的上行监督则相对薄弱。二是预防监督机制运转不灵。预防监督机制存在的问题主要反映在有些制度从理论上看可行，但实行起来却难以落实，要么软弱无力，要么变形走样，有违设立制度的初衷。如"集体领导和分工负责制"，这一规定早已有之，虽然一些院的领导能够强调民主集中制原则，但运行中还是"一把手"说了算，集体领导形同虚设。三是公开监督机制不完善。在检察机关的党务实践中，各级院党组作出的决议、决定，一般很少向下级院党组和党员干警通报，更不会以适当方式向社会公开，特别是在干部选拔、任用方面，重大工程项目建设方面，大额度资金开支方面，缺乏听取下级院党员干警意见、疏通下级院监督的渠道。

3. 监督能力不强，不会监督。一是党组织监督虚化。一些院的党组织往往是集中主要精力一年干两三件"漂亮事"，"一俊遮百丑"，对于党内监督工作无暇顾及，多数情况下只能寄希望于党员干警的自我教育、管理和监督以及党员间的善意批评和提醒。二是党员监督弱化。一些党员干警存在畏难情绪，抱着多一事不如少一事、能不监督就不监督的消极心理，对一些不良现象视而不见，充耳不闻，甚至对出现问题的干部袖手旁观。一些党员干警对新形势下的党内监督知识学习不够，掌握不多，对一些党内监督常识缺乏了解。

4. 监督保障机制不完善，不敢监督。一些党员干警认为监督于己不利，怕得罪人、怕打击报复，便缺乏勇气，自动放弃监督。也有少数党员干警特别是一些领导干部认为监督碍手碍脚、干扰工作、影响团结，对别人监督自己感觉浑身不自在，甚至认为不监督就是支持工作，就是维护团结大局。在实践中，也确实存在下级监督上级后，作为下级的监督人被限制职权、调离岗位，甚至受到报复等现象，导致的结果是：下级对上级不敢大胆监督，怕打击报复；上级对下级也不敢认真监督，怕得罪人，丢选票；同级之间怕伤了情面，不好相处。

5. 监督渠道不畅，无法监督。一是党员的监督作用未能很好地发挥出来。由于党内民主监督渠道不畅，普通党员干警对院内重大决策、重大人事任免等事项缺少相应的监督渠道，对候选人的情况缺乏了解，难以真正行使民主监督权。二是党组的监督功效未能充分发挥。上级院党组一般都远离下级院党组，往往不能及时、全面地了解下级院的情况，只是凭不太多的接触、下级院党组的汇报、派员进行党风廉政建设和反腐败活动的专项检查等方式了解和监督下级院党组和主要领导的情况，缺乏深入扎实的调研，很难听到群众的心声。三是民主生活会流于形式，批评与自我批评难以开展。虽然多数院都能够按时召开会议，但相当多的民主生活会查摆问题不到位，提出意见不中肯，缺乏思想上的坦诚交流和认真进行批评与自我批评的氛围，普遍存在"谈工作多谈思想少、谈现象多谈实际少、谈宏观多谈具体少、谈优点多谈问题少"的问题。

6. 监督重点不突出，不能针对性监督。检察机关党内监督的重点是主要领导干部即"一把手"，其一般具有党组书记和检察长的双重身份，在领导班子中处于核心地位，对于决策和决策执行、推荐干部起着至关重要的作用，掌控运用各种资源的实际权力空间很大，极易成为出现的腐败问题高危人群。2014年，全国检察机关查处检察人员违纪案件404人，同比上升86%；其中查处领导干部197人，同比上升82%，有各级院检察长32人，其他班子成员59人，是近十年来查处最多、上升最高的一年。究其原因，一些院的"一把手"民主意识差，不愿接受监督，认为对自己的监督是对自己的不信任和对自己权威的挑战；一些院的"一把手"

的权力与监督力量相比处于绝对优势，监督权力相对较弱；一些院领导班子内部，存在班子成员明哲保身，不愿也不敢监督"一把手"的倾向。

二、加强和改进检察机关党内监督工作的对策建议

1. 加强宣传教育，营造监督氛围。各级检察机关党组织应该通过理论中心组学习、专题辅导、研讨交流、举办知识竞赛等多种形式，对党员领导干部和普通党员干警进行广泛、深入的党内监督宣传教育。一是加强领导干部教育。要以检察机关"一把手"为重点，针对党员领导干部开展专题培训，提高其监督和接受监督的意识。二是加强党纪党规教育。使广大党员干警充分领会党内监督的方针、任务、内容、方式和方法，懂得监督什么和如何监督，解决"不敢监督"和"不会监督"的问题。三是加强责任意识教育。让每一位党员干警明确对疏于监督或监督失察所要承担的责任，使其绷紧"责任意识"这根弦，让"监督失察"成为悬在头上的"高压线"。

2. 明确监督重点，完善监督内容。一是加强对领导干部的监督。要从思想作风、重大决策、干部任免、资金使用和廉洁自律等五个方面加强对领导干部的监督。二是认真执行民主生活会制度，提高领导班子民主生活会质量，解决班子成员之间不愿监督、班子成员对"一把手"不敢监督的问题。严禁在民主生活会上评功摆好、互相表扬，提倡开诚布公，以批评为主，以提出存在的问题、不足和缺点为主，真正使命题能切中要害，触及灵魂，改进作风，促进工作。三是完善对人财物管理使用的监督机制。健全完善对干部选拔任用工作实施全方位监督的制度，坚决防止和纠正选人用人上的不正之风。

3. 整合监督资源，形成监督合力。检察机关党内监督是一项复杂的系统工程，需要把党内各种监督力量充分、有效整合起来，

整体协同推进，形成监督合力：一是加强上级院党组的上位监督。上级院党组要切实担负起对本院和下级院党组领导班子和领导干部监督的重要职责，通过定期述廉、述职、述作风，个别约谈，派人参加领导班子民主生活会等多种渠道，及时准确掌握干部情况，有针对性地指导和督促解决存在的问题。二是保障下级院党组的下位监督。上级院党组在事关重大人事任免、重大工程项目建设、大额度资金支出等方面，在决策前，要充分听取下级组织和党员干警的意见，按大多数群众的正确意见决策、办事。三是加强纪检监察部门的专门监督。各级院纪检组要切实加强对本院党组领导班子成员和党员干部履行职责、行使权力、廉洁从政等情况的经常性监督检查，促进领导干部和党员干警加强党性修养、改进工作作风。四是加强政工部门的组织监督。各级院政工部门要把党员干部监督工作纳入干部培养教育、考察考核、选拔任用和日常管理中，从制度设计层面加强对如何规范行使职权等问题的研究，弱化官本位思想。此外，要充分发挥人大代表、政协委员联系广泛的优势，发挥民主党派成员的监督作用，进一步疏通和拓展监督渠道，积极培育党内监督工作新的增长点。

4. 完善监督机制，落实监督措施。检察机关党内监督机制建设应当结合检察工作实际，抓住检察权运行容易导致腐败情况的关键环节，通过实行有力措施，建立对检察权运行的监督制度体系。一是建立重要情况通报和报告制度。建立健全《检察机关重要情况通报和报告制度》，各级院党组、职能部门党支部要经常听取党员干警对所在支部工作及党员干部的思想作风和执行纪律等情况的意见，并向上级院党组作全面汇报；各级院党组和纪委派驻本院纪检组要按照规定，定期或不定期地向本院所在地方的党委报告情况。二是建立谈话和诫勉制度。谈话和诫勉制度在党政机关执行得相对较好，但在检察机关还未能真正建立和落实。要建立专门针对检察机关领导干部的谈话和诫勉制度，上级院党组、派驻纪检组和政工部门要定期与下级院党组主要负责人和领导班子成员谈话；各级院党组和派驻纪检组领导要定期与本院中层干部谈话，对干部进行例行提醒，或是对普通党员干警反映的问题进行诫勉，督促其改正。三是完善述职述廉制度。各级院每年对本院各部门支部负责人进行全面考核，把干部廉洁自律情况和贯彻落实党风廉政建设责任制的情况作为报告的重点内容，并把考廉、述廉、查廉、馈廉和督廉结合起来，建立述廉、评廉制度。四是认真落实检察机关巡视制度。巡视是党内监督的重要形式。当前，要全面总结高检院和各省级院的巡视工作经验，进一步加大巡视工作力度，完善巡视工作制度机制，通过巡视发现和解决问题。五是加大检察机关党务公开力度。凡属于《党内监督条例》和其他党内法规要求公开的内容，凡是本单位党员、干部群众关注的重大事项和热点问题，只要不涉及党内秘密的，都应予以公开，切实做到工作动态随时公开，热点问题全面公开，敏感问题敢于公开。

5. 加强队伍建设，提高监督能力。一是各级院党组要大力支持纪检监察工作。要配齐配强纪检监察干部，把政治素质好、作风能力强的同志充实到纪检监察岗位。支持他们做好办案工作，坚决查处违法违纪案件。二是提高监督主体的监督能力。各级院党组班子成员、派驻纪检组干警、党员干警要通过强化理论学习、教育培训、实践锻炼等途径，提高思想政治觉悟和理论政策水平，熟悉党内法规，提升发现问题和开展党内监督工作的能力。三是强化检察队伍自身建设。各级院领导干部和普通党员干警要严明政治纪律和组织纪律，严格遵守高检院下发的"十五个严禁"，以及《检察机关八小时外行为禁令》、《甘肃检察机关"二十二条"禁令》等检察纪律，不该交的朋友坚决不交，不该吃的饭坚决不吃，不该拿的东西坚决不拿，不该去的地方坚决不去，不该做的事情坚决不做，切实维护好检察人员的良好形象。

以"四个全面"为统领　不断提升
党组书记抓基层党组织建设的水平

甘肃省嘉峪关市人民检察院　丁霞敏

中央关于"四个全面"的战略部署，格局宏大、立意高远，集中体现了新一届中央领导集体治国理政的总体框架和顶层设计。深入贯彻落实"四个全面"战略布局，对检察机关基层党建工作提出了更高要求，而抓好检察机关基层党组织建设更是党组书记践行从严治党的应尽职责和重要工作。近年来，嘉峪关市检察院党组以求真务实的工作作风和态度，一手抓业务，一手抓党建，通过"五抓五促五到位"工作法，切实把抓基层党建作为一项重要的政治任务抓紧抓实，为全面完成各项检察工作任务提供强有力的组织保证。

一、抓教育管理，促思想认识到位

检察机关党组承担着指导抓好基层党组织建设的重要任务，必须深刻认识到基层党组织建设关系党的形象、关系群众利益，是打通联系和服务群众"最后一公里"的桥梁和纽带，是破解工作难题、推动工作创新发展的重要抓手。

一是强化学习教育。组织和引导广大党员干警认真学习习近平总书记系列重要讲话精神和中央、省委、市委系列决策部署，常扫思想之尘、常补精神之"钙"，持续把好世界观、人生观、价值观这个总开关，永葆共产党员的政治本色，在党员心中牢固树立加强党的建设是做好检察工作有机保证的思想观念，努力做到基层党建要在全面建成小康社会、全面深化改革、全面依法治国、全面从严治党中实现新作为。

二是将基层党建纳入党组议事日程，定期研究机关党建工作。作为市院党组书记和基层党建工作的第一责任人，每年年初都召开班子分析研讨会，将基层党建作为一项工作重点列入党组重要议事日程，制定了详细的《党建目标责任书》，细化、量化了党建目标任务，做到把党建工作与检察工作同研究、同部署、同落实、同考核。

三是加强党建工作网络构建，层层落实责任。党总支、各支部委员进一步细化分工，明确责任。院党组成员以普通党员身份与各党支部挂钩，积极发挥表率作用，指导支部开展党建工作，将院党组的核心领导作用、党支部的战斗堡垒作用和党员的先锋模范作用合力辐射到检察工作的各个环节和办案一线，形成了以中心组为龙头，党员领导干部为主体、各党支部为支撑的党建工作格局。

二、抓基础建设，促工作保障到位

要坚持与时俱进，强化基层党组织队伍建设，严肃党内组织生活，不断提升党建工作品牌，实现党建工作走在前列，当好机关的"突击队"和"排头兵"，努力把党组织干部队伍打造成堪当重任的坚强核心和引领发展的智力支撑。

一是加强支委会建设。加强对总支换届的指导，按照十八大报告"加强基层党组织带头人队伍建设"要求，指导党总支完成了换届改选，选举党组成员、政治部主任任机关总支委员会书记，选拔理论政策水平和业务能力较强的年轻干部任各支部书记，选拔思想政治素质过硬、组织协调能力较强的年轻干警任支部委员。深入落实党建工作责任制，明确各党支部在思想、组织、作风和制度建设等方面的工作职责，督促各党支部"一班人"履行好"一岗双责"制度，切实将业务工作与党建工作摆在同等重要位置常抓不懈，形成了党建工作以支部书记为直接责任人、全体党务工作者齐抓共管的工作格局。

二是严肃党内组织生活。把党内政治生活作为党组织教育管理党员和进行党性锻炼的主要平台，进一步巩固深化教育实践活动的成果。坚持"三会一课"制度，进一步强化党内组织生活制度的执行力。不断强化各党支部班子学习制度，坚持每月党组中心组学习，并带动各支委会的学习，提高支委会成员的思想认识和理论水平。落实党建工作目标管理制度，党总支根据年初市直党工委的工作部署，及时制定操作性较强的总支工作计划，各支部、全体党员都确定了年度工作目标，并做到半年一检查，年度一总评。加强党内生活制度建设，严格组织生活会召开程序和要求，做好征求意见、谈心谈话、对照检查、整改落实等关键环节工作，认真开展批评与自我批评，切实提高组织生活会质量。认真落实党费管理制度和重大事项请示报告制度，严格执行领导干部个人事项报告制度，党员个人住房及家庭变故等重大情况都及时向组织报告，引导党员干部自觉接受监督。

三是加强经费保障。将基层党建经费纳入市院财政预算，推进经费保障的公开化、透明化，同时以制度的形式将党建经费作为一项重要的支出专门列入市院制定的《财物专项经费支出审监细则》，规范了党建经费的管理和使用，强化了对党建经费使用的监督。

三、抓责任落实，促作风转变到位

坚持把党员干警的思想政治和纪律作风建设摆在突出位置，完善机制，从严管理，不断提高思想政治素质和理论修养，增强求真务实和敢于担当的工作作风，真正做到信念坚定、为民服务、勤政务实、清正廉洁。

一是进一步强化思想政治作风建设。依托党的群众路线教育实践活动和"三严三实"专题教育，建立健全了党总支和各党支部议事规则，确定了周学习制度，采取集中学，个人自学和听辅导讲座相结合的方式，重点学习习总书记系列重要讲话精神、马克思列宁主义和中国特色社会主义理论体系、《党员领导干部廉洁从政若干准则》、《中国共产党纪律处分条例》、《中国共产党党员监督条例》等规定，进一步强化了对党章的学习。通过学习，党员干部的党性修养进一步提升，"立检为公，执法为民"的宗旨意识进一步增强，理想信念进一步坚定。

二是进一步转变工作作风。根据党的群众路线教育实践活动和"三严三实"专题教育深入查摆并剖析了两级院党建工作中存在的突出问题，主动向市直机关工委和两级院党员群众征求到对党建工作的意见建议 36 条，制定整改落实措施 30 条，大力整治了基层党组织和党员干部中存在的"四风"问题，切实扭转了发生在群众身边的不正之风和违纪行为，使党员干部的工作作风焕然一新，执法办案作风得到了有效改进，工作效率和社会公信力有了明显提升。

三是进一步严明党的纪律作风。清正廉洁是党性纯洁的体现，是对党员的基本要求。以党风廉政建设为载体，把坚守底线、拒腐防变的要求落到实处，着力强化党的纪律作风建设。通过与各党支部书记签订党风廉政建设责任书和廉洁从检承诺书，层层传导压力，进一步严明了党的纪律，强化了自律能力，做到了三个"严格"，即严格执行中央纪委关于不出入私人会所、不接受和持有私人会所会员卡等规定，严格执行检察机关的办案纪律和工作纪律，严格执行检察人员"八小时"以外行为禁令。

四、抓统筹兼顾，促工作推进到位

检察机关必须把服务发展大局作为重要任务，紧紧围绕全面建成小康社会和全面依法治国的奋斗目标，立足职能、发挥优势，贯彻宽严相济刑事政策，依法履行批捕、起诉、职务犯罪侦查及诉讼监督等职责，全面推进服务型党组织建设，探索服务群众的有效形式。

一是执法工作进一步规范。通过规范司法行为专项整治行动，坚定不移地抓党建促规范，使检察环节执法行为规范化建设有了新成效。执法办案的流程控制、质量监管进一步科学、严密、准确，执法办案的程序更加完善、方式更加有效、效果更加明显。对案件流程的监控不断细化，诉讼监督有了较大的突破，案件质量持续提高。"两法衔接"、羁押必要性审查、轻微刑事案件快速办理、量刑建议改革、释法说理等办案机制在实现公平正义方面发挥了明显且重要的功效。连续三年在全市重点新建、在建企业项目中开展"两联系、两促进"预防职务犯罪专项行动，为保证工程优质、干部清廉提供了全方位的法律和预防服务。

二是"双联"行动进一步深化。在"双联"行动中，注重构建帮扶网络，建立了与双联村党支部结对帮扶机制。结合群众路线教育实践活动和"保民生、促三农"专项行动统筹推进八项任务，开展党员冬训，解读惠农扶持政策和法律维权途径，启动帮扶村"民主法治示范村"建设，帮助"两委"完善村务、党务管理制度10余条；加大了对全市三个乡镇17个行政村惠农政策落实、资金使用、农村职务犯罪预防及征地拆迁资金发放等方面的专项检查力度，强化了对惠农资金落实、高铁项目征地补偿和土地流转等症结问题的法律监管，及时有效地维护广大村民的合法权益。

三是检察联络室工作更加"接地气"。找准基层需求，充分发挥设在城市社区的18个检察联络室密切联系群众的工作优势，结合社区工作重点开展"廉政讲坛"、"以案说法"、"庭审进社区"等一系列活动，打造检察宣传和服务第一"阵地"，强化了社区和基层单位干部反腐倡廉的意识。依托检察联络室全面开展对各辖区派出所刑事、行政执法活动的监督，探索与社区综治、司法部门协力打造"联合调解室",有力维护基层群众的合法权益。

五、抓阵地创新,促队伍建设到位

检察机关基层党组织必须紧紧围绕发展第一要务,凝聚思想共识,汇聚发展合力,弘扬实干精神,引导全体党员干警不断增强法治意识和提升依法规范办事办案的能力。

一是充实和创新党员教育活动阵地。及时更新院史展室、党建室、荣誉室、能量书吧、廉政文化室等党员活动教育场所内容和设施,积极筹办党建文化长廊。结合开展的各类主题实践活动,定期组织党员干警观看《焦裕禄》、《第一书记》等电影教育片和其他警示教育片,进一步端正执法思想,明确执法责任,引导党员干警加强党性修养,常修从检之德,常思贪欲之害,常怀为民之心,做到自重、自省、自警、自励。

二是加强谈心谈话和人文关怀。深入贯彻落实人文关怀和谈心谈话制度,增强干部队伍凝聚力和向心力。研究制定了《市检察院做好思想政治工作加强人文关怀的实施意见》,确保人文关怀各项措施落到实处。建立了谈心谈话制度,谈话主体包括党组成员、主管检察长、部门负责人与党员干警,谈话内容涉及工作职务变动、思想异常、生活困难等各个方面。通过谈心谈话制度,畅通了基层党员的意见建议表达渠道,解决了部分沟通问题和干警的实际困难。

三是开展业务培训和岗位练兵活动。以执法办案第一线的党员检察官为重点,大力开展业务技能和执法规范化培训。有计划开展了领导干部素能建设、办案技能竞赛、新进人员的履职能力培训和诉讼监督、信息调研等一系列专题讲座,举办了14场公诉论辩赛等岗位练兵活动,参加高检院、省院、党校等不同层次的各种培训30余期165人次,组织开展了庭审观摩评议、法律文书评比、法律知识竞赛、业务研讨等活动,进一步增强了干警的履职能力。成立了青年委员会，出台《青年干警培养成长规划》，架起了帮扶结对的"1 + x"青年干警培养成长之桥，积极开展丰富多彩的有利于年轻干警快速成长的活动，锻炼和提升年轻干警的综合能力。

加强检察机关基层党组织建设的思考

青海省人民检察院机关党委　陈　磊

　　加强检察机关基层党组织建设，既是新形势下加强党的建设的重要目标和重要任务，又是检察工作改革发展的一项基础工作，对于更好地发挥党组（党委）的核心领导作用、党支部的战斗堡垒作用和党员的先锋模范作用，推动检察事业全面、协调、可持续发展起到重要的促进作用。

一、加强检察机关基层党组织建设的重要性

　　1. 有利于夯实检察机关工作基础。当前，随着我国依法治国进程的不断推进、民主法制建设的不断健全、人民群众的法制观念越来越强，对检察机关强化法律监督、维护公平正义提出了新的更高要求，检察工作面临着新情况、新问题，势必要求检察机关进一步加强党的建设，提高党的执政能力，夯实检察机关工作基础。

　　2. 有利于加强检察干警队伍建设。当前，检察机关少数基层党组织、党员干警的思想观念跟不上形势发展的需要，思想理论水平不高、解决复杂矛盾本领不大，工作缺乏主动性、开拓性，队伍整体素质和战斗力有待进一步提高。新形势的发展，势必要求检察机关进一步加强党建工作，为打造能力素质过硬的检察干警队伍发挥好组织、思想的保证作用。

　　3. 有利于增强检察干警责任意识。党建工作是检察工作的重要组成部分，开展党建工作是由其性质决定的，检察机关是代表党

和国家依法行使检察权的机关，担负着追究刑事责任，提起公诉和实施法律监督的职责，因此，只有充分地依靠党建工作，才能进一步增强广大检察干警的责任意识，调动其工作积极性，出色完成各项工作任务。

二、当前检察机关党建工作的现状和表现形式

1. 思想认识相对薄弱。随着社会和经济的快速发展，检察机关面临的形势越来越严峻，压力也越来越大。再加上种类繁多的专项教育活动，为应付日常工作使得广大检察干警不堪重负。无形中影响了学习的热情，成为不少基层党组织忽视队伍建设，尤其是忽视党建工作的借口。部分基层党组织在口头上重视党建工作，但在实际工作中得不到应有的重视。有部分党员甚至产生"实质性的业务工作都做不完，哪里有时间搞这些虚的东西"的错误思想，出现了重业务、轻党建的不良倾向。部分基层党务工作者对抓好新时期党建工作感到心有余而力不足，存在难说、难做、难出实效的思想困惑。

2. 工作制度流于形式。主要表现在部分基层党组织重制度的制定、轻工作的落实。制度定得多，但真正落实得少、或者说是落实得不彻底，这直接影响着检察机关党组织先锋模范作用和战斗堡垒作用的发挥。如召开组织生活会为例，少数基层支部流于形式，泛泛而谈，批评自己的多，批评他人的少，谈问题浮于表面，起不到解决实际问题的作用。党建工作各项制度流于形式，支部自身的问题就会越来越多，体现在党员个人身上，就可能出现政治思想水平和工作能力得不到有效提高，不能正确对待个人、集体、国家之间的利益关系，甚至发生有损党员和检察机关形象的问题。

3. 教育方式相对滞后。在教育方式上，还停留在念报纸、学文件，图形式、走过场，出现新的方法拿不出，老的方法又不管用的"两难"现象。特别是在开展党员教育和开展党组织活动中，

有学习书本化、教育程式化、形式单一化 的倾向，多样性和灵活性不够，不注重人性化和柔性化，使党的工作和各项教育活动达不到形式和内容的统一、教育和实效的统一，从而使党员产生厌倦、厌烦情绪，缺乏感召力、吸引力、推动力。

4. 培训机制有待完善。从自身发展和党员职责出发，党员队伍内心普遍认识到更新知识的重要性，能够积极自愿和渴望接受单位有组织性、系统性的学习培训机会，更渴望以此提升自身素质、实现自身价值，而目前教育培训手段主要依靠集体组织、党支部"三会一课"，过多地注重思想教育、宗旨教育等，侧重于提高思想政治素质，忽略了业务知识技能的提高，而且培训对象偏重于支部书记、预备党员和入党积极分子，其他党员只能列入检察队伍培训范围，因而针对性不强。

5. 党务工作者素质亟待提高。目前既懂党务工作知识，又有实际工作经验的党务工作者缺乏，导致工作视野不宽，工作思路不清，服务意识不强，工作缺乏主动性和积极性，对做好新形势下机关党建工作信心不足，存在畏难情绪，这在一定程度上影响了党建工作的正常开展。

三、加强检察机关党建工作的措施和途径

1. 要围绕检察工作中心推进党建工作。做好检察机关党建工作，必须紧密结合检察工作实际，主动把党建工作融合到具体的检察业务中去，实现"两手抓、两不误、两促进"。要自觉把"围绕业务抓党建，抓好党建促工作"作为党建工作的一个立足点，以检察业务工作的成绩来检验党建工作的效果。要把党建工作列入检察工作的重要内容，放在政治工作的突出位置上，自觉树立"抓党建、带队伍，抓党员、带群众"的观念，坚持一级抓一级，一级带一级，层层抓落实的格局。党组（党委）班子要建立党建责任制，"一把手"要作为第一责任人，明确自己主抓的党建工作和

目标责任，班子成员要分工负责，自觉履行"一岗双责"的党建分管任务。同时，要加强对各基层党支部工作目标责任制的考核，明确党支部书记工作责任和任期目标，并采用签订责任书的形式明确奖惩，增强他们的角色意识和责任意识。同时要把能否当好支部书记作为考核部门领导是否称职的重要标准，保证责、权、绩相统一。

2. 要健全党建工作长效管理机制。机关党建工作不仅要依靠各级党组织的齐抓共管，也要依靠规章制度建立长效管理机制，把党建工作引入规范化、制度化轨道。重点要抓好修订和完善各项党建工作的制度，进一步细化、量化各级党组织的"三会一课"、支部活动、民主评议党员、民主生活会等一系列的规范制度，并严格按照时限、人员、内容的要求搞好落实和管理。要通过党建责任制检查、党支部目标考评、党风廉政责任制检查，对各项规范的制度进行定期或不定期的考核，对完成好的要进行表彰和奖励，对落后的、未达标的要进行批评教育、督促整改，长期未达标的支部书记要及时调换。通过规范管理和长效管理使党建工作软指标硬化，弹性指标量化，用规章制度的约束力、强制力和引导力来规范检察机关基层党组织和党员的行为。

3. 要建立健全党建教育培训机制。提高党员队伍素质的有效途径是加强对党员经常性的教育培训。加强党员队伍的教育培训必须专门制定教育培训规划，在机关统一安排下，有组织、有目的、有针对地进行，应根据党员队伍现状和岗位职责需要，健全完善一套规范的党员队伍教育培训制度。一是搭建师资建设平台。在机关没有专门施教机构和专职师资队伍的情况下，通过内请和外聘两种途径，将那些具有良好的思想政治素质和职业道德修养、较高的理论政策水平、扎实的专业知识基础、丰富的工作实践经验的领导干部、业务骨干和院校专家教授列入党员教育培训师资力量，形成一支稳定的师资队伍，解决培训效果不佳的问题。二是搭建培训需求平台。本着按需施教的原则，党员教育培训要根据不同岗位、不同层次党员的职责需求来进行，以需求为导向，以职责为依托，有针对性地设置培训内容和方式，既要注重基本岗位综合素质的培训，又要注重提高专业知识技能的培训，使培育培训工作有目的性和针对性。三是抓好"三个培训"。一是加强党务人员培训。重点培训对象是各支部书记、支委成员和专职党务干部，着力培养一批高素质的党务干部队伍。二是加强预备党员和入党积极分子的培养培训。为党组织输送新鲜血液。三是加强党员队伍思想政治素质、岗位专业技能的培训。着力提高党员队伍的思想政治素质和履职能力。四是抓好"四种方式"。一是按照教育培训规划，定期举办不同类型、不同层次的各类培训班；二是坚持利用"三会一课"方式进行培训；三是创造条件分批组织党员外出参观学习、交流锻炼；四是鼓励党员自我更新知识。

4. 要建立一支高素质的党务工作者。要搞好检察机关党建，必须要有一支有理论、懂业务、党性强、素质高的党务工作者。这就要求各级领导要对党务工作者在政治上信任、待遇上照顾、生活上关心，进一步把党务工作者的积极性调动好、发挥好。为此，一是要把提高每个党务干部和基层党支部书记的党建业务的工作水平和政治理论水平作为亟待解决的问题，努力加强培养锻炼，帮助他们掌握技巧和要领。二是要建立上岗培训制度，定期举办支部书记和党务干部培训班，经考核合格后上岗。同时，要充分运用举办座谈会、研讨会、学习交流会等形式，不断提高党务干部和支部书记的工作水平。三是要建立党务干部和业务干部定期轮岗交流制度，把那些政治素质好、业务技能强、有群众威信的干部选拔到党务工作者岗位上来，认真培养一批党建工作骨干，努力造就一支素质过硬的党务干部队伍。四是党务工作者要认真学习掌握做好工作必需的知识本领，提高素质，提升能力，努力成为机关工作的明白人、业务工作的内行人和干部群众的贴心人。

检察机关基层党建工作是一个不断完善的渐进过程，要不断适应时代发展的要求，在发展中改进，在改进中完善。要通过加强和改进党建工作，来解决党建工作中存在的问题，不断提高广大党员、干部的整体素质，调动他们的积极性和主动性，团结一心，扎实工作，为全面提高党的执政能力，推进党的建设作出新的贡献。

以星级服务型党组织创建为主题
全面推进检察机关党建工作

宁夏回族自治区人民检察院机关党委 张 丽 赵鲁宁

2015 年以来，宁夏区检察院以深入学习贯彻党的十八大和十八届三中、四中全会精神为主线，以适应改革发展的新常态，推进机关基层党组织不断以强化服务理念，提高服务水平为核心，制定了《自治区院创星级基层服务型党组织活动实施方案》，扎实推进创星级服务型党组织建设工作，有效地发挥党组织的战斗堡垒作用和党员的先锋模范作用，为检察工作的发展提供了政治思想和组织保证。

一、突出"一个主题"，着力加强党的
思想建设，为基层服务型党组织创建
工作提供有力保障

支部党建工作以加强基层服务型党组织建设为统领，运用星级管理手段，按照"星级评定、量化考核、动态管理、年度评定"的方式，推进机关基层党组织不断强化服务理念、丰富服务内涵、创新服务举措、拓展服务途径。通过服务党员，有效提升机关广大党员干部服务改革、服务发展、服务民生、服务群众的能力素质，是创建基层星级服务型党组织的有效途径。

多层面深入学习领会全会精神。围绕主题，多角度、全方位举办层次高、质量好的学习报告会，帮助机关党员干警全面理解和把

握十八大、十八届三中、四中全会精神的内涵，勤补精神之"钙"，深刻理解"四个全面"，不断增强"三个自信"。邀请中央司改办、中央政法委法研所、自治区党校、宁夏大学等单位的知名专家学者做全面推进"依法治区"战略、加强和改进党的领导、践行法治建设新"十六字"方针司法体制改革等专题辅导会。通过点面线相结合的讲座和辅导，深化了党员干警对十八大和十八届三中、四中全会精神的理解和把握，增强了服务"四个宁夏"建设的思想自觉和行动自觉。

多元化推进学习型机关建设。区院机关党组织紧密结合检察工作实际，坚持把组织要求、岗位需求和个人发展作为抓党组织、党员学习的目标，以目标引领学习的针对性，以创新驱动，增强学习的实效性，以机制保障，增强学习的长效性，促使全院干部在学习上取得显著成效。先后配发了《习近平用典》、《习近平谈治国理政》、《永葆清正廉洁的政治本色系列丛书》等图书1000余册。先后举办全区检察机关领导干部"依法治区"专题研讨班、宁夏女检察官综合素质提升培训班及各类业务培训班20余期。

多举措开展共产党员讲党课活动。基层服务型党组织创建活动中，院机关各基层党支部书记带头讲党课，通过制作课件，集合素材，在机关掀起了内容丰富、生动活泼的讲党课活动热潮。5月15日，检察长李定达同志从历史思考、人生经历切入，结合学习习近平总书记关于"三严三实"重要论述的心得体会，结合检察职能，以《自觉践行"三严三实"要求不断加检察队伍作风建设》为题，引经据典，对严以修身、严以用权、严以律己和谋事要实、创业要实、做人要实的外延和内涵进行了精心解读，为全体检察干警上了一堂生动的党课。

二、开展"两个教育",着力加强党的 作风建设,为基层服务型党组织创建 工作提供有力推手

全面开展"三严三实"专题教育。自"三严三实"专题教育工作开展以来,我院印发了《关于在全区检察机关深入开展"三严三实"专题教育实施方案》,从总体要求、目标任务、方法措施及工作要求等方面进行了部署,对照"严以修身、严以用权、严以律己,谋事要实、创业要实、做人要实"的要求,结合规范司法行为专项整治活动,大力开展专项检务督查、服务型窗口建设及检务公开等多项工作,先后开展了党组书记带头讲专题党课、举办专题学习研讨班、把基层作为专题教育的实践课堂、召开高质量的专题民主生活会和组织生活会等活动,深入基层、深入群众加强调研。一方面着重听取、查找和解决自身在践行"三严三实"方面存在的问题;另一方面听取基层干部、群众对检察工作的意见建议,深入查访执法司法、检察队伍、政法窗口等方面存在的"不严不实"的问题。在"六查六看"基础上,聚焦对党忠诚、个人干净、敢于担当,着眼解决检察工作和检察队伍中存在的"不严不实"突出问题,教育引导检察人员特别是领导干部切实做到心中有党不忘恩、心中有民不忘本、心中有责不懈怠、心中有戒不妄为、心中有法不乱为,努力在深化"四风"整治、巩固和拓展党的群众路线教育实践活动成果上见实效,把深入贯彻落实"三严三实"要求作为当前和今后一个时期的重要政治任务,从"严"上要求,向"实"处着力,努力推进作风建设常态化、长效化,确保"三严三实"落到实处。

全面开展"守纪律讲规矩"主题教育活动。为深入贯彻落实习近平总书记在十八届中央纪委五次全会上的重要讲话精神、贯彻落实曹建明检察长在全国检察机关党风廉政建设和反腐败工作会议

上的讲话，进一步加强纪律建设，深入推进党风廉政建设和反腐败工作，按照自治区党委、纪委的统一部署，自治区检察院开展了为期2个月的"守纪律，讲规矩"主题教育活动，研究制定了区院机关统一活动安排，对整个活动的目标任务、措施内容、方法步骤进行了明确要求，成立了院机关"守纪律，讲规矩"主题教育活动领导小组，及时下发活动通知，使得主题教育活动在院机关迅速有序展开。组织广大党员干部认真学习党规党纪，扎实开展对照检查，切实解决存在问题，努力形成长效机制，确保主题教育活动取得实实在在的效果。

通过各支部不少于三天的集中学习、组织召开民主生活会，开展深入的谈心活动、批评与自我批评活动，每名党员采取群众提、自己找、上级点、相互帮等方法，对照结合各项规章制度查找自身存在的突出问题、撰写党性分析材料，认真查找存在的问题及原因，提出整改措施；组织每名党员干部对遵守政治纪律和政治规矩情况作出承诺，自觉接受组织和群众的监督；对全体党员干部进行了一次党纪党规知识测试；结合业务工作，通过实践、培训、竞赛、服务等多种形式，引导广大党员崇尚学习、勤奋工作、奋发有为、积极向上的工作状态。各业务处室开展了全区范围内的业务竞赛活动，营造出"比、学、赶、帮、超"的良好工作氛围。

三、强化"三个责任"、坚持"三个规范"，着力加强党的组织建设，为基层服务型党组织创建工作提供有力支撑

认真抓好党建责任制的贯彻落实，充分发挥党员主体作用、党支部书记履职作用和党支部战斗堡垒作用，夯实机关党建工作基础。

强化党组织队伍建设责任。认真贯彻《条例》要求，针对党务干部实际，及时健全机关党组织建设，注重抓好党务干部的教育

培训工作，组织支部书记、支部委员学习培训增强党务干部的光荣感和使命感，锤炼党员品格和党性修养，提高"一岗双职"的履职能力；针对形势的变化，不断探索党建工作的规律和特点，总结机关党建工作的经验，指导党建工作向规范化、科学化方向发展。组织党支部及党员干部参加高检院"围绕'四个全面'战略布局落实从严治党政治责任"为主题的理论研讨活动及区直机关工委的党建调研活动；坚持党要管党、从严治党，以党的先进性和纯洁性建设为主旋律，依据中央关于党员发展和教育管理规定，严格控制党员的数量，确保党员的质量，好中选优制定党员发展计划，全年发展新党员 3 名，按期转正预备党员 3 名；加强党组织关系管理工作，严格落实党组织关系管理的各项要求，确保每个党员都能及时编入党的一个支部，参加党的组织生活，接受党组织的教育、管理和监督。每季度对党员组织生活的重要内容、组织形式进行安排提示，帮助支部明确组织生活的主要内容，提高党组织生活质量，增强党员教育效果。重新调整了党费收缴标准，定时通报党费收缴情况，确保党务公开。

强化党建工作目标责任制考核工作责任。机关党委书记与各支部书记签订《党建目标责任书》，加强和完善党建目标任务考核工作，对院机关各支部开展党建工作进行逐项考核，力争保质保量完成上级机关的各项考核工作。

深化典型示范党组织培养工作责任。紧紧围绕区直机关工委关于开展"五有一好"党建服务品牌创建活动和推进服务型党组织建设的试点工作，努力打造具有检察特色的党建服务品牌，充分发挥品牌的引领和示范作用，结合时代要求，抓好典型示范党组织考核验收工作，有力推动机关党建工作创新发展。

坚持抓好党建制度的规范和落实。做好机关党委报告工作和机关党委书记书面述职工作，切实解决"兼职不履职、分工不负责"的问题，提升机关党委的内在动力、履职能力、创新活力。

坚持"三会一课"制度的规范和落实。使党员经常性地受到党性教育、党的优良传统作风教育，不断增强党性观念、树立宗旨意识，使党员自觉发挥先锋模范作用，充分调动党支部的能动性，培养和激发党组织的凝聚力、战斗力、创造力，体现党建工作的服务保障作用，促进检察业务和队伍建设的发展。

坚持宣传教育推广工作的规范和落实。以纪念建党94周年为契机，组织开展了区直机关"先进基层服务型党组织"及"优秀共产党员"、"全国道德模范"等荣誉评选推荐申报工作。我院民行处处长鄢明生被推荐为"全国民族团结先进个人"受到表彰，成为历年来我院开展党建工作，宣传弘扬模范先进事迹的典范，增强了对最高荣誉褒奖的认同感，促进了机关党建工作的全面发展。

四、围绕"四个服务"，着力加强机关文化建设，为基层服务型党组织创建工作提供有效载体

坚持党建带群建，通过发挥群团组织的作用，加强思想文化建设，陶冶党员干警思想情操，增强机关的凝聚力和向心力。

党建工作为大局服务，围绕"四个全面"战略布局落实从严治党政治责任。不断强化检察机关党建工作，严明政治纪律和政治规矩，严肃党内政治生活，推进检察机关党的思想建设、组织建设、作风建设、制度建设，反腐倡廉建设新常态。教育干警真正做到为民执法，坚持"人民利益至上"，准确把握人民群众诉求，切实做到民有所呼、我有所应；民有所忧、我有所解；民有所难、我有所帮，真心实意地心系大局、情系群众、回应人民群众的关切和期待，努力提高法律监督能力和执法办案水平，锻造一支党领导下的全面过硬的检察队伍。

党建工作为机关服务，多渠道拓展文明单位创建保持工作。认真学习自治区精神文明建设工作会议精神，重新按照创建文明单位标准，指导我院文明机关创建和保持工作。开展多种形式的创建活

动，一是开展创建"无烟机关"活动。积极响应社会戒烟控烟的号召，自觉遵守公共场所禁烟规定，树立检察人员遵守社会公德的良好形象，禁止在院机关办公楼内吸烟，包括本人及他人的办公室、会议室、走廊、电梯间、食堂等封闭场所，不互相、主动敬烟、劝烟，院机关领导干部应率先垂范，带头遵守禁烟规定，做创建"无烟机关"的先行者和推动者。在院机关各个区域进行功能划分，悬挂警示标语牌、张贴戒烟宣传海报、制作戒烟宣传栏，使机关环境焕然一新，院机关不吸烟的同志争做控烟工作的义务宣传员和劝导员，使吸烟干警摒弃吸烟的不良习惯，为创造清馨无烟的办公环境，为自身健康长寿打下坚实的基础。二是组织开展"学雷锋"，弘扬社会正气、承担社会责任的主旋律教育实践活动，恪守检察职业道德，通过积极履行法律监督职能，为实现社会的公平正义提供司法保证。三是组织干警前往宁夏儿童福利院，走访、慰问、捐助孤残儿童，对福利院日常工作，孤残儿童的生活起居、康复治疗、能力锻炼、技能培养等情况进行了参观。培养和引导干警立足检察工作，关注弱势群体的意识和能力。鼓励干警参加社会公益活动，弘扬中华民族的优良传统美德。四是对家中确有困难的干警向上级部门及时反映，为 3 名干警争取到 6000 元的经济补助。对生病住院的干警及时看望慰问，体现组织的关心和爱护。五是组织青年干警体检，关心青年干警成长。

　　党建工作为党员服务，指导开展文化体育活动。根据检察干警的精神需求，及时指导和帮助群众组织开展丰富多彩的群众性文体活动，陶冶检察干警的思想情操，增强机关的凝聚力和向心力。一是机关组织了"迎新春趣味运动会"，丰富了机关的文化生活，增加了干警间的互相交流和友谊，展示了检察干警良好的精神风貌；二是组织青年干警参加并观看了区直机关"推动男女平等，促进依法治区"电视知识竞赛；三是在机关开展了"阅读·法制·责任"主题读书活动，把"守纪律 讲规矩"教育活动作为进一步提高党员干部思想认识，强化党的纪律和规矩意识的浓厚政治氛围和政治习惯，在青年干警中形成勤于思考、勤奋学习的良好氛围，引导干警把学习当成一种责任、一种能力，崇尚科学、崇尚学习，宣扬社会主义法治精神，教育干警以崇高的法治责任、生动的法治实践为"四个宁夏"建设营造良好的政治生态环境；四是组织观看了《雷锋在 1959》专题教育影片。通过系列活动的有效开展，促进了干警在学习理论、交流思想、分享成果等方面的交流，搭建了互相了解、增进友谊的桥梁，通过机关党委、各党支部的细致工作，使党群工作成为干警的信任之作。

党建工作为群众服务，引领开展党员到社区报到公益活动。组织机关在职党员到社区报到开展服务活动，是巩固深化党的群众路线教育实践活动成果。结合"结对共建"工作，专门在院机关下发了《关于自治区检察院在职党员到社区报到开展服务活动的通知》，根据在职党员的状况和本支部的实际，将机关 22 个党支部 180 余名党员分流，带头到社区报到，带头参加社区的志愿服务活动，带头接受社区的管理和群众的监督，以身作则，做好表率。每人每年至少认领 1 个服务心愿或完成 1 个服务项目，每年至少参加 2 次社区组织开展的志愿服务活动。党员主动在社区"亮身份、树形象、作表率"，自觉接受社区党组织和群众监督，增强对社区的认同感、归属感、责任感，为党员认真践行党的群众路线、机关凝心聚力，弘扬正能量，树立新风尚建立了平台。

检察思想政治工作存在的问题及思考

宁夏回族自治区中卫市人民检察院　　代　军

当今社会正处在一个思想大活跃、观念大碰撞、文化大交融的时代，面对主流意识和非主流意识相互交织的机遇和挑战，理性分析当前和今后一个时期检察政治工作面临的形势和任务，按照科学发展观的要求加强和改进检察政治工作，教育引导广大检察干警坚定不移地做中国特色社会主义事业的建设者和捍卫者，就显得十分重要。

一、检察干警思想上存在的问题及原因

（一）检察干警存在消极思想的表现

1. 理念混杂型。这种类型一般反映在三十五岁以下年龄段的检察干警中。这种类型的干警一般学历较高，理论知识较为丰富，学习新知识的欲望强，工作热情高，干劲十足，有创新精神。不足之处是缺乏司法实践知识，好高骛远，法治理念混杂。表现在：

（1）理论不能和实践相结合。这类干警绝大多数是高等院校法律专业毕业的，受西方法治理念的影响较深，对中国的法治状况、历史文化了解不多，检察工作资历浅、经验少。往往用西方的法治理念来对照中国的司法实践，对中国的法治现状不能作客观评价，而是过多地指责和批评。

（2）关心政治不够，往往就案办案。这类检察干警年纪轻，有思想，有创新精神，但关心政治不够，对政治学习不重视，其结

果是就案办案，在执法中容易钻牛角尖，往往忽视了办案的法律效果和社会效果相结合，缺乏服务大局的意识。

2. 压力过大型。这种类型大都反映在三十六至四十八岁年龄段的检察干警中。这个年龄段的干警大部分是各级检察院的中层干部和业务骨干，或是专业能手。他们检察实践经验丰富，管理能力较强，是机关中的骨干力量，也是提拔干部的主要人选。但由于工作、家庭、自身等原因，存在压力过大的问题。表现在：

（1）工作负担重，创新能力不强。由于年富力强，又是骨干，检察机关的大部分工作都压在他们身上，他们经常加班加点，辛勤工作，生怕工作出问题，影响自己的仕途，因而心理负担较重。一些干警因子女上学、就业、成家等原因，家庭经济负担较重，健康状况堪忧。这部分干警为了完成领导交办的工作任务，整天忙于应付，缺乏对工作的理性思考，因此，创新精神不够强，很难开创工作的新局面。

（2）重执法结果，轻规范执法。他们虽然政治敏感性较强、有大局意识，但由于案件多，压力大，总想一门心思地多办案、办好案。个别部门领导平时对本部门干警的思想状况不注重分析研究，不能及时对不正确的思想进行引导和纠正。在执法观念上，他们基于多年的办案工作经验，习惯于过去的简单执法方式，对于规范执法措施不以为然。因此，虽然制定了不少业务工作规则、工作流程等，但没有认真执行落实，导致制度形同虚设。

（3）在管理上，奉行好人主义。由于这个年龄段正是等待提拔的年龄段，为了在推荐和公示中顺利过关，减少矛盾和对立面，平时在管理活动中奉行好人主义，尽量不得罪人。

3. 认命自在型。这种类型主要存在于四十九岁以上年龄段的检察干警中。这些干警大多数为"老检察"，资格比较老，工作态度和作风比较严谨，服务大局的意识较强。但一般学历较低、年龄偏大，由于政策上的原因，提拔的可能性已经不大。在工作中求稳怕乱，缺少了开拓创新，多了些因循守旧。表现为：

（1）工作上消极。由于提拔的可能性基本没有，因此在工作上缺少动力，思想上比较消极，工作主动性不强，按部就班。

（2）生活上逍遥。由于资历较老，干警大多子女都已长大成人或成家立业，他们生活压力小，相对比较富裕，因此生活上比较追求享受。

（3）正确的信念消失。这个年龄段的干警大多数党性观念较强，政治敏锐性较高。但也有个别干警正确的信念消失，内心空虚，因而受到落后、封建文化的侵袭，把个人得失、家庭兴衰，寄托于烧香拜佛、求神问卜上，对封建落后文化的危害性缺乏足够的认识。

（二）思想政治工作中存在的问题与不足

第一，思想政治工作不细。因每个干警各自的学历、经历、能力、价值观和现实状况的差异，干警对组织有着不同的心理需求，在其人生发展的不同阶段，心理需求也存在较大差异，赋予不同的期望值。对不同年龄层次的干警存在的不同思想状况缺乏深入细致的分析。

第二，思想政治教育与检察业务工作如何切实做到"两不误、两促进"，仍有待进一步的磨合与探索。在具体工作中表现为：业务部门同志常指责政工部门指令性要求多、服务性措施少；有的政工干部私下认同业务部门的学习教育流于形式，有的出于为业务部门集中精力办案"减负"的目的，把应该开展的政治教育简单化、程式化。这就使各项教育活动看起来开展得轰轰烈烈，但实际效果并不明显。

第三，思想政治工作方式、方法明显滞后。检察机关各内设机构由于从事的工作职责不同，工作的强度及工作压力也有较大的差异，如果还一味地对这些处科室干警进行相同的思想政治教育，布置一样的工作任务，就会造成干警忙闲不均，这样不仅不能体现思想政治教育的效果，长此以往还会大大挫伤干警的工作积极性。

第四，政工干部的配备，年龄、资质等因素，也制约着检察政治思想工作的有效开展。目前，各市级院政治处一般配备 3 名干部，基层院政工科一般配备 2 名干部。政工干部身兼数职，既要应付机关中心工作，完成上级要求的各种材料综合上报工作，还要兼职做好党风廉政、纪检监察、党政工青妇等工作，大部分均处于"疲于应付"的工作状态，根本没有时间和精力更深入、切实地了解干警的思想状况，更谈不上下功夫研究探索思想政治工作的新方法。

二、加强和改进检察思想政治工作的策略

第一，坚持以人为本，不断推进思想政治工作的深入开展。思想政治工作说白了就是做人的工作，只有把握人们思想变化的特点，有的放矢地做好工作，才能提高实际效果。

第二，正视和尊重检察人员主体意识的觉醒，注重激发干警的创造能力、创新能力。创新能力的发挥必须以尊重检察人员的主体地位为前提，组织上要合理利用和引导检察干警对自己职业生涯的规划或者期望，如有的想成为优秀公诉人，有的想成为优秀侦查员，有的想成为优秀管理者等，把这些个人的职业规划与组织目标、队伍建设结合起来，制定合适的实现步骤。这样把个人价值和组织发展目标有机地结合起来，就能摆脱以往开展政治思想教育工作单调、被动、滞后的问题，开展工作更有针对性、前瞻性，更有利于激发和调动检察人员的积极性。

第三，加强检察文化建设，营造融洽和谐的工作氛围。针对检察干警思想现状，多做释疑解惑、提供服务、理顺情绪、化解矛盾的工作，积极引导干警尤其是青年干警正确处理精神追求与物质利益、整体与个体、奉献与回报等关系，形成正确的世界观、人生观和价值观。同时，以工、青、妇、党支部为依托，积极开展喜闻乐见的文化活动，如文体活动、智力竞赛、读书活动、业务竞赛、文艺展示等，引导干警养成健康文明的行为。妥善合理地安排干警的

工作生活，切实落实"从优待检"政策，落实休假制度、定期体检制度，建立健康档案使干警身心得到及时休整。

第四，建立科学的量化考核机制。切实解决"干与不干一个样"、"吃力不讨好"的弊端，争取做到给"想干事的人以机会，能干事的人以舞台，干成事的人以奖励，干不成事的人以危机"的氛围。对人才的选拔、考核，要建立科学的评价选拔机制。要通过正当的选拔程序，把真正优秀的人才选拔出来。

第五，创新工作方式和方法。在开展政治思想教育工作时，要摒弃那些脱离现实、空洞无味的说教方式，灵活采用学习参观、生活体验、艺术欣赏、有奖征文等形式，使思想政治工作更加生动活泼，有理、有力、有情、有趣。把思想政治工作与创建学习型检察院结合起来，同时，要充分发挥党员的先进性及党组织的凝聚力、战斗力。全面树立和落实科学发展观，以共同目标激励人，以领导表率感召人，以党员形象影响人，以组织关心凝聚人，确保检察思想政治工作更具实效。

牢固树立"四个第一"理念 打通联系服务群众"最后一公里"

新疆维吾尔自治区人民检察院机关党委

习近平总书记强调，要切实解决联系服务群众"最后一公里"的问题。从 2014 年初开始，新疆维吾尔自治区启动了三年二十万机关干部住村开展"访民情惠民生聚民心"活动，新疆检察机关选派了近 2000 名检察干部积极参加。自治区人民检察院机关第一年选派了 2 名正厅级院领导带队的 32 名工作队员进驻南疆阿克苏地区拜城县赛里木镇托克买里村（7 村）、托喀其买里村（8 村）、喀拉亚尕奇布拉克村（10 村）、布干村（11 村）、库台买村（12 村）五个村。一年来，按照自治区党委和区院党组的统一安排部署，工作队牢固树立"四个第一"理念，即始终坚持把人民群众的呼声作为第一信号，把人民群众的需要作为第一选择，把人民群众的困难作为第一职责，把人民群众的满意作为检验工作成效的第一标准，坚持领导带头，强化政治担当，坚持精准发力，深入细致做好群众工作，坚持重点帮扶，下大力抓好基层组织建设，坚持重点突破，扎实有效推进"去极端化"，充分发挥了临时党支部的战斗堡垒作用和共产党员的先锋模范作用，确保了"访民情惠民生聚民心"工作取得实实在在效果。

一、坚持领导带头，强化政治责任担当

院党组坚持党中央的要求、自治区党委的安排部署就是我们的

任务，迅急部署。一是党组重视，动员培训。召开全院动员大会，传达学习张春贤书记重要讲话精神和自治区党委有关文件，郭连山书记和尼相·依不拉音检察长对区院选派干部深入基层开展"访惠聚"活动进行动员和安排部署。按照自治区有关要求，根据个人自愿报名，经院党组研究决定，选派了2名正厅级院领导、19名处级干部和9名科级干部组成5个工作组，分别由厅级院领导和正处级干部担任组长，每个组选配了2名懂"双语"的少数民族干部，参加了自治区和区院组织的集中培训，统一了思想，掌握了政策。二是深入一线，细致调研。党组书记郭连山、检察长尼相·依不拉音、政治部主任韩伟先后分别2次深入拜城县赛里木镇，看望慰问住村工作队员，实地了解住村工作开展情况。院领导一行轻车简从，走村入户，在田间地头、在庭院炕头，与各族基层干部、"四老"人员、困难群众和爱国宗教人士面对面、拉家常、问生计，了解群众所思所盼。与住村工作队员同吃、同住，一起入户走访、一起参加劳动，亲身感受工作队员工作和生活情况，听取意见建议。召开座谈会，与赛里木镇、村两级干部就落实民生建设任务，就群众教育、住房、社保、扶贫等工作中存在的问题共同商讨、研究解决办法。为能让7村村里107户村民吃上自来水，区院和住村工作组协调当地专业技术人员画图纸作预算，购管材找挖机，动员全村老少齐上阵，挖沟铺管接笼头，铺设主管道1100米，当月让村民吃上了清凉洁净的自来水。协调为托克买里村3小队铺设总造价25万元整的两条沥青混凝土路面，为贫困村民购买了30万元的扶贫羊送到25户手家中。院机关相关部门捐赠扶贫款36000元、各类衣物3000余件分别发放给贫困村民。三是以身作则，建章立制。副检察长孙宝平、阿德勒别克住村做的第一件事就是建章立制，召集住村的全体人员商议制定了双语和政治法规学习、值班工作、每周会议、巡逻安全和厨房轮值等制度，以制度管人管事，对每人的分工结合各组实际进行了细化，明确了每天、每月、每个阶段具体的任务要求。春灌开始时，两个正厅级副检察长脱掉鞋袜卷起裤腿，在水里与农民一起劳动。入户走访，宣讲党的路线方针政策。村委会硬化、绿化、娱乐场地施工建设，他们以身作则率先垂范不分昼夜在工地上组织协调并与工人同劳动，工作队员在两位领导的感召下，都亲自参加劳动、带头细致走访、积极宣讲政策、过细做好工作。一年来，他们吃饭靠自己做，住宿睡硬板床，天冷需要架炉子，半夜三更上旱厕会冻得瑟瑟发抖；夏天，苍蝇叮、蚊虫咬，有的小组4个人睡在不足16平米的宿舍里，空间窄左挪右移，高低床上下攀爬、呼噜声此起彼伏，汗臭味满屋弥漫。但不管遇到什么困难，同志们都能互相宽容、互相鼓励、互相支持、互相关心。虽然脸晒黑了、手变粗糙了，但与农民的心贴得更近了。面对烦锁的农村农民工作，他们每天碰头梳理，每周点评总结，积极营造互相鼓励、互相支持、互相关心的良好氛围。

二、坚持精准发力，深入细致做好群众工作

拜城县赛里木镇是阿克苏地区确定的维稳重点乡镇，也是拜城县外出人员最多、重点人员最多、重点人员重新犯罪最多、在监狱服刑人员最多的乡镇。为此，临时党支部用真心访民情，围绕"四个最多"精准发力。一是制定方案明确重点。从村"两委"成员、党员和"四老"人员开始，做到"四个经常"：经常进老乡的门，经常握老乡的手，经常坐老乡的炕，经常喝老乡的茶。每到一户都与村民促膝交谈，交心交友，做到详细问、耐心听、认真记，并给贫困户送去米、面、油等慰问品。通过密切交往，不断拉近与村民的感情，一年来，已做到"四老人员、宗教人士、贫困户、重点户和不放心户"全覆盖。其间，共入户走访1115多户（次），发放慰问及个户扶贫10.3万余元。二是融入群众交友交心。积极与村干部一起建立与"四老人员、宗教人士、重点人员"等结对帮扶及交朋友机制，主动与他们聊天谈心，帮其解决生活困难，为其发家致富出主意想办法，鼓励其劳动致富、率先致富。截至目

前，工作组每名成员都交上 5～8 名农民朋友，这些人不但成为我们联系广大村民的桥梁和纽带，而且还能及时了解到他们的心理变化，并辐射到村里其他人员的思想情况，工作的效果就会愈加明显。与 151 户贫困村民结对子帮扶并捐助 300 吨冬煤用于冬天取暖、慰问坐车摔伤及 82 名患病老人，累计慰问贫困党员群众 11 万多元，给 23 名穿着破烂的小孩买衣服、资助激励 56 名大学（中学）贫困学生近 8 万元，给 3 个贫困初中生购买了 3 辆自行车，还有的队员通过社会爱心组织及区院机关相关部门捐赠 3300 多件各类衣物、7000 多元的药品，10000 多元的种植、养殖、普法知识等书籍分别发放给当地村民手中。三是包干负责加强管控。在人员管控方面，我们牢牢把握团结身边人、管好外来人、盯紧重点人三个环节，主动向当地派出所和村警了解当地的民风社情、人员分类及其所思所想，与村干部一起对外来、外出返乡人员包干负责，摸清底细，掌握动向。7·5 敏感期及穆斯林斋月、APEC 会议等期间，加大对外出务工返乡人员、刑满释放人员、寻求上访人员等巡查力度，帮助其解疑释惑，解决困难，安顿民心，把各类矛盾解决在基层，消灭在萌芽状态。村民木拉如孜·托呼提因私藏爆炸物被判处 14 年刑期，10 月 15 日刑满释放回到家后，已妻离子散，家中一无所有，为解决一时的生活困境，工作组指定专人进行帮扶，特意让他参加培训合格后，专门从事烧供暖锅炉的工作。经过深入的走访了解，不仅掌握了社情民情和群众诉求，而且还梳理解决了基层组织建设、社会稳定、民生建设、民族团结、宗教和谐等多个方面180 多个问题，提升了走访效果。

三、坚持重点突破，扎实有效开展"去极端化"

坚持用现代文化引领群众，挤压宗教极端思想空间。一是组织开展"一反两讲"倡议演讲活动。3 次组织全体村民开展"反对三股势力和暴力恐怖行径"揭批大会以及发倡议和集体签名活动，指定思想觉悟高、综合素质好的青年农民进行主题演讲，发动德高望重、有爱国热情的宗教人士及维吾尔族老党员、老干部进行宣讲，帮助大家明辨是非、激发爱国热情。二是积极配合当地做好宣教活动。以自治区 11 号文件和四个配套文件、党的民族宗教政策等为主要内容，按照县委制定的"七项工作法"，全面开展大宣教、大奖赛、大派送、大走访、大学习、大揭批活动，组织村民观看公判实况录像片和去极端化宗教知识讲座活动，积极为举办各项活动捐物捐款予以资助，并帮助筹划，使活动开展得有成效、有意义。截至目前，共分层次召开各类会议 100 次，集中宣教 64 次。三是充分发挥村广播方便快捷、及时有效的宣传效果。工作组一来到村里，临时党支部就要求各工作组积极协调修好了各村瘫痪多时的村广播设施，充分发挥无线广播方便、快捷的宣传优势，并结合工作实际，每个工作组都专门指派一名懂双语的干部依据当前的形势及政策法规自行组稿，吾甫尔·艾买尔、帕尔海提江·木明、库尔曼·阿勒亲自利用早晚两个固定时段进行广播宣讲活动，通过农村小喇叭，播放党和政府的声音，播放《爱国、爱疆、大家谈》系列讲座，传递正能量。四是组织开展喜闻乐见的群体性娱乐活动。采取镇政府支持、工作组赞助、村委会操办、群众广泛参与的方式，各工作组累计组织开展了 28 次诗歌朗诵、体育竞赛、麦西来甫等内容的大型文体活动，工作组累计赞助各类活动经费 4 万多元，购买排球、篮球、乒乓球等体育活动器材多件（套），组织播放室外电影 26 场次。现在，一到闲暇时间，村委会的院子里就成了村民的娱乐场所，不但能起到引导农民群众开展有益的群体性活动的作用，而且也增进了与工作队员的感情交流。购买了 60 多套双语学习教材，每周组织工作组成员、村干部及村里部分青年骨干共同学习"双语"。同时，还利用学生放暑假的机会，组织本村在外上学的大中专学生分成"双语"组、课程辅导组、体育爱组、兴趣爱好组，在工作组的召集下分别担任"双语"老师及各门学科辅导老师。不但有效发挥了返乡大学生的优势，而且还有效促进了本村适龄儿童的学习积极性。

四、坚持重点帮扶，下大力强化阵地建设

村党支部是阵地，是村民的"主心骨"，我们注重在工作中进行传帮带，发挥好村党支部的核心领导作用。一是健全班子，充实加强后备力量。补配了村党支部副书记、村警务室和民兵力量，成立了团支部并进行人员分工，推荐选拔了一批村级后备力量，吸收发展了12名新党员，培养了23名入党积极分子。二是凝聚力量，当好村民的主心骨。好事让基层组织做，好人让基层干部当。工作组注重结合实际充分发挥检察机关业务特长，宣传法律，为村民提供法律咨询。对11名刑满释放人员与村党支部制定帮扶计划，一方面促其痛改前非，重新做人，同时还为其生活提供帮扶。对因灌溉用水、责任田、宅基地等153起矛盾纠纷，工作组也及时协调村干部第一时间赶到现场察看实情，并依据相关政策法规认真研判，分清责任、明断是非，不但能还人以公道，而且还能教育警示大多数。三是严格管理，注重体贴关怀。针对村级组织管理比较松散，工作职责任务不明确、作用发挥不明显等问题，协助村党支部结合党的群众路线教育活动，广泛收集党员、干部、群众对村"两委"班子及成员政治坚强、反对"四风"方面的意见建议，帮助开展自查和谈心谈话，找准找实问题，提出解决对策，开好村里的组织生活会，确保教育实践活动不留死角、不走过场，贴近实际，造福群众；住托克买里村工作组还组织29名党员参观考察农业生产和合作化畜牧养殖，开阔了眼界，增长了知识。7村协调筹集了60余万元，帮助本村解决自来水入户，道路建设等重大项目16项，惠及了本村90%以上的家庭。8村协调筹集各类资金30余万元，完成重大惠民项目6项。12村协调争取到了专项资金12万余元分别实施了"自来水入户"工程，其他两个村的工作组根据资金状况完成重大民生项目十五项，惠及人数占到全村的75%以上的人口。

坚持思想建党与制度治党紧密结合全面推进从严治党落地生根

新疆维吾尔自治区人民检察院机关党委　孙文怀

党的十八以来，习近平总书记围绕党的建设特别是从严管党治党作了一系列重要论述，深刻回答了新的历史条件下建设一个什么样的党、怎样建设党这一基本问题，为加强和改进新形势下党的建设提供了理论指导和行动指南。思想建党和制度治党紧密结合是全面推进从严治党的关键，是全面落实中央关于管党治党的重大部署，是贯彻习近平总书记关于从严治党"八项要求"的核心，是致力推动形成干事创业、崇廉尚实、风清气正政治生态的题中之意。全面推进从严治党落地生根，必须坚持思想建党与制度治党紧密结合。

一、要准确把握全面推进从严治党的重大意义和要求

习近平总书记强调，历史使命越光荣，奋斗目标越宏伟，执政环境越复杂，就越要增强忧患意识，越要从严治党，使我们党永远立于不败之地。全面推进从严治党，必须首先准确把握从严治党重大意义和总体要求。一是从严治党是我们党巩固执政地位、始终走在时代前列、肩负历史使命的关键所在。我们党能够领导全国人民在革命、建设和改革道路上取得一个又一个伟大胜利，根本在于始终高度重视加强自身建设，从严管党治党。在新的历史条件下，"四大考验"、"四大危险"更加尖锐地摆在全党面前。党的十八大

以来，以习近平同志为总书记的党中央站高谋远、励精图治，以巨大的政治勇气和历史担当，在改革创新中把从严治党提到新的战略高度，开创了党的建设新局面。但要看到，个别党组织建设状况和党员干部的思想素质、能力、作风还存在不少问题，消除积弊，根除消极腐败现象，必须强化从严治党意识，健全从严治党规范，持续用力、久久为功。二是坚持思想建党与制度治党紧密结合，是在新的历史条件下全面推进从严治党的重要指针和工作主线。习近平总书记关于从严治党"八项要求"，为新形势下加强和改进党的建设指明了根本方向和着力重点。特别是鲜明地提出坚持思想建党和制度治党紧密结合，是对党的建设理论的重大创新发展，也是坚持党的领导与依法治国有机统一的具体体现。全面推进从严治党，需要思想教育和制度治理同向发力、同时发力，坚持把思想建党摆在首位，把制度治党贯穿始终，通过教育拧紧思想"总开关"，依靠制度增强行为"硬约束"，形成聚精会神抓党建的新常态。三是要准确理解和把握在新的历史条件下全面推进从严治党的指导思想。高举中国特色社会主义伟大旗帜，以马克思列宁主义、毛泽东思想、邓小平理论、"三个代表"重要思想、科学发展观为指导，深入贯彻习近平总书记系列重要讲话精神，认真落实从严治党责任，坚持思想建党与制度治党紧密结合，严肃党内政治生活，从严管理干部，持续深入改进作风，坚定不移推进反腐败斗争，严明党的纪律，发挥人民群众监督作用，使为民务实清廉成为广大党员干部的自觉行动，着力营造干部清正、政府清廉、政治清明的从政环境，为谱写中国梦提供坚强政治保证。

二、坚定理想信念，坚守共产党人精神追求

　　理想信念是党性修养的灵魂。习近平总书记多次强调，理想信念是共产党人精神上的"钙"，没有理想信念，或理想信念不坚定，精神上就会"缺钙"，就会得"软骨病"。坚定理想信念，坚

守共产党人精神追求，就要加强学习，锤炼党性。一要深入学习贯彻习近平总书记系列重要讲话精神。各级党委（党组）要把学习贯彻习近平总书记系列重要讲话，学习贯彻党的十八大以来中央系列重大部署和要求，作为一项长期政治任务，列入中心组学习科目，采取集中培训、专题辅导、理论研讨、巡回宣讲等方式，帮助党员干部不断深化对讲话精神的理解把握。积极推动习近平总书记系列重要讲话精神进教材进课堂进头脑。二要经常性开展党性教育和党性锻炼。深入开展学党章活动，强化党员干部的党员意识和遵章守纪意识。加强革命传统教育和基本国情教育，广泛开展向先贤先辈、先进典型学习活动。要把培育担当精神作为党性教育的重要内容，教育引导党员干部坚持原则、勇于担当，面对大是大非敢于亮剑，面对矛盾敢于迎难而上，面对危机敢于挺身而出，面对失误敢于承担责任，面对歪风邪气敢于坚决斗争。三要加强党员干部法治教育和党规党纪教育。全面开展党员干部法治意识和纪律意识教育，增强对法律纪律的敬畏之心，牢记法律红线不可逾越、纪律底线不可触碰，自觉在宪法法律和党内法规范围内开展党务政务活动，依法执政、依法行政。坚持领导干部带头学法守法，带头开展法律法规宣传教育。完善检察干警学法用法制度，把宪法法律和党规党纪列入党组织学习的重要内容，提升党员干部法治思维和依法办事能力。四要带头践行社会主义核心价值观。深入贯彻落实中央和高检院关于培育和践行社会主义核心价值观的意见精神，党员干部要以身作则、率先垂范，自觉弘扬主流价值，以实际行动带领群众、引领风尚。加强党员干部道德建设，深入开展社会公德、职业道德、家庭美德、个人品德和"孝悌忠信礼义廉耻"等中华优秀传统文化教育，培养高尚道德情操和健康生活情趣。建立社会主义核心价值观干部测评体系，建立党员干部诚信档案，引导党员干部忠诚于党、忠诚于人民，为党和人民事业奋斗终生。开展先进典型学习宣传活动，培育选树各行各业可信、可敬、可学的身边典型。

三、落实从严从实要求，健全党员干部管理监督制度

党要管党，首先是要管好干部；从严治党，关键是从严治吏。推进从严治党落地生根，就要落实从严从实要求。一要建立科学有效的选人用人机制。认真落实好干部标准和"三严三实"要求，坚持重品行、重实干、重公认导向，严格贯彻执行《党政领导干部选拔任用工作条例》，发挥党组织在干部选拔任用工作中的领导和把关作用。建立和完善领导班子功能结构模型管理、递进培养、政绩考评、分析研判、科学选任"五位一体"的工作机制。探索建立全域开放的人才引进、流动、评价激励和权益保障机制。二要建立党员干部日常管理和监督机制。坚持选拔看作风、考核考作风、监督管作风。健全干部作风、廉洁问题函询和诫勉制度，做到早发现、早提醒、早处理。严肃工作纪律，严格执行请假制度。严格执行干部退休制度，严格执行干部职务任期和免职、辞职、降职规定，形成有力有序有效的监督合力。三要坚持和完善干部谈心谈话全覆盖制度。根据干部管理权限，结合"一岗双责"要求和分管（联系）工作，分级负责开展谈心谈话，原则上每年至少进行一次，实现全覆盖。坚持上级一把手与下级一把手必谈，党政正职与班子成员必谈，支部书记与本级管理的干部必谈，出现苗头性、倾向性问题干部必谈，干部任前及离任必谈。各级党委（党组）及组织人事部门要把抓班子带队伍的责任抓在平常，把对党员干部从严管理与关心爱护的要求落到实处。

四、持续深入改进作风，健全密切联系群众制度

党要管党，就要管好作风；从严治党，就要严在作风。习近平总书记阐明了作风建设的核心问题，就是保持党同人民群众的血肉联系，提出了新时期作风建设的实践要求，就是"既严以修身、

严以用权、严以律己，又谋事要实、创业要实、做人要实"。一要建立健全改进作风长效机制。深入持久贯彻落实中央八项规定精神和高检院规定，健全作风建设治本机制。巩固和拓展教育实践活动成果，严格对照整改方案和整改清单，认真落实台账管理、上下联动、限期整改、防止反弹等制度，建立完善公示公开、群众评议、纪实评价机制，持续深入推进整改落实。建立健全作风建设督查机制。建立完善解决"四风"突出问题、关系群众切身利益问题和联系服务群众"最后一公里"问题的长效机制。二要建立完善正风肃纪制度机制。建立纠风治乱机制，深入整治党员干部参赌涉赌、会所中的歪风、培训疗养机构中的腐败浪费、领导干部参加天价培训等不正之风。从严惩处顶风违纪行为，着力抓好领导干部收受红包礼金、滥发奖金工资补贴、违规购置和使用车辆等突出问题专项整治。建立党员干部作风状况定期分析研判机制，对出现"四风"问题反弹和新的严重作风问题，要集中开展专项整治。建立健全正风肃纪联席会议制度。持续加大执纪监督、公开曝光力度。三要健全党员干部直接联系服务群众制度。坚持"走基层"活动常态化，推行机关联系基层、干部联系群众"双联系"制度，落实"联村帮户"、"结对认亲"和群众工作"三本台账"、党代表联系群众、在职党员社区报到开展志愿服务等制度，推动党员干部与群众常联常新、常走常亲。完善"法律七进"工作体系，引导群众学法遵法守法用法，健全市民公约、乡规民约、行业规章、团体章程，推动形成遇事找法、解决问题靠法的法治良序。

五、深入推进党风廉政建设，着力构建"不敢腐、不能腐、不想腐"的制度机制

腐败是社会的毒瘤，也是执政党的大敌。从严反腐是从严管党治党的底线。深入推进党风廉政建设，构建长效制度机制势在必

行。一要健全惩治腐败工作机制。始终保持反腐败斗争定力，坚持以零容忍态度惩治腐败，做到有案必查、有腐必惩。建立瞒案不报、有案不查的责任追究制度。坚持"一案双查"，既要追究当事人责任，也要追究监管领导责任。二要完善巡视监督制度。加强对巡视工作的领导，坚持党组会定期研究和听取巡视情况汇报制度。坚持巡视监督对地方、部门和事业单位全覆盖。对中央和高检院关心、社会关注或群众反映强烈的重大问题、突发事件等，及时开展专项巡视。加强对巡视成果的运用。三要建立警示教育常态化机制。坚持把警示教育贯穿党员干部成长全过程，落实到教育培养、选拔任用、考核评价、管理监督等环节。各级党委（党组）每年至少集中开展 1 次廉政专题学习。坚持领导干部讲廉政党课制度，定期举办领导干部廉洁从政研修班。充分利用法纪教育基地，对新任职领导干部、重点案发地区（单位）干部集中开展警示教育，真正受警醒、明底线、知敬畏，做到敬法畏纪、遵规守矩。加强廉政文化建设，健全廉政文化全媒体传播机制，增强廉政文化传播的影响力，着力构建"以廉为荣、以贪为耻"的社会文化。

六、严明党的纪律，严格规范党内行为准则

严密的组织性是马克思主义政党的鲜明优势和力量所在。党要管党、从严治党，就要靠严明纪律来管、来治。一个松松垮垮、稀稀拉拉的组织是不能干事、也干不成事的。一要严明政治纪律。坚持讲政治，自觉在思想上和行动上同党中央保持高度一致。坚持讲原则，坚决落实党章规定的"四个服从"，按照党性原则处理党内关系，坚决反对自由主义、分散主义、好人主义、个人主义，严禁拉帮结派、搞利益团伙。坚持讲规矩，严格按照党纪国法和党内法规办事，坚决反对特权、搞家长制、独断专行，坚决防止滥用职权，维护严而有序、依制而行的政治秩序。坚持讲真话，弘扬言行一致的优良作风，对上对下都要讲实话、讲心里话，坚决反对弄虚

作假、阳奉阴违，做到表里如一、光明磊落。二要严格组织纪律。各级领导班子和党员干部要严格遵守党的组织纪律，强化组织观念和纪律意识，严格按权限、职责和程序办事，确保上情下达、下情上知、政令畅通。上级党组织重大决策部署的执行落实、各类重要会议的传达贯彻、事关全局重大事项和突发事件、领导班子出现非正常情况、领导干部个人重大事项、干部选拔任用需要报告的事项等，都要严格按规定及时请示报告。未按规定请示报告的要严肃批评，对造成不良后果的要追究领导责任。三要严明财经纪律。党员干部要牢固树立依法行政观念，严禁在重大经济决策过程中徇私枉法、泄露消息，严禁利用职权职务影响干预和插手市场经济活动，为自己或他人谋取不正当利益，严禁为他人承包工程、审批项目等说情打招呼。严格定期轮岗制度，强化内部流程控制，防止权力滥用。严格执行财经制度，健全财政资金预算约束和监管机制，加强对各项资金使用情况的管理、监督、审计，防止贪污、挪用、截留等问题。

浅议如何建立健全检察机关
基层党建工作考核评价机制

新疆维吾尔自治区喀什地区岳普湖县人民检察院　　沈凤莲

人民检察院是国家的法律监督机关，行使国家的检察权。检察机关党建工作是党的基层党建工作的重要组成部分，而党建工作能否有效推进，科学的考核评价是动力源泉。完善检察机关党建工作考核评价机制，对贯彻落实习近平总书记提出的"四个全面"战略布局新要求，提高检察机关党建工作水平，加强检察机关党的执政能力，促进检察机关党建工作更好地围绕中心服务大局，推动检察机关党建工作的科学发展和创新具有十分重要的意义。为此，面对新形势、新任务，完善与之相配套的检察机关党建考核评价机制就显得尤为重要。为探索建立有效的检察机关党建工作评价体系，笔者结合检察机关党建工作实际，就建立检察机关党建工作责任目标考核评价体系作些思考。

一、检察机关党建工作现状及主要问题

近年来，检察机关通过不断开展主题教育实践活动的教育引导，检察机关党建工作、党员队伍总体表现较好。但笔者根据多年的基层工作以及调查研究，认为当前检察机关党建工作仍然存在以下不足：

1. 部分干警对机关党建工作重要性认识不够。认为机关党建工作就是走形式，定期组织学习，每年开展几次活动，发展几个党

员，收收党费，做做思想工作，党建工作无关紧要。只要业务工作搞好了，其他什么都好说。因此，对党建活动参与度不够，热情不高，应付差事。如参加民主生活会，大家都捡好话说，自我批评能做到，批评他人做不到，老好人思想严重。

2. 个别党务干部对党建工作不重视、责任意识不强。不能将党建工作摆在应有的位置，敷衍塞责；认为把业务工作抓紧抓好，党建工作应付一下，仅限于完成上级部署的工作落实，支部自身活动不多，没有把党建工作做深、做细、做透、做活的想法，工作不够扎实，主动性不强，缺乏创新精神。

3. 党建工作缺乏科学的工作机制及有效的监督措施。当前的机关党建工作监督还是停留在抓学习、抓教育、抓组织生活等方面，对党员干警 8 小时之外的生活和业务的监督管理作用未得到充分发挥，对党员干警监督缺乏必要的条件和手段。

这些问题是基层党建工作中存在的普遍问题，导致了基层党组织活动联系实际不紧密，缺乏创新精神。为此，我们要以科学发展观为指导，建立健全检察机关党建考评机制，使基层党组织建设更加规范、有序和充满活力、富有战斗力。

二、建立检察机关党建工作考评机制的必要性和可行性

近年来，根据中央政法委和高检院安排部署，在政法机关开展了一系列教育活动，从教育活动的成效看，我们检察机关绝大部分党员干警在保持党员先进性、贯彻落实科学发展观，以及对党的十八大精神学习方面还是比较到位的，但是对党员队伍建设中取得的成绩和存在的不足如何去界定？缺乏一个科学的考评机制去督促，所以建立健全党建工作考评机制是顺应检察机关科学发展的必要之举。

1. 有利于从机制上保障党建工作的顺利开展。科学有效的考评机制能起到事半功倍的效果，基层党组织的工作将更加主动、积

极，"不用扬鞭自奋蹄"。

2. 有利于客观评价基层党建工作开展的状况。我们的广大党员都是志愿参加党组织的，组织活动也应该是志愿的。但由于社会的变革、经济的转型，以及对外开放带来的西方思潮的影响，使一些党员干部的思想发生了变化，工作的积极性和主动性削弱，认识有偏差，导致对党建工作的重视程度上也有偏差。为了奖优罚劣，建立健全科学的党建工作考评机制显得尤为重要。

3. 有利于提升党建工作水平。可以针对在考评中开展自查发现的问题，及时进行整改，也可以在考评中发现好的工作思路或经验做法，推进党建工作创新发展。

4. 有利于对党员干部的宣传教育。考评结果客观真实地反映了支部和党员干警的工作情况与政治素质，对于表现优秀的支部和党员干警，我们可以借此进行表彰和鼓励，对于落后的支部和党员，我们也可以有针对性地进行批评、教育，加强沟通和交流，以先进促后进，推动检察机关党建工作健康发展。

5. 有利于提高机关党委的威信度。党建工作的考评结果可以客观反映出党员干警的政治思想素质，所以我们将考评结果与晋职晋级结合起来，与干警的评优评先结合起来，将极大地调动党员干部的工作积极性，有效地让部门领导和党员干警重视党建工作，促进党建工作的顺利开展。因此，建立健全检察机关党建工作考评机制是十分必要的。

三、建立健全检察机关党建工作考评机制的设想

建立健全检察机关党建工作考评机制，要以提升党建工作科学化水平为主要目的，采取综合考核评价的方式，定制科学的考核内容和评价标准，要结合检察机关实际，客观公正、全面系统地得出评价结果，建立完善监督机制，要让整个考评体系"评价可行、评价可信、评价可用"。要切实地得出科学的考评结果，并将其运

用在党建工作中，促进检察机关党建工作的科学发展。

（一）科学设置考评指标

考核内容的科学化，对于全面、真实地评价和促进检察机关党建工作起着重要的导向作用、鞭策作用和激励作用。评价检察机关党建工作既要看显绩更要看潜绩，既要看眼前更要看长远，既要看局部更要看大局。具体来说，应加大以下五个方面的指标比重：

一是看思想建设方面。深化思想政治工作，抓好党员干部的理想信念教育和党员意识教育，加强社会主义荣辱观和社会公德、职业道德、家庭美德和个人品德教育，培养党员干部高尚情操、高雅情趣，牢固树立正确的人生观、价值观、权力观、地位观。进一步规范检察机关工作人员行为，积极倡导讲礼仪、讲文明的道德风范，树立检察机关工作人员的良好形象。检察机关内部团结和谐，工作紧张有序、规范高效。深入开展创建"文明单位"、"文明机关"、"学习型机关"等活动，结合当前形势任务和本部门中心工作，不断丰富创新内涵，创新载体，有力地推动检察机关自身建设和各项工作任务的完成。

二是看组织建设方面。检察机关党组重视党的建设，结合实际，不断健全完善本单位党建工作制度。建立健全并落实检察机关党建工作责任制，党组书记认真履行检察机关党建工作第一责任人的职责，努力形成责任明确、领导有力、运转有序、保障到位的工作机制，达到组织坚强有力、党员作用突出、工作得到促进、人民群众满意的目标。从检察机关党建工作需要出发，建立健全检察机关党组织工作机构，配齐、配强党务干部，党组织战斗堡垒作用发挥突出。领导班子每年专门召开党建工作会议，听取汇报，讨论研究重要问题，协调各方力量，督促完成各项任务。紧密结合检察机关党建工作实际，每年至少确定一个重点研究课题，组织专题调研，撰写调研报告，提出对策建议。党组成员充分发挥表率作用，带头参加检察机关党组织开展的各项活动，完成检察机关党组织分配的工作任务，主动解决检察机关党组织的工作、活动经费等实际问题。与时俱进，深入开展基层党组织活动，有计划，有目标，有措施，活动效果明显。加强对党务干部的培养锻炼，有计划地组织党务干部到党校或党员干部教育基地参加轮训，提高基层党务干部做好党务工作的能力。严格执行党费收缴、管理和使用的规定，按时、足额收缴党费，认真完成党内统计、党员信息库建设等基础性工作，数据准确真实，按时上报。

三是看作风建设方面。切实增强忧患意识、责任意识、公仆意识和服务意识，着力解决影响科学发展、和谐发展，影响党群干群关系，影响服务质量和工作效率的突出问题。组织检察机关党员干部职工认真学习贯彻党的路线方针政策，宣传和执行中央、上级党组织和本级党组织的决议，根据实际情况及时制定工作方案并认真抓好落实。深入开展"争先创优"活动，制订切实可行的方案和目标，措施扎实具体，活动成效明显。党员领导干部带头参加党的组织生活和党组织的集体学习，坚持每年至少为党员上一次党课或作一次形势报告。健全落实基层党组织生活会制度和党员评议制度，坚持每年召开一次专题民主生活会，认真开展民主评议党组织和党员工作。认真落实发展党员工作制度，有关会议记录、档案材料等规范、齐全，上报材料及时。

四看制度建设方面。健全完善党员学习培训制度，抓好党员政治理论、业务知识、社会主义市场经济、科学文化、法律等知识的学习培训，学习有计划、有记录、有检查考评。健全落实民主生活会制度，促使党员及时发现和纠正存在的不足，增进团结，共同提高。健全党内监督机制，提升认识水平，增强检察机关党组织和党员的监督意识；严格组织生活，加强对党员和党员领导干部的监督管理；认真履行职责，加强机关党组织对党员和党员领导干部从政行为的监督；拓宽监督渠道，不断强化和完善机关党组织监督机制；加强组织领导，认真落实监督工作责任。本院党组织认真贯彻落实中央和本单位保持共产党员先进性教育、贯彻落实科学发展观活动长效机制文件，结合检察机关实际，不断健全完善本单位党建工作制度。

五看反腐倡廉建设方面。建立健全反腐败领导体制和工作机制，严格执行党风廉政建设责任制，抓好源头治理，有效防范腐败现象的发生。加强对党员的党风廉政教育，深入开展党风廉政主题教育活动。认真执行党内监督各项制度，建立健全干部廉政档案，切实抓好对包括行政负责人在内的每个党员的监督。及时了解掌握党员的思想、作风和工作情况，采取措施方便群众举报党员违纪行为和反映对党组织、党员的意见。对发生的违法违纪案件及时向上级党组织报告，并按规定配合纪检部门积极查处。大力加强机关作风建设，加强党群干群关系，提升认识水平，提高服务质量和工作效率。加强党内监督，扩大党内民主，积极推进党务公开，探索党内监督的有效形式，加强对党员干部特别是党员领导干部的监督，加强对重点环节和重点部位权力运行的监督。抓好述职述廉、诫勉谈话、领导干部个人重大事项报告等制度和廉洁自律各项规定的落实。

（二）制定科学考评方法

考评方法是检察机关党建工作责任目标考核评价体系的重要组成部分。科学的考评方法能给考评工作带来事半功倍的效果。在考评过程中，应把各种考评方法进行整合，把上级考察与基层评价结合起来，把党内考核与群众测评结合起来，把机关业务绩效与党建工作考核结合起来，建立全面持续的发展机制，推进检察机关党建总体目标的实现。提高考核评估的可操作性，制订科学合理、明确具体的指标体系，便于在实际操作中运用。

在实际操作中，应采取以下方法进行：一是相互评价。通过全方位立体式评价，收集各个方面的意见，多层面、多角度、多渠道地了解党建工作的实绩和表现，提高考核结果的准确度、公平性、公正性。要通过精选考核人员，严肃考核纪律，统一考核方式，使考核结果客观公正，全面真实。二是日常评价。在采取定期评价的同时，平时对各党组织党建工作的情况进行一线跟踪，全程考核，注重考核党组织在关键时刻和重大事件中的表现，为真实把握党建工作提供更好的考评载体。考核方案的设计和制订必须定位准确，目标明确，重点突出，任务清晰。各项分值的设定要量值相宜，权重适当，在需要解决的突出问题和薄弱环节上要加大分值，体现导向。三是主管领导评价。就是在评价各党组织工作时，征求主管领导的意见，确保评价结果准确性。注重考核评价机制的针对性。既充分考虑"德、能、勤、绩、廉"五个方面，又针对不同岗位、不同层次党员的不同职责，提出不同的具体要求。四是群众评价。广泛听取群众意见，让更多的群众参与到考核工作中来。真正把群众满意不满意作为考评干部的重要标尺，对群众认可度高的干部给予提拔重用，对群众满意率低的干部进行批评教育直至免职，引导各级干部两眼向下、真抓实干，增强干部的宗旨意识和群众观念。

（三）科学运用考评结果

考评结果运用是考评工作的关键环节，直接决定着考评工作的生命力。因此，应该要注重考核评价的激励性，不断加大考评结果运用力度。

一方面，对经考评为机关党建工作先进的党组织，确定为检察机关党建工作示范点并授牌，但对检察机关党建工作示范点实行动态管理，不搞"终身制"，分年度评选，来年未达到先进的党组织标准，视情况限期整改或者摘牌处理。另一方面，把检察机关党建工作与业务绩效的考核紧密结合起来，对干部的考察，在考察业务绩效的同时还要考察党建工作情况，把检察机关党建工作的评价结果作为干部选拔任用、培养教育、激励约束的一个重要依据。

制度建设既是党的建设的重要组成部分，又是党的建设的重要保证。面对新形势、新任务，只有建立健全与之相配套的检察机关党建考核评价机制，才能有压力、有动力，才能更大地提高党的建设科学化、制度化、规范化水平。

适应新形势下党的建设新常态，落实从严治检新要求，加强兵团检察机关党建工作

新疆生产建设兵团人民检察院　马山虎　杨英华

一、深刻认识"全面从严治党"的重要意义，适应新形势下党建工作新常态，切实增强抓好检察机关党建工作的责任感和使命感

　　党的建设新常态，就是十八大以来党的建设的新方法、新举措、新变化、新局面，是一种新的可持续发展的新状态①。党的建设新常态呈现出一些阶段性新特征：在党建理念上更加注重在抓好各项工作的同时，把党建工作放在更加突出的位置；在党建工作重点上更加注重聚焦问题，着力解决党员干部在思想、纪律、作风和廉政方面存在的突出问题；在党建机制上更加注重依规治党、制度治党，深化党建制度改革；在党建方法上更加注重严督实查；在党建工作效果上更加注重群众参与、监督和评判；在党建环境上更加注重改进作风，严明纪律，严肃党内政治生活，营造良好政治生态。从管党治党到从严治党再到今天的全面从严治党，这是一个发

---

　　①　中央国家机关工委常务副书记李智勇于 2014 年 12 月 18 至 19 日在广西壮族自治区南宁市召开的全国党建研究会机关专委会第十三次委员会议暨理论研讨会上的讲话。

展的动态过程和深化过程，是我党在新形势下对党的优良传统的全面继承和丰富发展，是民族复兴的强基战略，是全面建成小康社会、全面深化改革、全面依法治国的基本保证，是应对复杂多变的世情挑战的科学举措，为检察工作提供了根本遵循和有力保障，也对检察机关更好地履行法律监督职能和加强自身建设提出了新的更高要求。

机关党的建设是党的建设新的伟大工程的重要组成部分，检察机关党建工作成效如何，直接关系到从严治党战略思想在检察机关的贯彻落实。坚持从严治党、党要管党，进一步加强和改进检察机关党建工作，对于发挥检察机关党组织的战斗堡垒作用和党员的先锋模范作用，保障检察工作沿着正确的政治方向科学发展，具有十分重要的意义。兵团检察机关各级党组织和全体干警要结合新形势、新要求，进一步增强做好新形势下全面从严治党的责任感和使命感，进一步加强检察机关党建工作，促进检察队伍建设，为维护新疆兵团社会稳定和实现长治久安提供坚强思想和政治保障。

在机关党建迈向从严治党新常态的形势下，各级检察机关党建研究工作要进一步增强问题意识，聚焦从严治党新常态的理论和实践，认真调查研究，形成有针对性的解决问题的思路和办法。

二、"全面从严治党"对检察机关党建工作提出的新要求

一是深刻理解全面从严治党新形势，增强从严治检的新认识。党的十八大以来全面从严治党的实践，赢得了全党全社会的高度肯定和认同，正在日益形成党的建设新常态。在"四个全面"中，"全面从严治党"既是"四个全面"的重要组成内容，也是全面建成小康社会、全面深化改革、全面依法治国的重要保障，在"四个全面"的战略布局中处于关键地位。只有坚持全面从严治党，党的执政基础才能巩固，党的群众基础才能牢固。各级检察机关要认真学习"四个全面"布局的深刻内涵，把握"全面从严治党"

新形势和新要求，深化对从严治党的认识，以反腐倡廉、从严治检和强化法律监督的新成效推动检察工作全面深入发展。

二是要认真学习全面从严治党新内容，增强从严治检新理念。"四个全面"布局的"全面依法治国"就是要坚持法治思维，遵循法治方式，坚守法律底线，加强自身监督制约，切实把从严治党的要求落到实处。作为承担法律监督职责的检察机关来说，就是要更新司法理念，改革完善工作机制，改进执法办案方式，加强执法能力建设，更好地发挥职能作用，增强遵守党的纪律和国家法律的自觉性和坚定性，为全力推进"四个全面"发挥更大的作用。

三要严格落实全面从严治党新责任，增强从严治检新效果。各级检察机关院党组要切实担负起主体责任，党组书记要自觉履行党风廉政建设"第一责任"的政治责任；班子成员要根据工作分工，按照"一岗双责"要求，承担起职责范围内的党风廉政建设和反腐败工作的领导责任；纪检组长要落实对院党组落实党风廉政建设主体责任的监督；纪检监察部门要牢记职责使命，强化对政治纪律、组织纪律、检察纪律等各项纪律禁令的执行和落实情况的监督。要严格责任追究，确保主体责任的有效落实，以党风廉政建设的实效保证各级检察机关严格公正司法，树立检察队伍良好形象。

三、加强兵团检察机关全面从严治党工作要做到"十个落实"

一是要把全面从严治党体现在立足检察职能维护新疆社会稳定和实现长治久安中。作为兵团检察机关落实全面从严治党，首先要把握正确的政治方向，全面贯彻习近平总书记系列重要讲话和中央及自治区党委、兵团党委系列会议精神，紧紧围绕维护新疆社会稳定和实现长治久安这个总目标，牢牢抓住发挥维稳成边作用这个关键，立足检察职能，进一步增强对维护新疆兵团社会稳定和长治久安重要性的认识，做到在重大问题上立场坚定、旗帜鲜明、坚决反对民族分裂和维护祖国统一，在关键时刻和重大事件中经得起各种风浪的考验，发挥好稳定器、大熔炉、示范区作用。

二是要把全面从严治党落实到深入开展检察机关"三严三实"专题教育中。正在开展的"三严三实"专题教育，兵团各级检察机关领导干部要带头学习，自觉践行"三严三实"，把学习提高思想认识和解决自身存在的问题结合起来。以这次专题教育为有利契机，推动兵团检察机关上下形成践行"三严三实"的浓厚氛围①。要抓好党性建设这个核心，强化专题整改落实和立规执纪，以"严"字当头，"实"字打底，以严的要求，取得实的业绩。

三是要把从严治党落实到加强各级检察机关党组建设中。人民检察院党组建设，直接关系到党对检察工作的集中统一领导，关系到检察工作方向和全局把握。最高人民检察院近日下发的《关于进一步加强地方各级人民检察院党组建设的指导意见》，对进一步加强地方各级人民检察院党组建设提出了明确要求，是新形势下坚持全面从严治党，加强和改进检察机关党的建设的重要文件。要认真学习该《指导意见》的精神和要求，切实提高党组党性修养水平，严格遵循党章，严守党的政治纪律、组织纪律和政治规矩，在任何时候任何情况下都必须维护党中央权威，严肃党内政治生活，健全党内政治生活各项制度，完善并落实领导干部双重组织生活会、"三会一课"、主题党日、民主评议党员等制度。

四是要把全面从严治党落实到全面抓好党建工作的各个方面中。兵团检察系统党员占人员总数的80%左右，比例较高，可以说兵团检察队伍是一支以党员为主体的具有较高政治思想素质的队伍。在兵团各级检察机关党建工作中，要把全面从严治党的要求落实到位，坚持思想教育从严、党员管理从严、作风要求从严、组织建设从严、制度执行从严，提高机关党建整体水平，为全面做好新

---

① 新疆生产建设兵团人民检察院党组书记、检察长周新军在兵团检察机关"三严三实"教育活动动员大会上的讲话。

形势下兵团检察工作提供坚强政治思想保证。检察机关全体干警一定要充分理解"严管就是厚爱"的道理，切实加强自身修养，加强作风建设，使严的要求能够真正落实到各项工作和个人行为上。院机关党建工作要始终把党要管党、从严治党摆在突出位置，贯穿各个方面，坚持常抓不懈，努力形成从严治党、从严治检，奋发有为、奋力争先的新常态。要充分发挥党建工作独特优势，带动工青妇等群众组织，营造上下齐心、内外团结的工作氛围，保持奋发有为、昂扬向上的精神状态，增强凝聚力，汇集成促进兵团检察事业发展的正能量，创造更多佳绩，取得党建工作更大成绩。

五是要把全面从严治党体现在切实解决机关党建工作存在的问题之中。兵团检察机关各级党组织必须始终把遵守党的政治纪律和政治规矩放到突出位置，要注重问题导向，严肃查处个别干警不守规矩、违反纪律的行为，着力解决少数基层检察院党组织作用发挥不强的问题；解决部分干警执法办案业务能力不强的问题；解决目前对在兵团特殊体制下如何更好发挥检察职能和作用的问题等。同时，要把各院正在开展的规范司法行为作为从严治党、从严治检的重要抓手，以专项整治活动为契机，针对查摆出来的执法办案不规范的问题，从思想上、党性上加强教育，采取切实措施，认真整改。

六是要把全面从严治党落实到加强基层检察院党组织建设上。兵团检察机关点多、线长、面广，基层检察干警人员编制数量少、检察工作繁忙，维稳任务重。要加强理想信念教育，弘扬兵团精神，发挥基层党组织的战斗堡垒和党员干警尤其是年轻检察干警在各项检察工作中的先锋模范作用，推动学习型、服务型、创新型检察院建设，进一步增强党员干部的责任意识和大局意识，为推动各项检察工作发展献计献策，增强基层院各级党组织的凝聚力和战斗力，打牢检察工作的组织基础。

七是要把全面从严治党体现在各项检察工作中。随着兵团检察事业的发展，近年来新招年轻干警日益增多。要把"全面从严治党"要求落实到从严治检中，加强检察队伍能力业务素质建设，提高干警执法办案能力，推进检察队伍的规范化、专业化、职业化建设。要把从严治检要求进一步落实到执法办案全过程，规范执法行为，提高办案质量，不断推进兵团检察机关各项工作迈上新台阶。要始终保持反腐高压态势，把惩治腐败作为落实全面从严治党要求的重要任务，运用法治思维和法治方式做好各项检察工作，推动法治兵团建设。

八是要把全面从严治党体现在落实检察机关党风廉政工作中。各级检察机关在党风廉政建设工作中，要以"零容忍"的态度，做到对检察人员违纪违法行为发现一起、查处一起。要加强纪检巡视和约谈制度，加强反腐倡廉教育和廉政风险防控机制建设。要注重抓早抓小，高度关注并全面掌握机关干警的思想、工作、纪律、作风状况，定期分析检查党员队伍存在的突出问题，及时进行谈心谈话，对存在的苗头性和倾向性问题及时加以纠正。要通过查办案件加强警示教育，搞好案件剖析，推进建章立制，强化制约监督，不断巩固和深化党风廉政建设和自身反腐败成果。

九是要把全面从严治党体现在落实"两个责任"中。全面从严治党，重在落实责任，机关各级党组织一定要强化责任担当。从主体上说，从严管党治党，不仅是各级检察机关党组的责任，检察机关的各级组织都必须建立党建工作责任制，形成党组抓、书记抓、各有关部门抓、一级抓一级、层层抓落实的党建工作格局。从责任上说，各级检察院党组要落实好主体责任，各级检察院纪委要落实好监督责任。各级院党组书记一把手既要从严管好班子成员，也要从严管好党员干部。从方式上说，从严治党的工作必须常态化、制度化。

十是要把全面从严治党体现在落实督促检查中。各级检察机关党组织必须把全面从严治党放在一切工作的核心地位，改变少数检察干警"检察业务说半天，党建工作一支烟"的现象。要把抓党建工作情况纳入各部门、各单位领导班子和领导干部的考核内容，使党建工作与检察工作同研究、同部署、同检查、同考核，使党建工作渗透到检察业务工作中。注重把党建工作考核结果作为评价领导班子及成员工作实绩的重要依据，作为党员干部评选表彰、干部任用的重要依据，把"软任务"变成"硬指标"，充分发挥考核结果的导向作用，使"全面从严治党"真正抓出成效。